# 杭州人口史

魏峰 著

浙江大学出版社·杭州

**图书在版编目（CIP）数据**

杭州人口史 / 魏峰著. — 杭州：浙江大学出版社，
2023.10

ISBN 978-7-308-24287-5

Ⅰ. ①杭… Ⅱ. ①魏… Ⅲ. ①人口－历史－杭州
Ⅳ. ①C924.255.51

中国国家版本馆 CIP 数据核字(2023)第 193562 号

## 杭州人口史

魏　峰　著

| | |
|---|---|
| **责任编辑** | 蔡　帆 |
| **责任校对** | 徐凯凯 |
| **封面设计** | 项梦怡 |
| **出版发行** | 浙江大学出版社 |
| | （杭州市天目山路 148 号　邮政编码 310007） |
| | （网址：http://www.zjupress.com） |
| **排　　版** | 杭州朝曦图文设计有限公司 |
| **印　　刷** | 浙江新华数码印务有限公司 |
| **开　　本** | 880mm×1230mm　1/32 |
| **印　　张** | 7.625 |
| **字　　数** | 212 千 |
| **版印　次** | 2023 年 10 月第 1 版　2023 年 10 月第 1 次印刷 |
| **书　　号** | ISBN 978-7-308-24287-5 |
| **定　　价** | 52.00 元 |

# 前　言

　　本书的研究对象是杭州地区人口的历史。研究的空间范围,在杭州建置之前,以钱塘县辖境为主;杭州建置后,以杭州辖境为主,并随各历史时期区划调整而变动。研究的时间范围,则自有史前人类活动起,至民国止。

　　人口规模的变化历程,是区域人口历史研究的重点。人口的规模通常以统计数字为指标,自国家形成以来,出于赋役征发和控制兵源等目的,建立了相应的户籍制度,由此产生有关人口的统计数据,并载诸史籍,研究者得以依据传世资料,对不同时期人口规模进行研究。

　　各历史时期,基于特定政治、经济制度,人口登记重点各异,统计数字内涵不同,直接用以比较时代差别,不能反映历史变迁。故本书各章,均先就各历史时期人口登记制度及其在杭州地区的实践进行研究,对文献中的人口数据进行分析,说明人口数据与实际人口规模的关系。历史时期中较为特殊的人口登记,如明代的军、民、匠、灶,近代以来的户籍制度变化等,本书尝试结合杭州地区的资料进行研究。

　　区域人口的发展变化,与社会经济发展联动。本书关注杭州区域的发展与人口变化的关系,如靖康南渡后的杭州区域人口,兼及影响人口的各因素,如灾害、战争、疫病等。

　　因研究资料所限,本书各章篇幅并不平衡,宋元以下占比较高。

# 目　录

# 第一章　史前至战国时期

## 第一节　史前人类活动

　　杭州大部从地理上属于环太湖地区,在旧石器时代即有人类活动。环太湖地区从距今 8000 年开始逐步淤积,并基本具备人类生存的条件。距今 6000 年以后,随着海侵的消退和高降雨的结束所带来的大量泥沙淤积,导致了本地区内主要一次平原形成过程,逐渐形成了地势低平开阔、河网密布的人类理想生存环境。[①]

### 一、旧石器时代

　　杭州地区目前已知的最早人类活动是在旧石器时代。1962 年 10 月至 1963 年 6 月浙江省地质局区域地质测量队调查浙江省的喀斯特地貌时,在建德市李家镇上新桥村后山坡乌龟洞发现了人类的牙齿化石。[②] 这是浙江省首次发现古人类化石,这个含人化石层的时代应为晚更新世后一阶段,绝对年代不超过距今 5 万年。虽然建德乌龟洞发现了晚期智人化石,但遗憾的是没有发现与人类活动相

---

　　① 郑建民:《环境、适应与复杂化:环太湖及宁绍地区史前文化演变》,上海人民出版社 2008 年,第 40 页。

　　② 韩德芬、张森水:《建德发现的一枚人的犬齿化石及浙江第四纪哺乳动物新资料》,《古脊椎动物与古人类》1978 年第 4 期。

关的文化遗物。① 2004 年考古工作者在对钱塘江支流分水江上游的天目溪和昌化溪进行考古调查时,共发现 12 处旧石器时代人类活动遗址,其中临安 5 处,2 个地点已处于钱塘江流域,扩大了旧石器时代人类活动遗址在浙江分布的范围。古人类在浙江地区的活动区域并不局限于东、西苕溪流域,钱塘江流域也不乏古人类活动的遗迹。② 说明早在旧石器时代晚期已有先民在杭州地区居住。③

## 二、新石器时代

关于太湖流域的新石器时代文化序列,学界已形成共识,即马家浜文化、崧泽文化、良渚文化是三个前后相承袭的新石器时代文化。杭州地区马家浜文化类型遗址有余杭獐山南庄桥遗址。1980年余杭吴家埠遗址中清理出了马家浜文化地层。崧泽文化遗址主要集中于余杭地区,如临平玉架山,余杭庙前、石马兜、吴家埠、后头山等。崧泽文化末期,在人口、农业及手工业技术、生活行为模式等诸多方面均发生了明显的变化,④环太湖地区缓慢增加的崧泽中晚期与良渚文化早期遗址数量表明了该地区人口的逐渐增长。从崧泽中晚期开始,人类正是采用了强化粮食生产的方式应对人口增长。⑤

老和山遗址旧称古荡遗址,位于西湖西北隅老和山东麓。1936年初建造杭州第一公墓时出土有大量石器。同年 5 月,西湖博览会

---

① 徐新民:《浙江旧石器考古研究》,《浙江文物考古所学刊》第 9 辑,科学出版社 2009 年。

② 徐新民:《浙江旧石器考古研究》,《浙江文物考古所学刊》第 9 辑,科学出版社 2009 年。

③ 杜正贤:《杭州的考古》,杭州出版社 2004 年,第 4 页。

④ 仲召兵:《环太湖地区崧泽文化末期考古学文化面貌及聚落的变迁》,《东南文化》2013 年第 3 期。

⑤ 郑建民:《环太湖地区史前社会复杂化进程的考古学探索》,《浙江文物考古所学刊》第 8 辑。

和吴越史地研究会试掘。1953 年 6 月,华东文物工作队配合浙江大学校舍兴建进行了两次抢救性清理。该遗址面积约 4 万平方米,属于新石器时代末期。出土的陶器的制法和纹饰等比良渚遗址的更原始一些。老和山遗址附近如西湖周围的黄家山、凤凰山、九曜山、葛岭和西湖浚湖工程中都有零星石器出土。

良渚文化的下限距今 4000 年左右。① 良渚遗址群分布区位于杭州余杭区瓶窑镇和良渚街道毗邻地带,面积约 40 平方公里,自 1936 年施昕更开始考古调查以来,已确认的良渚文化遗址有 130 多处。莫角山一带应是良渚文化的重要中心。正如苏秉琦指出的,杭州应该是从良渚起步,后来才逐渐向钱塘江口靠近。

新石器时代中期,洞穴居住已不再是南方地区聚落形态的主流,适合常年定居的平原旷野村落广泛出现,大部分的人口以及主要的经济、社会活动也随之转移到这些村落。② 杭州地区的新石器时代文化遗存即体现出这一特征。蒋乐平认为,钱塘江流域的新石器时代考古成果,已经清晰地勾画出万以年来人类从上游山陵向下游平原的迁徙、发展路线。③ 良渚文化早期遗址大都是高地型遗址,集中分布于太湖地区的北部和中部。晚期良渚先民除了继续在早期的遗址上生活外,开始逐渐向地势低洼的地区发展,出现了低地型遗址,甚至在现在的湖沼地带也能发现良渚文化的晚期遗址。这种遗址的高程由高向低的变化,说明当时的水位下降,气候变干,原来低湿的地区也成了可以栖居的地方。④

--------

① 有关良渚文化下限,有距今 4600—4500 年、4300—4200 年、4000 年三种说法,持最后一种说法的学者较多。相关论述见丁品的《良渚文化向马桥文化演化过程中若干问题的思考》,文载《浙江文物考古所学刊》第 9 辑,科学出版社 2009 年,作者本人持 4300—4200 年看法。

② 张弛:《长江中下游地区史前聚落研究》,文物出版社 2003 年,第 19 页。

③ 蒋乐平:《钱塘江史前文明史纲要》,《南方文物》2012 年第 2 期。

④ 郑建民:《环境、适应与复杂化:环太湖及宁绍地区史前文化演变》,上海人民出版社 2008 年,第 44 页。

生产方式由采集转变为农业生产,是杭州地区新石器时代聚落增加、人口发展的根本原因。马家浜—崧泽早期的社会经济应该属于初期开发模式,是以狩猎采集为主,农业为辅的形式。[1] 环太湖地区作物栽培虽始于马家浜文化时期,但农业经济的真正确立是在崧泽文化末期与良渚文化早期,在这之前是以狩猎采集为主的利用型经济,之后则进入以农业为主的生产型经济。[2] 农业使崧泽文化末期、良渚文化早、中期新的遗址呈爆发型增长,人口的增加为精耕细作的稻作农业提供了充足的劳动力资源。[3] 随着生态环境的变化,先民成功地实现了经济和食物结构的转型,即由原来的以狩猎采集为主的利用型经济形态转变为以农业生产方式为主的生产型经济形态,并且随着此种经济形态的强化与发展,良渚文化在其中后期获得了空前的发展。[4]

人口增加,社会组织才得以发展,社会结构逐步变得复杂,良渚时期的聚落结构就从简单趋于复杂。据严文明研究,良渚遗址的聚落大致可以分为三级。第三级是普通的聚落,即一般的农村,和以前差不多,有几百处。第二级是较小的中心聚落,或者叫作次中心聚落,其中往往有人工堆筑的贵族坟山,墓葬较大,往往有随葬玉器等珍贵物品。这样的聚落有一二十处。第一级就是中心聚落,目前发现的有浙江余杭良渚遗址群、上海福泉山遗址群和江苏武进寺墩遗址群等,其中以良渚遗址群的规模最大,规格也最高。他进一步指出,遗址的修建年限约为五六年,"那就需要五六千人同时劳动。

---

[1] 王宁远:《遥远的村居——良渚文化的聚落与居住形态》,浙江摄影出版社 2007 年,第 29 页。

[2] 郑建民:《环境、适应与复杂化:环太湖及宁绍地区史前文化演变》,上海人民出版社 2008 年,第 23 页。

[3] 王宁远:《遥远的村居——良渚文化的聚落与居住形态》,浙江摄影出版社 2007 年,第 40 页。

[4] 郑建民:《环境、适应与复杂化:环太湖及宁绍地区史前文化演变》,上海人民出版社 2008 年,第 57 页。

这些人的吃住就是一个大问题,在这些人之外还要有一大批人为他们提供生活保障。组成良渚国家(姑且这么说)的人口一定有相当大的一个数目,并且占据了相当大的一块地方。目前我们虽然不能说出确切的范围,但如果把太湖以南都包括在内的话,恐怕也不算过分的。这种情况同以前的马家浜文化和崧泽文化比较已经有本质的变化,即由简单社会变成比较复杂的社会,由史前社会进入了初期的文明社会"①。

浙江余杭玉架山遗址,据 2008 年调查勘探,面积总计约 1 平方公里,共发现了由六个相邻的环壕围沟组成的良渚文化完整的聚落遗址,总面积约 15 万平方米。目前已发掘面积近 19000 平方米,共清理墓葬 397 座、灰坑 21 座、建筑遗迹 10 处,出土陶器、石器、玉器等各类文物 4000 多件。由六个环壕组成的一个完整的聚落整体,反映了良渚文化社会的基本单元和结构,六个环壕应该代表了六个相关的氏族。②

临平遗址群的遗址数量虽然保存不多,已清理的墓葬数量却超过了 600 座,这是迄今所知良渚文化分布圈内发现墓葬最多的遗址区,可见这里非同寻常的人口和聚落规模。在临平茅山遗址,5 万多平方米的规整农田在当时无疑是大规模集约化生产的范例,这样的农业生产规模和生产力水平,恰恰与庞大的人口规模相适应。在玉架山遗址,6 个数千至 2 万平方米的环壕工程,从挖掘壕沟到堆建土台,都需要相当规模的人口和组织系统作保障。根据现有的考古资料,除了良渚遗址群,目前还没有别的遗址群能超过临平遗址群的聚落规模。③ 临平茅山遗址同时显示,在良渚文化晚期已经出现具有明确道路系统、灌溉系统和规整块状结构的稻田,体现了成熟的稻作生产技术。④

①　严文明:《长江文明的曙光》,湖北教育出版社 2004 年,第 9 页。
②　楼航等:《浙江余杭玉架山遗址》,《中国文物报》2012 年 2 月 24 日。
③　赵晔:《浙江余杭临平遗址群的聚落考察》,《东南文化》2012 年第 3 期。
④　赵晔:《临平茅山的先民足迹》,《东方博物》第 43 辑。

　　反山是由人工营建而成的贵族们的墓地和祭坛,数万立方米的土方量称得上是一项大工程。毫无疑问这需要花费巨大的人力、物力等,反映出墓主人们生前或死后的继承者掌握着富足的物质基础和统治权力,他们能够组织、指挥大量人员去营建这类大型工程,这绝不是平等的氏族社会中的现象,甚至不是中小型部族组织所能胜任的,将这些墓主人们称为"显贵"或"贵族"是符合实际状况的。[①]

　　良渚文化时期的手工业有多种门类,主要包括制陶、制骨、石器、漆木器、纺织、治玉以及各种复合制品,如嵌玉漆器、缀玉服饰、镶玉骨(象牙)器、插(嵌)玉羽饰、髹漆陶器等。其中有的是本地区传统的手工业门类,如制陶、制骨和纺织等,有的则是新兴的产业,如治玉、漆器以及与漆玉相关的复合制品生产。[②] 良渚文化时期,出现了制作玉器等显赫物品的作坊。诸多遗址按某一中心聚集,形成明显的从属和等级关系。所有这些变化都反映当时社群人口数量增多、职业分化和手工业的专门化、显赫物品生产和控制已经形成,社会的等级化程度提高。[③]

　　良渚地区农业生产的出现,是人口增长、社会结构趋向复杂的结果,农业生产方式的采纳不是人类刻意的选择,而是迫于压力不得不采取的一种生存方式。这种压力主要由人口、资源的失衡所造成,其中包括两个方面的变化,一是人口的增长接近土地载能,二是环境的波动造成资源压力,使得载能与人口之间日趋失衡。但无论是哪方面的变化,其结果是一致的——失衡及为了重建平衡而最终导致农业的出现。[④]

　　对低地平原的过度开发是为了缓解人口食物短缺的无奈之举。

---

① 浙江文物考古研究所:《反山》,文物出版社 2005 年,第 373 页。

② 张弛:《长江中下游地区史前聚落研究》,文物出版社 2003 年。

③ 郑建民:《环境、适应与复杂化:环太湖及宁绍地区史前文化演变》,上海人民出版社 2008 年,第 150 页。

④ 郑建民:《环境、适应与复杂化:环太湖及宁绍地区史前文化演变》,上海人民出版社 2008 年,第 77 页。

某种迹象表明,当时的耕地面积不足,可能导致社会的尖锐矛盾。从良渚文化墓葬的随葬品看,石钺等武器虽已出现在良渚早期墓葬中,但并不普遍。而石钺属于近身搏杀的短兵器,一般用于以占领土地为目的的冲突战争。所以这个时期各聚落群以及群内各聚落间,可能存在激烈的土地之争。①

王宁远估算在良渚古城,城墙范围内承载人口为 2800—4200 人,外郭人口 4200—6400 人,城内除莫角山外其他独立高地,承载 8200—12300 人,总计古城及外郭人口规模 15200—22900 人。水利系统中,塘山上居住人口 3000—4500 人,城外其他聚落 4000—6000 人。②

根据目前已有的考古发现,学术界对良渚部分人类聚落的年龄结构等进行了分析。总体而言,第一,性别比例:男性多于女性。第二,死亡年龄:未成年人的死亡率比较高。第三,寿命:一般成年人的寿命在 30—40 岁。③ 具体遗址分析,对仙坛庙整个遗址除婴儿墓外的全部有年龄数据的崧泽、良渚文化时期墓葬 52 座及南河浜的 11 座崧泽晚期墓葬进行综合统计。其中女性 17 人,平均寿命 26.91 岁;男性 14 人,平均寿命 34.35 岁;其余性别无法判断而仅有年龄数据。所有 63 座墓葬的人均寿命 27.80 岁,似可以此数据代表整个墓地的均值。因此,可知当时女性的平均生育年龄应该在 20 岁以后,这与女性在 20—25 岁段的高死亡率吻合。由于孕产期较高的死亡率,导致女性平均寿命偏低。同时,因为活到 40 岁以上的个体很少,可以推知当时家庭内祖孙三代同堂的现象罕见,大部分家庭都应该是两代人共同生活的模式。④

---

① 王宁远:《遥远的村居——良渚文化的聚落与居住形态》,浙江摄影出版社 2007 年,第 42 页。

② 王宁远:《何以良渚》,浙江大学出版社 2019 年,第 182—183 页。

③ 高蒙河:《长江下游考古地理》,复旦大学出版社 2005 年,第 283 页。

④ 王宁远:《遥远的村居——良渚文化的聚落与居住形态》,浙江摄影出版社 2007 年,第 72 页。

至于良渚文化的衰落,研究认为良渚中晚期气候已出现不利于稻作农业的发展趋势。根据在绰墩、福泉山、马桥等地点的孢粉观察,良渚晚期以草本植物为主,木本和蕨类植物较少,而菊科、藜科等较干旱花粉在这一时期含量较高,反映出当时气候已经转凉,大部分地点的森林覆盖率和河湖面积减小,气候开始干旱。① 距今7000年左右为全新世最大海侵期,整个东部沿海地区均受到影响,距今3900年左右苏北曾遭遇又一次海侵,而环太湖地区表现为大面积的内涝,未发生海侵。距今5500年和3800年前后为高海面期,高海面和海侵发生并不同期。具体来说,距今4300年开始,海平面处于上升期,延续至距今3800—3500年为全新世第二高海面期,这直接影响苏北地区,表现为海侵环境,而环太湖地区诸多遗址中均发现了洪涝引起的淤泥层,可以认为高海面导致的地下水抬升是其中的重要原因。因此,距今4000年前后的海面上升广泛地影响了良渚晚期及马桥早期文化的发展,成为这一区域文化衰退的重要因素。②

宋建在分析良渚文明这样一个庞大的社会体系发生衰变的动因时,认为首先应该考虑它的社会运作机制。良渚文化第四段以后这一环逐渐松弛直至发生局部的断裂,作为文明中心的良渚遗址群高度集中的控制能力逐渐被削弱,同时随着一批新的区域中心崛起,不断增大离心力,逐渐形成与原有中心地区并列甚至超越的地位。③

良渚文化偏于太湖一隅,聚落分布高度密集,主要的经济与文化发展的生长点又集中于少数的几个中心聚落群,一旦发生问题便

① 王宁远:《遥远的村居——良渚文化的聚落与居住形态》,浙江摄影出版社2007年,第41页。
② 刘志岩、孙林、高蒙河:《长江河口海岸考古地理三题》,《浙江文物考古所学刊》第8辑。
③ 宋建:《良渚文化衰变研究》,《浙江文物考古所学刊》第8辑。

难以起死回生。①

　　环境变化，导致土著的良渚人群被迫迁徙他处，而外来的北方人群则因为难以适应这里的环境，只是短时期地在此居住过一段时间后，也不得不迁徙而去，人口大量减少。上述良渚时期产生的所有新事物，几乎全面回落，原本具有发达文化的长江下游地区耐人寻味地与中国第一王朝的诞生地擦肩而过。②

　　如果将吴、越地区的土墩墓与良渚时期的高台土冢作一比较，不难发现两者在几方面的相似之处，从中反映出两者之间存在某种传承性。③ 而一般认为马桥文化有三个来源，即良渚文化、印纹陶文化、黄河流域夏商文化。马桥文化的居民构成，可能包括良渚文化遗民，即土著人，从南方迁来的瓯人，以及从山东半岛迁来的夏裔及土著夷人。考古界普遍认为马桥文化是越文化的先驱。④ 马桥人的基因结构上有相当数量的遗传分子来自良渚人，这与器物特征所体现的文化因素的一些相似性是暗合的。⑤

　　良渚文化可能是从一个复杂的巨大社会系统，分解为多个次级的系统，但是土墩墓代表的小区系统，终究还是聚合为较大的复杂系统。后来的吴越两国，在分别接受中原与楚国的影响后，终于凝聚为春秋时期快速发展的国家。他们的组织形式，可能来自外方的刺激，但他们凝聚实力的基础，则是良渚复杂体系裂解以后，继续承其文化动力的无数小区系统。⑥

　　① 　张弛：《长江中下游地区史前聚落研究》，文物出版社2003年，第231页。
　　② 　高蒙河：《长江下游考古地理》，复旦大学出版社2005年，第319页。
　　③ 　陈元甫：《土墩墓与吴越文化》，《东南文化》1992年第6期。
　　④ 　徐建春：《浙江通史》第二卷《先秦卷》，浙江人民出版社2005年，第94页。
　　⑤ 　高蒙河：《长江下游考古地理》，复旦大学出版社2005年，第312页。
　　⑥ 　许倬云：《良渚文化到哪里去了》，《新史学》八卷1期，1997年。

# 第二节　先秦时期

夏商周是国家人口登记管理制度形成的时期,控制人口对于国家征发兵员等有重要意义。王彦辉认为,有文字记录的人口统计在两周之际就已确立。"书社"是把"社"的人口登记于社的总籍或版图。"书社"是以"社"为单位,而不是以"户"为单位的人口统计。①

春秋时期,杭州地区尚属边缘。陈志坚依据《吴越考》及相关文献指出,春秋时期吴、越分界在槜李,杭州所在地区正在越地之中,因此杭州属越国。他进一步指出,之所以会出现杭州属越还是属吴的争议,是因为吴、越之间往来都是取直接渡江的方式,而不是从杭州地区渡江后再走陆路,这一区域在春秋时期还是较为荒凉的地区,尚未形成大的聚落。杭州地区在战国中期后属楚国。

## 一、先秦时期人口管理制度

关于商代是否出现制度化的人口统计尚无定论,但出于征发兵员等目的的人口统计已趋于经常化。② 甲骨文中也存有"丧众"或"不丧众"的贞问,说明为劳动和动员兵员需要,商代已有基于地缘组织的人口统计,文献中载为"登"或"征"③,也就是所谓名籍。但周代名籍以宫廷宿卫和军队士卒为主,并没有户籍。④ 西周户籍登记

---

① 王彦辉:《秦汉户籍官吏与赋役制度研究》,中华书局 2016 年,第 63 页。

② 葛剑雄:《中国人口史》第一卷《先秦至南北朝时期》,复旦大学出版社 2002 年,第 217 页。

③ 宋镇豪:《夏商社会生活史》(增订本),中国社会科学出版社 2005 年,第 167 页。

④ 杜正胜:《编户齐民——传统政治社会结构之形成》,联经出版事业公司 1990 年,第 2 页。

的出现,始于扩大征兵。①

由于资料所限,夏商的人口规模基本来自估算。其中宋镇豪依据考古遗址,根据"以城称人"办法,认为遗址人口的合理密度指数为 160 平方米/家,依据遗址面积"度地以居民"的原则推算出夏商遗址大致的人口规模,认为夏初人口在 200 万—240 万,商代初期总人口约在 400 万—450 万。② 对这一估算,学者以遗址区内密度是否均匀、遗址年代是否精确等理由,怀疑估算办法的准确性,但是仍承认,一旦考古资料丰富到一定程度,这一估算方法可以得出可信的结论。③

中原地区的商文化主要是通过长江中游地区扩散到长江下游地区的。长江下游地区受中原文化的影响甚微,当地土著文化占主导地位。④ 目前考古发现有江阴佘城遗址,面积约 18 万平方米,推测为商代早中期方国遗址,宋镇豪估计其人口约有 5600 人。⑤ 杭州地区代表文化为马桥文化,是否有方国存在,有待考古发现。

王明珂指出,《吴越春秋》的作者赵晔长期随其师杜抚居于帝都洛阳的经历,对于他借此著作一面接受吴为华夏边缘,一面又攀附姬周之源来强调吴之古老、正统多少有些影响。⑥ 而太伯奔吴,所奔之地是姜姓之国,在宝鸡附近。⑦ 如果说长江中游地区更多受到商

---

①　杜正胜:《编户齐民——传统政治社会结构之形成》,联经出版事业公司 1990 年,第 50 页。

②　宋镇豪:《夏商社会生活史》(增订本),中国社会科学出版社 2005 年,第 193 页。

③　葛剑雄:《中国人口史》第一卷《先秦至南北朝时期》,复旦大学出版社 2002 年,第 286 页。

④　孙亚冰、林欢:《商代史》卷十《商代地理与方国》,第 238 页。

⑤　宋镇豪:《夏商社会生活史》(增订本),中国社会科学出版社 2005 年,第 194 页。

⑥　王明珂:《"惊人考古发现"的历史知识考古》,《史语所集刊》第 76 本第 4 分,2005 年。

⑦　王明珂:《华夏边缘》,社科文献出版社 2006 年,第 172 页。

文明南下传播所带来的影响的话,那么长江下游地区则主要是当地文化自我发展的产物,尽管长江下游新出现的文明王国多少还带有中原地区商文明的烙印。[①]

商代病象病因识明已达到相当水平,在疾患医疗等与卫生保健方面,已出现使用药物、针灸等治疗方法。[②] 只是殷人迷信,又崇尚鬼神,认为鬼神降祸是致病的原因,主要治疗手段还是以祷告为主。[③]

宋镇豪指出,商代在一夫一妻婚姻制度下产生的家庭,尚必须紧紧依附于其多层次的父权血缘亲族组织而存在。它主要作为一种人口再生产单位,经济上的独立程度还是十分有限的。[④] 上古女子的始婚年龄一般在 15 岁左右,男子始婚年龄一般在 20 岁左右。

## 二、春秋战国的户籍制度与人口

吴、越之兴在春秋末叶。吴、越未兴前,临淮建国以徐为最著。[⑤] 春秋战国时期的户籍制度,目前已见于研究的是秦、楚两国的。公元前 306 年(楚怀王二十三年),楚大败越,拓地至杭嘉湖平原和宁绍平原东,置郡治吴越故地。故吴越地区可能受到楚国户籍制度的影响。

"举民众口数,生者著,死者削"。通过登记生者、注销死者,国家试图尽可能掌握境内人口。战国时期以楚国为代表的名籍制度已经相当完善。[⑥] 战国中期楚国有这样几种身份:其一,国家直接掌

①　高蒙河:《长江下游考古地理》,复旦大学出版社 2005 年,第 21 页。

②　宋镇豪:《商代的疾患医疗与卫生保健》,《历史研究》2004 年第 2 期。

③　李宗焜:《从甲骨文看商代的疾病与医疗》,《史语所集刊》第 72 本第 2 分,2001 年。

④　宋镇豪:《商代史》卷七《商代社会与习俗》,中国社会科学出版社 2010 年,第 403 页。

⑤　蒙文通:《越史丛考》,人民出版社 1983 年,第 140 页。

⑥　鲁鑫:《包山楚简州、里问题研究缀述》,《中原文物》2008 年第 2 期。

握的人口,即前文所谓某地"人"。其二,"官(倌)"或"官(倌)人",乃是庶民在官者,即由平民充当的低级官员。其三,官员、贵族之家,往往拥有较多的依附人口和奴婢,即使平民之家,似乎也有这两种人。① 这也表明楚国中期已有人口登记和管理制度。同时,这说明出于控制人口和征发兵员的目的,战国时期户籍管理制度是普遍存在的。

蒙文通辑出吴越舟船之制:"大翼一艘广丈六尺,长十二丈,容战士二十六人,棹五十人,舳舻三人,操长钩矛斧者四,吏仆射长各一人,凡九十一人。当用长钩矛、长斧各四,弩各三十二,矢三千三百,甲、兜黎各三十二。"② 又"臣闻越王朝书不倦,晦诵竟夜,且聚敢死之士数万"③。维持如此规模的军队,一定需要相当的人口作为基础,并以户籍制度控制人口,以保证兵源征调。

谭其骧指出,由秦县可知先秦时代吴越民族生聚繁殖之重心在杭州湾两岸。④ 进入浙江的楚人,其后逐渐与吴越民族相融合。⑤ 上蔡楚简中有吴氏,研究者认为以"吴"为氏的吴王后裔,有许多在楚尽取吴地后成为楚人。⑥

正如罗新指出的,楚、吴、越三国或三个南方政治集团的华夏化,并不意味着其统治区域全体人口的华夏化,甚至也不意味着其统治区域大多数人口的华夏化。事实上华夏化是一个缓慢的过程,是从局部地区和部分人群开始逐步扩散。⑦ 这一过程作为一个政治

①　陈伟:《包山楚简所见几种身份的考察》,《湖北大学学报》1996年第1期。

②　蒙文通:《越史丛考》,人民出版社1983年,第112页。

③　赵晔撰,周生春辑校:《吴越春秋辑校汇考·勾践阴谋外传第九》,中华书局2019年,第140页。

④　谭其骧:《长水集》,人民出版社1987年,第414页。

⑤　《浙江省人口志》,中华书局2007年,第78页。

⑥　王准:《包山楚简所见楚国"里"的社会生活》,《中国社会经济史研究》2011年第1期。

⑦　罗新:《王化与山险——中古早期南方诸蛮历史命运之概观》,《历史研究》2009年第2期。

过程,并非就是人口从少到多或逐步填充的过程,而是既有人口逐步被纳入华夏政治系统的过程。笔者以为,包括杭州地区在内的环太湖地区,其人口应已有相当规模,不应是人口稀疏的蛮荒之地。胡三省说:"自春秋之时,伊洛以南,巴巫汉沔以北,大山长谷,皆蛮居之。"①罗新即指出,尽管历史上民族迁徙活动是伴随社会变化出现的,但过度关注这些迁徙,就容易忽视历史上这些族群在同一地区的古老存在。因此"自春秋之时"不应理解为蛮族在该地区存在的起点,而应理解为华夏文献对这一现象进行记录的开始。

---

① 司马光撰,胡三省注:《资治通鉴》卷一〇四《晋纪》二六,中华书局1982年,第3273页。

# 第二章　秦汉时期

　　公元前 222 年,秦军南下,平定楚国,置会稽郡,推行郡县制。杭州地区设有钱唐、余杭、海盐三县。郑威、李威霖以岳麓书院藏秦简所见江胡郡,认为秦在浙江以北的荆新地设江胡郡,在浙江以南的越地设会稽郡,江胡郡与会稽郡在始皇三十年五月至二世元年九月之间合并为新的会稽郡。[①] 自此,钱唐县的设置稳定下来。

　　沈刚总结秦汉制度与周制的一个重要区别是以郡县代替分封,构建起中央集权体制。这种体制之所以可以付诸实践,是以对百姓的直接控制取代了周人的封邦建国。而其具体措施就是建立起以户籍为核心的各类名籍制度,直接掌握帝国境内臣民的信息。[②]

## 第一节　秦时期

### 一、户籍制度

　　秦时已有户籍。王彦辉认为秦国的户籍制度创立于秦献公时期。户籍种类除了一般民户的"户籍"外,还有王室的"宗室籍"、官

---

　　① 郑威、李威霖:《岳麓简中的江胡郡与秦代江东的地域整合》,《江汉考古》2022 年第 6 期。

　　② 沈刚:《里耶秦简所见民户簿籍管理问题》,《中国经济史研究》2015 年第 4 期。

吏的"宦籍"、官吏子弟的"弟子籍"、商人的"市籍"等。① 睡虎地秦简公文程式即有登载户长,注明爵位、姓名、家属等内容。② 邢义田指出,从张家山《二年律令》中出现的簿籍名称如《宅园户籍》、《年细籍》(按:疑指与年龄、生卒登记有关之籍)、《田比地籍》(按:疑为田地四至之籍)、《田租籍》、《田命籍》(按:命者,即任命之命,疑指因授田、继承或买卖而"名有田地"之籍)就可以知道,所谓户籍只是一个总的概念和名称,实际上有多种和户籍相关的不同内容和名称的簿籍。③

以目前出土的里耶秦简户籍简牍为例,完整的简牍分为五栏。第一栏记某地户人某某,包括户人姓名和同户籍兄弟之爵、名;第二栏配偶,包括兄弟配偶;第三栏儿子,包括兄弟的儿子;第四栏女儿,第五栏以较大字体注明户人是否为伍长,④并注明大男、大女、小男、小女等赋役身份。从出生开始登载于人口信息。其格式如下:

| 第一栏 | (大男子):某地户人/爵/姓名 |
|---|---|
| 第二栏 | 大女子:配偶:妻/母、妾/名 |
| 第三栏 | 子(男子):子/爵/名 |
| 第四栏 | 子小女子:女/名 |
| 第五栏 | 伍长(字体较大)/臣/名 |

引自:邢义田《从出土资料看秦汉聚落形态与乡里行政》。

从已出土的简牍所反映的秦汉家庭规模,可以看出,"五口之

---

① 王彦辉:《秦汉户籍管理与赋役制度研究》,中华书局 2016 年,第 33 页。

② 杜正胜:《编户齐民——传统政治社会结构之形成》,联经出版事业公司 1990 年,第 7 页。

③ 邢义田:《龙山里耶秦迁陵县城遗址出土某乡南阳里户籍简试探》,文载简帛网,http://www.bsm.org.cn/show_article.php? id=744。

④ 邢义田:《从出土资料看秦汉聚落形态与乡里行政》,《中国史新论·基层社会分册》,联经出版事业公司 2009 年,第 66—67 页。

家"的人口数字、父母与未成年二三子女构成家庭已较为普遍。作为秦汉时期已经纳入国家统治区域的杭州地区,其家庭结构当为"五口之家"无疑。

黎明钊认为,从里耶秦简看,秦的分异法并没有十分严格地执行。小家庭虽然是主流的家庭类型,但也存在着扩大家庭和联合家庭。总体而言,完整的户籍简牍十户,连同有残泐的五户,一共十五户,简单家庭共有 10 户,占三分之二;扩大家庭共有 3 户;联合家庭共有 2 户,后两者合起来占三分之一。如果以此代表全国的实际情况,简单的小家庭虽然是主流家庭类型,但扩大家庭和联合家庭在社会上仍占有一定数量。①

里耶秦简的户籍登记中,没有年龄的记录。对此沈刚认为,这是因为秦代处于中央集权制度草创时期,这种集权制度是伴随着秦对外不断征服和兼并而逐步确立的,所以及时获取新征服地区人口的准确年龄数据有一定难度。甚至在一些法律文书中,如关于傅籍、法律责任年龄标准的划分,常以身高为尺度,这在睡虎地秦墓竹简所记述的法律条文中屡见。正是在这样的背景下,户籍文书的书写,对人口直接标注上大男、小男这些服役能力的字样,强调了对赋役资源的敛取。② 王彦辉认为,自秦始皇下令男子书年后,户主及男性家口的年龄被录入"年籍",年籍是户籍之外的编制,由于性质不同,它与户籍最初就是分离的。③

## 二、越地移民

公元前 210 年(秦始皇三十七年),秦始皇最后一次巡游天下,巡行至吴越时,在会稽(今浙江绍兴)刻石:"饬省宣义,有子而嫁,倍

---

① 黎明钊:《里耶秦简:户籍档案的探讨》,《中国史研究》2009 年第 2 期。

② 沈刚:《里耶秦简所见民户簿籍管理问题》,《中国经济史研究》2015 年第 4 期。

③ 王彦辉:《秦汉户籍管理与赋役制度研究》,中华书局 2016 年,第 75 页。

死不贞。防隔内外,禁止淫佚,男女洁诚。夫为寄豭,杀之无罪,男秉义程。妻为逃嫁,子不得母,咸化廉清。"关于"会稽刻石",有学者认为是针对"越俗"。但林剑鸣指出,秦始皇曾有五次远距离巡行,每次巡行中都留下一些刻石。在会稽刻石之前,秦始皇的四次巡行中,曾在泰山、琅琊、碣石等五处留下五块刻石。凡是制度规定,皆是对全国而发,不是专门针对立石地。并综合文献说明,秦始皇统一中国之后,吴、越地区的文明程度至少不低于全国多数先进地区的水平,"对古代吴越地区所谓'风俗落后'的不实之词应予纠正"①。

秦统一越国故地后,在此实行移民政策,具体做法是把越族人民迁出原居住地,又把中原地区的人口迁入。②"自文献考之,秦汉之世,越人之大批迁徙,皆为北迁而绝无南走之迹,事至明显。"③关于移民的问题,陈志坚指出,秦始皇迁徙越地之民的目的之一,就是尽可能减少越地的越人色彩。移民自然是最重要手段,其规模应该相当大,以实现"以吴制越"的目的。④ 李磊认为,秦始皇三十七年会稽之行的"徙民",所徙之民来自宁绍平原上的"大越",迁徙地在吴、越传统分界线之西,既在越人核心区之外,又邻近吴地。秦朝继承了楚国对吴地、越地分而治之的处置方式:直接控制吴地,以吴地为基地掌控越地、越人。⑤ 可见此次大规模的移民,是秦始皇控制越地的重要措施,也改变了钱塘江北岸地区人口的原有结构。钱唐县的人口也随之发生了改变。

---

①  林剑鸣:《秦始皇会稽刻石辨析》,《学术月刊》1994 年第 7 期。

②  王志邦:《浙江通史》卷三《秦汉六朝》,浙江人民出版社 2005 年,第 52 页。

③  蒙文通:《越史丛考》,人民出版社 1983 年,第 43 页。

④  陈志坚:《杭州初史论稿》,杭州出版社 2010 年,第 18 页。

⑤  李磊:《吴越边疆与皇帝权威——秦始皇三十七年东巡会稽史事钩沉》,《学术月刊》2016 年第 10 期。

# 第二节　两汉时期

公元前 202 年，汉高祖刘邦击败项羽，统一天下。包括杭州地区在内的会稽郡属地，为韩信楚国的地域，公元前 203 年，隶于刘贾的荆国。淮南王英布反，刘贾被杀，荆国遂除。公元前 195 年，以刘濞为吴王，会稽郡属吴国。公元前 154 年，七国之乱被削平，吴国除，会稽郡属汉，①即由中央直接管辖。东汉顺帝永建四年（129）因会稽郡境界广大，析置吴郡，钱唐等十三县属吴郡。②

陈志坚综合两汉时期西部都尉的设置，指出以钱唐县为治所的都尉和部都尉的存在，意味着在西汉初年，杭州区域的雏形状态就已经存在。西部都尉在东汉形成的部都尉区已经相当成熟。③

## 一、户籍制度

"县于秋冬需将本县户口、垦田等以集簿上于郡。"《二年律令·户律》："民欲别为户者，皆以八月户时，非户时勿许。"邢义田依据张家山汉简指出，汉代八月案比审定户口，重在审定户口变动，且从资料可以看出，汉代户籍的编订是在乡而非在县。④ 出土简牍亦证明汉代编订户籍在乡。2004 年底湖北省荆州市荆州区纪南镇松柏村挖掘的汉墓 M1 中，出土了 63 块木牍，其中有各类簿册，包括南郡户口簿、江陵西乡户口簿和现卒簿。其中西乡户口簿的"户口籍"，记

---

① 周振鹤等：《中国行政区划通史·秦汉卷》，复旦大学出版社 2016 年，第 369 页。

② 周振鹤等：《中国行政区划通史·秦汉卷》，复旦大学出版社 2016 年，第 991 页。

③ 陈志坚：《杭州初史论稿》，杭州出版社 2010 年，第 63 页。

④ 邢义田：《张家山汉简〈二年律令〉读记》，收入氏著《地不爱宝：汉代的简牍》，中华书局 2010 年，第 159 页。

有汉高后二年西乡的总户数,增加的户数(息户)、口数(息口),减少的户数(耗户)、口数(耗口),大男、大女、小男、小女数,以及总人口数。① 根据出土的简牍资料,胡平生总结出汉代户籍乡、县、郡(国)三级户籍统计的基本内容。乡一级统计的主要有全乡总人数、大男总数、大女总数、小男总数、小女总数、户的纯增减数、口的纯增减数。各乡汇总至县,县则统计当年比较前一年全县户数的纯增减数,口数的纯增减数,各乡的户数、口数增减数。至郡则统计全郡较前一年的户数、口数纯增减数,以及各县分别的纯增减数。② 西汉东海郡有户266290,口1397343,平均每户5.25人。③ 对于尹湾汉简《集簿》所载户口数目,学界持两种意见。怀疑其数据多有虚假者,如高大伦、杨振红,主要指从数据看东海郡户口增长极为快速,老年和少儿人口占比太高等。④ 但葛剑雄强调,首先,《集簿》中一些最基本的户口数字是大致准确的。其次,该郡"获流"(即收集流亡户口)的比例的确较高,但户和口系若干年累积的总数,除了高龄人口数一项外,《集簿》其他户口数字基本可信。⑤ 廖伯源在比较《集簿》数据后认为,东海郡人口流动实则反映西汉末年社会的不稳定。同时指出,新成户户均人口之所以较低,并非结婚后即与父母分居,而是兄弟俱有子女后始分,且分户独立需官府承认。⑥ 在回应杨振红的

---

① 杨振红:《松柏西汉墓簿籍牍考释》,《南都学坛》2010年第5期。

② 胡平生:《新出汉简户口簿籍研究》,《出土文献研究》第10辑,中华书局2011年,第264页。

③ 邢义田:《月令与西汉政治——从尹湾集簿中的"以春令成户"说起》,《新史学》第9卷第1期,1998年。

④ 高大伦:《尹湾汉墓木牍〈集簿〉中户口统计资料研究》,《历史研究》1998年第5期;杨振红《松柏西汉墓簿籍牍考释》,《南都学坛》2010年第5期。

⑤ 葛剑雄:《中国人口史》第一卷《先秦至南北朝》,复旦大学出版社2002年,第326页。

⑥ 廖伯源:《尹湾汉墓简牍官文书考证》,广西师范大学出版社2005年,第175页。

商榷文章中,刑义田在分户问题上与廖伯源观点相近。[1] 由此可以估计,汉代户均的人口当在 5 人左右。

秦汉时期户籍帐簿在乡编造,保存在县,并不上报到郡、中央一级,中央掌握的人口,只是总的汇总数字,并不掌握户籍帐册。张荣强指出,秦汉时期以乡为主体编造帐簿以及帐簿最高保存在县级机构的事实,固然可以说是中央控制力较弱的体现,但这种现象的形成,和简牍书写不便以及体积笨重、运输困难有直接关系。[2] 据此,钱唐县的户籍帐册是经各乡编造汇总的。

## 二、人口

葛剑雄在《西汉人口地理》一书中,推算西汉初的人口最低数为 1500 万—1800 万。估算方法将秦汉之际的人口损失估计为 50%,应该说是相当保守的。西汉初人口有 1500 万—1800 万,那么秦始皇去世时秦朝的人口至少应有 3000 万—3600 万,秦始皇统一之初的人口可能接近 4000 万。[3]

至于江南地区的人口规模,虽不能算确数,但估计整个江东地区的汉越人口不过二三十万。谭其骧曾分析浙江的开发过程:"严州府属之淳安、遂安二县,杭州府属之於潜、昌化二县,湖州府属之安吉、孝丰二县,山岭丛错,谷道崎岖,水系虽东下钱塘或太湖,而地形则与西邻皖省东南部为近,古代同为山越民族聚居之地;故秦汉时代此六县之地,皆不属于浙境的会稽郡或吴郡,而西与皖南同隶于鄣郡或丹阳郡。孙吴开辟山越,建安中初分丹阳立新都郡,仍兼有徽港中上游今淳安、遂安二县及皖境之旧徽州府;宝鼎初(266

① 邢义田:《月令与西汉政治再议——对尹湾牍"春种树"和"以春令成户"的再省思》,《新史学》第 16 卷第 1 期,2005 年。

② 张荣强:《简纸更替与中国古代基层统治重心的上移》,《中国社会科学》2019 第 9 期。

③ 葛剑雄:《中国人口史》第一卷《先秦至南北朝时期》,复旦大学出版社 2002 年,第 326 页。

年），又分吴郡、丹阳立吴兴郡，今安、孝、於、昌始脱离丹阳，东属吴兴，浙境湖、杭二府与皖境的分界，肇基于此。"①

吴王始封时有"三郡五十三城"，其范围包括《汉志》记载的丹阳郡大部（除春谷、宣城、泾县、陵阳4县）、会稽郡大部、广陵国和临淮郡淮水以南部分。该地区平帝元始二年（2）的户口数按如下方法计算：丹阳郡平均每县23834人，除去春谷等4县，共约309842人。会稽郡平均每县39716人。② 到元始二年，会稽郡领县26个，有223038户、1032604人；丹阳郡领县17个，有107541户、405171人。则杭州地区的人口估计有数万。

黎毓馨认为，浙江汉墓在形制方面受北方影响，与东汉晚期的人口迁移有关，还与浙江籍官员回乡，带来中原的埋葬方式有关。③包括杭州地区汉墓在内的构建于人工堆筑熟土墩内的墓葬，排列有序，走向一致，具有一定的家族墓地性质，既表明了汉代袝葬习俗的盛行，又反映了可能源自良渚文化时期的高台土冢、盛行于吴越文化时期的土墩墓的遗风，具有外承吴越之相，实为两汉之制的特色。④ 2007年杭州余杭义桥发现墓葬群（两汉时期墓葬47座，六朝墓葬13座），其中西汉早期墓葬5座。余杭西汉早期墓葬的发现，说明县治附近的人类活动还是比较频繁的。⑤

前文述及，从目前资料看，汉代户均人口约为5人。汉代男女早婚的现象比较普遍，男子的初婚年龄大体在14—20岁，女子在

---

① 谭其骧：《浙江省历代行政区域——兼论浙江各地区的开发过程》，《长水集》，人民出版社1987年，第399—400页。

② 葛剑雄：《中国人口史》第一卷《先秦至南北朝》，复旦大学出版社2002年，第326页。

③ 黎毓馨：《浙江两汉墓葬的发展轨迹》，《东方博物》2003年第9辑。

④ 浙江省文物考古研究所：《杭州大观山果园汉墓发掘简报》，《浙江汉六朝墓报告集》，科学出版社2012年，第125页。

⑤ 杭州市文物考古所、余杭区博物馆：《余杭义桥汉六朝墓》，文物出版社2010年，第168页。

13—16 岁。① 汉代的婚姻,虽然尚有"婚娶不论行辈"的情况,但"同姓不婚"。东汉末吴郡的顾、陆、张、朱四姓,顾、陆、张自成一个婚姻集团。②

综上,至东汉末,杭州地区形成以县治为中心的人口集中区域,人口约有数万,以"五口之家"为主。人口来源既有本地繁衍,也有持续不断的移民。

① 彭卫、杨振红:《中国风俗通史·秦汉卷》,上海文艺出版社 2002 年,第 307 页。

② 刘增贵:《汉代婚姻制度》,华世出版社 1980 年,第 190 页。

# 第三章　六朝时期

孙策自兴平年间(194—195)进入江东之后,于建安元年(196)驱逐会稽太守王朗,自领会稽太守,吴、会遂在孙策控制之下。黄初三年(222),孙权自立,定年号黄武。黄武八年(229),孙权称帝,国号吴,改元黄龙。晋太康元年(280),晋灭吴,统一天下。建兴四年(316),西晋灭亡,司马睿在南北士族拥戴下建立政权,史称东晋。东晋后相继建立有宋、齐、梁、陈,史称南朝。浙江地区,在吴、东晋、宋、齐、梁、陈六朝版图内。[①]

钱唐县在吴、东晋、宋属吴郡。[②] 南朝梁侯景之乱时,侯景部攻破钱唐,遂以钱唐为临江郡、富阳为富春郡。侯景之乱平定后,钱唐复为县。陈祯明元年(587),以钱唐县置钱唐郡。王志邦指出,六朝钱唐县治的建设拓展,为隋以后杭州的城市建设与发展,打下了坚实的地域和政治基础。[③] 陈志坚也认为,此次改置虽然是陈后主为了安置投奔的西梁二萧,改吴郡为吴州,升钱唐县为郡,属县有钱唐、富阳、新城、桐庐、盐官,但是钱唐县的重要性已经凸显。[④]

---

① 王志邦:《浙江通史》卷三《秦汉六朝》,浙江人民出版社 2005 年,第 184 页。

② 胡阿祥:《中国行政区划通史·三国两晋南北朝卷》,复旦大学出版社 2017 年,第 492、911 页。

③ 王志邦:《浙江通史》卷三《秦汉六朝》,浙江人民出版社 2005 年,第 218 页。

④ 陈志坚:《杭州初史论稿》,杭州出版社 2010 年,第 100 页。

## 一、户籍制度

目前已有研究者据长沙出土的走马楼吴简分析东吴的户籍管理制度。这一制度包括居住地人口的登记。在登记中需要登记具体年份、居住地，要确定户口类型，并依照家庭资财划分户等，分上、中、下三品。三品的划分与征收户税相关。同时户籍管理中尤其重视对人口流失的防范。① 凌文超指出，从吴简所反映的孙吴制度观察，它在户籍制度、赋税征派等方面与汉晋制度的关系，整体看来承续大于革新，体现了华夏制度在南方的坚决执行，也反映了孙吴的基本统治方针和国家发展方向。②

通过对吴简的研究，今人对孙吴的户籍编造制度有清晰的认识。凌文超总结孙吴户籍的体例为，一是户籍以乡里、身份、姓名、年纪、口食为基本内容；二是户籍全面著录家户人口，并有户计简；三是户籍中没有赋役注记；四是户籍中一般不注户赀、丁中等。这是因为户调、丁中尚未推行到南方。③ 登录人口时遵循的原则，苏俊林总结为辈分次序、血缘亲疏次序、同辈长幼次序、合户家庭完全登录、依附程度次序等原则。④ 吴简中出现大量人口众多的复合家庭，与秦汉时期的户籍简册颇为不同。韩树峰认为这与赋税制度有关，户税收入是以户等缴纳的，户等则由资产决定，而同居共财的家庭户等更高，因此怀疑孙吴有鼓励共财的政策，这促成了复合型家庭的增加。⑤

---

① 李均明：《走马楼吴简人口管理初探》，《简帛研究二〇〇六》，广西师范大学出版社 2008 年。

② 凌文超：《吴简与吴制》，北京大学出版社 2019 年，第 5 页。

③ 凌文超：《吴简与吴制》，北京大学出版社 2019 年，第 94 页。

④ 苏俊林：《身份与秩序——走马楼吴简中的孙吴基层社会》，广西师范大学出版社 2023 年，第 98 页。

⑤ 韩树峰：《汉魏法律与社会：以简牍、文书为中心的考察》，社会科学文献出版社 2011 年，第 177 页。

　　至于是否存在"吏籍""兵籍",凌文超认为孙吴时期兵、吏并未与民户分籍,但是已经出现专门统计军、吏的簿书,这是在籍人口少,而征役日益繁剧的结果。[1] 劳役征发对象相对固定,导致了吏、兵的单独分类,并非在户籍上分类。

　　西晋平吴之后定赋税制,"户调之式:丁男之户,岁输绢三匹,绵三斤,女及次丁男为户者半输。其诸边郡或三分之二,远者三分之一。夷人输賨布,户一匹,远者或一丈。男子一人占田七十亩,女子三十亩。其外丁男课田五十亩,丁女二十亩,次丁男半之,女则不课。男女年十六已上至六十为正丁,十五已下至十三、六十一已上至六十五为次丁,十二已下六十六已上为老小,不事。"[2]"成丁"意味着承担赋役,即丁中制。凌文超认为,西晋出现"丁中制",是因为汉晋之际户籍身份"小""大"与赋役征派不再大致对应,"小""大"也就很难再体现赋役征派的分野。而新赋役征派、新年龄分层的出现和定型又需要有新的户籍身份。这时,从吴简户籍来看,"丁"和"老"逐渐成长为户籍身份,并与"小"一起对应着赋役的征免。丁中老小身份本身就意味着不同的赋役义务,所以西晋以后的户籍也就不再记录户籍身份和赋役注记,而是直接记录丁中身份。[3] 丁中制在刘宋时被采纳。[4]

　　西晋户调式的颁布和执行,说明人口登记和管理比之前代有进一步发展。张荣强从户籍登记材质从竹木简转变为纸张入手,指出西晋时期的"黄籍"除著录家口外,也记载田宅等资产。秦汉及孙吴时期的家口分类统计比较简单,但西晋太康元年(280)颁布了一整套课役身份,家庭分类统计要复杂得多。"郡国诸户口黄籍",表明此时的户籍也不再像简牍时代那样最高放于县级机构。种种迹象表明,西晋时期

――――――――――

①　凌文超:《吴简与吴制》,北京大学出版社 2019 年,第 137 页。
②　房玄龄:《晋书》卷二六《食货志》,中华书局 1974 年,第 790 页。
③　凌文超:《秦汉魏晋"丁中制"之衍生》,《历史研究》2010 年第 2 期。
④　张荣强:《〈前秦建元籍〉与汉唐间籍帐制度的变化》,《历史研究》2009 年第 3 期。

的户籍已经是由县廷编造的纸质户籍。各种地方汇总的帐簿给中央提供了核查依据。南朝宋齐之际,中央政府发起大规模"检籍""却籍"行动,充分说明了这一点。[1] 这一变化使得西晋以后的国家在户籍编订、统计等方面有了比前代更强的稽查、审核能力。

正是在这一变化背景下,东晋建立后即着手进行户籍调查。户籍调查的簿册改为纸质后,县以上的官府就可以加以汇总。韩树峰指出,东晋以后户籍的内容日趋复杂,先祖的仕宦履历、家庭成员的联姻状况以及某些诏书等,均需要在户籍上著录,这些类目无疑大大扩展了户籍的篇幅。户籍著录哪些内容,自然是由政府的需要决定的,但这个需要能够得以实现,仍有赖于纸本户籍的出现。[2] 南朝多次进行户口检核,官府之所以可以发现改籍诈伪等问题,乃是有籍簿底册为依据。但是户籍的脱漏、伪造在南朝一直存在。萧齐永明三年(485),富阳人唐寓之借民间对检籍的不满起义,"却籍"者竟然达到 3 万人,户籍的脱漏、伪造问题可见一斑。

## 二、移民与区域发展

孙皓奉降表时,"克州四,郡四十三,县三百一十三,户五十二万三千,吏三万二千,兵二十三万,男女口二百三十万"[3]。孙吴疆域包括汉代扬州、交州全境及荆州的大部。此时的钱唐县已非小县。至南朝宋大明八年(464),吴郡户数为 50488 户,人口数为 424812 口。王志邦指出,在吴兴、会稽等郡中,钱唐县所属的吴郡,人口已经最为密集。至陈,吴郡已经是仅次于会稽郡的人口大郡。[4] 可见经过

---

① 张荣强:《简纸更替与中国古代基层统治重心的上移》,《中国社会科学》2019 第 9 期。

② 韩树峰:《从简到纸:东晋户籍制度的变革》,《中国人民大学学报》2020 年第 5 期。

③ 房玄龄:《晋书》卷三《武帝纪》,中华书局 1974 年,第 71 页。

④ 王志邦:《浙江通史》第三卷《秦汉六朝卷》,浙江人民出版社 2005 年,第 271 页。

孙吴、东晋以来的发展,吴郡地区的人口已经快速增加,钱唐县也必然有很大增加。人口的增长一方面是因为移民的不断进入,另一方面是因为区域社会经济的不断发展。

自东汉末年,天下大乱,远离政治中心的江左地区就成为北方移民的迁徙目的地。钱唐县是渡江前往浙东地区的门户,相当多的移民在此定居。如钱唐人全琮即是一例,"是时中州士人避乱而南,依琮居者以百数,琮倾家给济,与共有无,遂显名远近"①。凌文超以吴简中"方远客人"保留陈留、南阳等曹魏地区籍贯为例,指出这些人并未在居住地落籍,因此可以规避一些编户应该承担的赋役。这是孙吴为招揽流民制定的优惠政策,在孙吴建国中起到重要作用。而且长期以来并未强制移民及其生子占上户籍。②

永嘉之乱后,也不断有北方移民迁徙到此。葛剑雄整理出袁宪、何点、王恢之等自北方迁入吴郡者;③胡阿祥整理出正史所见迁居吴郡的北方移民,有王泰、王华等。④ 可见迁徙人口之多。

永嘉之乱后,南迁的大量人口并没有选择杭州地区作为目的地,而是渡过钱塘江,到达山阴等山会平原定居。从农业条件看,六朝时期的杭州地区,其开发程度仍不充分,低洼地区容易受到水患影响。而山阴县到南朝宋时,已出现了"土地褊狭,民多田少"的现象,而使地价高达"亩值一金"。⑤"民户三万,海内剧邑,前后官长,昼夜不得休,事犹不举。"⑥土地的开发成熟程度,一定程度上影响了

---

① 陈寿撰,裴松之注,陈乃乾校点:《三国志》卷六〇《吴书》十五《全琮传》,中华书局1982年,第657页。

② 凌文超:《吴简与吴制》,北京大学出版社2019年,第84、92页。

③ 葛剑雄:《中国移民史》第二卷《先秦至魏晋南北朝》,福建人民出版社1997年,第345、361页。

④ 胡阿祥:《东晋南朝侨州郡县与侨流人口研究》,江苏教育出版社2008年,第315页。

⑤ 陈桥驿:《古代绍兴地区天然森林的破坏及其对农业的影响》,《地理学报》1965年第2期。

⑥ 沈约:《宋书》卷八一《顾觊之传》,中华书局1974年,第2079页。

南迁移民的选择。

　　胡阿祥指出,侨人是侨州郡县存在的基础。但是土著力量的强盛与否,是侨流选择居地的重要因素。"南渡的高门大姓为了避免与江东士族强宗再产生经济冲突,多渡过钱塘江,到吴人势力较弱的东土五郡(会稽、东阳、新安、临海、永嘉)。[①]"即便有部分居于吴郡、吴兴及义兴郡境的北方侨流,也是人数很少,不呈团聚状态。[②]这说明钱塘江北岸地区的苏州等地,长期作为吴地的核心区域,土著势力一定相当强大,人口数量既多,为豪强控制也严密,所以南迁的侨姓多避开这一地区。

　　元嘉二十二年(445),王浚上言:"所统吴兴郡,衿带重山,地多污泽,泉流归集,疏决迟壅,时雨未过,已至漂没。或方春辍耕,或开秋沉稼,田家徒苦,防遏无方。彼邦奥区,地沃民阜,一岁称稔,则穰被京城,时或水潦,则数郡为灾。州民姚峤比通便宜,以为二吴、晋陵、义兴四郡,同注太湖,而松江沪渎壅噎不利,故处处涌溢,浸渍成灾。"[③]尽管土地肥沃,可是水患问题使包括吴郡钱唐诸县在内的农业发展受到很大限制。尽管农业发展尚不充分,但是王素认为,孙吴建国时期,江南大土地的开发已经打下良好基础,包括荫"佃客"与"衣食客"等在内,各项具有地域性特色的建制都基本形成,并反过来对中原产生了影响。[④] 杭州区域仍在移民和土著的共同努力下,继续发展。

　　2010—2012 年,考古部门在杭州余杭小横山墓地共发现东晋南朝墓 112 座,该墓地分布密集、延续时间长,说明当时居住在周围的

---

①　胡阿祥:《六朝疆域与政区研究》,学苑出版社 2005 年,第 311 页。

②　胡阿祥:《六朝疆域与政区研究》,学苑出版社 2005 年,第 313 页。

③　沈约:《宋书》卷九九《王浚传》,中华书局 1974 年,第 2435 页。

④　王素:《长沙吴简中的佃客与衣食客——兼谈西晋户调式中的"南朝化"问题》,《中华文史论丛》2011 年第 1 期。

人群相对比较稳定。① 张学锋认为,小横山应该是东晋南朝时期长期生活在今杭州东部地区的土著居民的墓地,从墓葬的延续时代及排葬有序等特点来看,还应该是某一家族的家族墓地。他推测,小横山墓地可能是钱唐临平范氏的家族墓地。② 此外,余杭星桥马家山西晋墓、富阳乌龟山东晋墓、临安牛上头东晋谢氏家族墓等,都排列整齐,相互关系紧密,应为家族墓地。这些家族墓地说明,六朝时期的杭州地区有不少聚族而居的家族。这些家族的形成,说明杭州地区具备了一定的支撑家族生产生活的社会经济条件,即已开发的土地、必要的劳动力。

东吴还通过镇压、招抚等手段将山越纳入其统治中。《资治通鉴》卷五十六胡三省注:山越本亦越人,依阻山险,不纳王租,故曰"山越"。分布于吴郡的山越也在这一过程中成为兵、民。"(黄武七年)权分三郡险地为东安郡,琮领太守。至,明赏罚,招诱降附,数年中,得万余人。"③再如朱桓"部伍吴会二郡,鸠合遗散,期年之间,得万余人"。④ 陆逊"部伍东三郡,强者为兵,羸者补户,得精卒数万人"。⑤ 王仲荦认为,东吴军队共有二十余万,其中精锐十万余人,就是由山越人组成的。

---

① 杭州市文物考古所、余杭区博物馆:《余杭小横山东晋南朝墓》,文物出版社 2013 年。

② 张学锋:《读〈余杭小横山东晋南朝墓〉札记》,《东南文化》2014 年第 3 期。

③ 陈寿撰,裴松之注,陈乃乾校点:《三国志》卷六〇《吴书》卷一五《全琮传》,中华书局 1982 年,第 1382 页。

④ 陈寿撰,裴松之注,陈乃乾校点:《三国志》卷五六《吴书》卷一一《朱桓传》,中华书局 1982 年,第 1312 页。

⑤ 陈寿撰,裴松之注,陈乃乾校点:《三国志》卷五八《吴书》卷一三《陆逊传》,中华书局 1982 年,第 1344 页。

# 第四章　隋唐五代时期

隋开皇九年(589)灭陈,废除钱唐郡,置杭州,杭州城市历史进入新时期。开皇至天宝之间是中国人口重心南移的一个重要时期,安史之乱是南北人口升降发生变化的主要转折点,是人口重心南移中的最重要一步。[①] 这一时期也是杭州城市发展的重要时期,杭州逐步从郡城发展为东南名城,人口持续增长。

## 第一节　隋时期

开皇九年平陈后,废除钱唐郡,置杭州,治所在余杭县。仁寿二年(602)置总管府于杭州,隋炀帝大业三年(607)废总管府,改杭州为余杭郡,辖钱唐、富阳、余杭、於潜、盐官、武康 6 县,郡治在钱唐县。陈志坚指出,杭州初设时虽然属县仅有四个,但是辖境很大,如钱唐县所辖有原陈钱唐郡所属钱唐、富阳、新城、桐庐,余杭县包含原吴兴郡余杭、临安、於潜、武康四县,而绥安县包含原陈留郡六县,即广德、绥安、故鄣、安吉、原乡、长兴,范围扩至安徽广德和湖州西部。而在隋末,绥安县又从杭州划出,隶于宣州。[②] 

隋平陈后,吴州刺史萧瓛举兵抗隋,不久为宇文述所破。[③] 随后

---

① 　胡道修:《开皇天宝之间人口的分布与变迁》,《中国史研究》1984 年第 4 期。

② 　陈志坚:《杭州初史论稿》,杭州出版社 2010 年,第 124 页。

③ 　魏征:《隋书》卷六一《宇文述传》,中华书局 1973 年,第 1464 页。

隋朝廷着手在江南地区整顿户籍，苏威"持节巡抚江南，得以便宜从事。过会稽，逾五岭而还。江表自晋已来，刑法疏缓，代族贵贱，不相陵越。平陈之后，牧人者尽改变之，长吏悉使诵五教。威加以烦鄙之辞，百姓嗟怨。使还，奏言江表依内州责户籍"①。整顿户籍和传言可能徙民入关，引发地方豪强的反抗。杭州豪强杨宝英于开皇十年(590)十一月起兵反抗，被杨素迅速平定。经过此次平乱，隋在江南地区的统治得以稳固。洪廷彦在比较《晋书》《宋书》《隋书》地理志中江南各郡不同时期的户数后指出，隋朝这一地区的人口甚至少于西晋，这是绝对不可信的，表明隋朝江南大族"挟藏户口、以为私附"的严重程度。② 从中也可以理解为何在隋推行户籍整顿时，豪强不惜起兵反抗。

所谓"依内州责户籍"，是此前已在北方地区开始的"大索貌阅"与"输籍定样"。具体措施是：轻赋税征敛，招诱为豪强荫庇的"浮客"重归于政府编户；针对在户籍上"诈老诈小"以避租赋的民户进行搜括和貌阅；行"析户"之法，防止因家族同居而招致户口的"欺隐"；在大索貌阅、析户之后又行"输籍定样"之法，确定户等高下。③大索貌阅作为特殊时期的户口整顿，所谓"输籍定样"就是为征课赋税制定标准的户籍形式，并将它颁下于诸州，州县须按照内中有关划分户等的具体规定和实例定户，并按相同形式统一造簿。④

隋在开皇初颁定民户组织之法："制人五家为保，保有长。保五为闾，闾四为族，皆有正。畿外置里正，比闾正，党长比族正，以相检察焉。男女三岁已下为黄，十岁已下为小，十七已下为中，十八已上

---

① 李延寿：《北史》卷六三《苏威传》，中华书局1974年，第2245页。

② 洪廷彦：《对〈隋书·地理志〉所记南北户数的初步分析》，《中国史研究》1987年第3期。

③ 冻国栋：《中国人口史》第二卷《隋唐五代时期》，复旦大学出版社2002年，第37页。

④ 吴丽娱：《唐高宗永隆元年文书中"签符""样人"问题再探》，《敦煌学辑刊》1991年第1期。

为丁。丁从课役,六十为老,乃免。"以此确定赋役征调,"老""小"不课,再于课户中定不同户等,作为征收赋税的依据。[1]

现存资料中,有关余杭郡的户口记载为"统县六,户一万五千三百八十"[2],系大业五年(609)的数据,每县户口约2500多户,若以户均五口计算,则每县万余人,似显过低。而《隋志》有户数而无口数,与隋地方官计户给禄的办法是有关联的。这种给禄制的实施势必使地方官员对增户的关心超过对增口的关心。[3]

杭州地区的大业五年户口不到两万,不甚合理。大业九年(613),余杭人刘元进起兵响应杨玄感,旬月间所集亡命就达数万,其中当不乏自其他地区而来,但其中相当部分当是周边民众,而《隋志》大业五年所记余杭全郡户不过一万五千余;又隋末杭州沈法兴起兵反隋,其人世为豪强,有宗族数千家。以上两例,说明《隋志》大业五年的余杭郡户数偏低。

杭州州城始建于隋朝开皇十一年(591),"隋杨素创州城,周回三十六里九十步"。对于这个记载,谭其骧认为,隋初的杭州尚为新起的小郡,不需如此规模的州城,吴越牙城、南宋皇城故址当为隋代州城所在。[4] 陈志坚认为此说起自句读错误。"周回三十六里九十步"实为宋代州城的长度。杨素建杭州城的时间既短,目的也是控制柳浦渡口,故于其西依山筑城。[5] 杨素所建杭州子城,并非为容纳居民所建,不应依据城市规模估算人口。

周祝伟指出,越州是东晋南朝重要的政治基础,世家大族众多,

---

① 郑佩欣:《租调征收方法和"输籍定样"——与李燕捷先生商榷》,《历史研究》1996年第1期。

② 魏征:《隋书》卷三一《地理》下,中华书局1973年,第878页。

③ 冻国栋:《中国人口史》第二卷《隋唐五代时期》,复旦大学出版社2002年,第54页。

④ 谭其骧:《杭州都市发展之经过》,《史学文存1936—2000浙江大学中国古代史论文集》,上海古籍出版社2001年。

⑤ 陈志坚:《杭州初史论稿》,杭州出版社2010年,第258页。

隋灭陈后,迁徙江南士人的重点区域也在这里。因此越州在隋初发生的反抗也最为激烈,陈境的各反叛力量中,越州高智慧的势力最强,与隋军的战斗规模、持续时间、激烈程度都居于首位。会稽、永嘉的战争,隋军共计俘虏诛杀三十余万,其中越州占比一定不小。而杭州则因为在钱塘江北岸,北方移民南迁至杭州就逐渐定居下来。这些因素导致两地的人口发生巨大变化,杭州的人口在贞观十三年(639)超过了越州。[①] 这说明,杭州地区的人口在隋初至唐初,一直处于相对增长的态势,这与杭州并未处于区域政治、经济核心区域有关。

# 第二节　唐时期

唐武德四年(621),平李子通,改余杭郡置杭州,领钱塘、富阳、余杭。武德七年(624),唐军攻灭辅公祏,"分捕余党,悉诛之,江南皆平",复置杭州,时将盐官并入钱塘县,新城并入富阳县。关于唐代杭州属县变化,洪文昌、吕以春曾撰文梳理[②],陈志坚考订其变化如表4-1所示。

表4-1　唐初期杭州属县变化

| 贞观 | 高宗、武后称制 | 武周 |
| --- | --- | --- |
| 钱塘 | 钱塘 | 钱塘 |
| 盐官 | 盐官 | 盐官 |
| 余杭 | 余杭 | 余杭 |

---

　　①　周祝伟:《7—10世纪杭州的崛起与钱塘江地区结构变迁》,社科文献出版社2006年,第61—64页。

　　②　洪文昌、吕以春:《郡州更迭屡易名,辖区于此已粗定——隋唐时期杭州的行政区划》,《杭州历史丛编》之二,浙江人民出版社1990年。

续　表

| 贞观 | 高宗、武后称制 | 武周 |
|---|---|---|
| 富阳 | 富阳 | 富阳 |
|  | 新城 | 新城 |
| （余杭、富阳） | 临安 | 临安 |
| 於潜 | 於潜 | 於潜 |
|  | 紫溪 | 武隆 |
|  |  | 武隆、紫溪 |

引自：陈志坚《杭州初史论稿》。

武周时期，主要是於潜县的辖区变化。

## 一、户籍制度

唐代户籍编订每年由里正负责督令民户申报手实，以乡为单位，由县到州每年造计帐，三年造户籍。天宝以前，唐代的户籍管理制度较为完善。户籍编造是以手实、计帐为基础的。手实以户为单位，以户主为申报人，先列户主，然后是其他人，有姓名、年龄等项。然后登录土地状况，段亩数量、性质、质量和四至。最后部分是户主的誓词声明，内容是保证所列内容真实可靠。由此可知手实与州县户籍、计帐是同等重要的资料，从中央到地方各级政府都需妥善保存。[1] "手实"乃是官府责令所治下的民户之户主，如实申报当户人口和土地状况的文簿，在规定的时间内如期呈报官府，经官府核实，为每三年一造的户籍的主要根据之一。[2] 手实之外，还存在统计人口的"乡帐"，诸种乡（里）户口帐对人口的统计是十分细密的，诸乡向县司申报各项户口，至少在唐前期一个较长的时段内是作为一种

---

① 孟宪实：《新出唐代寺院手实研究》，《历史研究》2009 年第 5 期。

② 冻国栋：《中国人口史》第二卷《隋唐五代时期》，复旦大学出版社 2002年，第 58 页。

经常性的制度予以实施的。① 对于是否存在乡帐,杨际平认为,所谓"乡帐"就是指乡司将各里基于民户手实的户籍稿粘连在一起,而成为乡户籍稿的这种行为,而不是说于手实、户籍之外还有一种名为"乡帐"的簿籍。② 此外,为保证户籍的准确性,除了传统的一套制度化的管理户籍的办法之外,官府在必要时也会采取某些带有临时性的检籍措施,即"点籍样"。

手实后,官府要一一对申报事项进行核实。张荣强以吐鲁番文书《入乡巡貌事》为例,指出造籍年和非造籍年的貌阅,都是民户申报手实后的官府审核,《入乡巡貌事》列举的名单,无一不是与"五九""三疾"这些影响到赋役征免的事项有关的人;文书提出要严惩"将小替代""影名假代""虚挂籍帐"等作弊行为,其目的也是防范脱免赋役事件的发生。③

唐代户籍制度设计严密,但是武周时已是"天下户口,亡逃过半",武则天遂以"十道使括天下亡户"。敦煌遗书中存有武周括逃使牒。④ 开元八年(720),宇文融等二十九人分按诸州道县,收得户八十余万,但是天宝年间户籍伪滥仍十分严重。可见如何有效掌握户籍人口,是唐政府始终面临的重要问题。

## 二、人口规模

唐代人口资料尽管存在隐漏不实的问题,但贞观至天宝年间社会经济的持续发展,使这一时期的人口规模达到唐代极盛。天宝十三载(754)的实际户数,应为州郡户口(包括著籍户和隐漏户)加上诸色特殊人户、都市中的流动人口及唐代版图内的一些少数民族人

---

① 冻国栋:《中国人口史》第二卷《隋唐五代时期》,复旦大学出版社 2002年,第 80 页。

② 杨际平:《论唐代手实、户籍、计帐三者的关系》,《中国经济史研究》2014 年第 3 期。

③ 张荣强、张慧芬:《新疆吐鲁番新出唐代貌阅文书》,《文物》2016 年第 6 期。

④ 刘进宝:《隋末唐初户口锐减原因试探》,《中国经济史研究》1989 年第 3 期。

户,约合 1430 万—1540 万户,即唐代的州县人户包括著籍户与隐漏户的总计数加上流动人口和少数民族合计数大体应在此数之间。而当时之口数,则约合 7475 万—8050 万。<sup>①</sup> 赵贞认为,从天宝六载籍帐著录的黄口来看,天宝四载、五载的计帐编造也是依制进行,其为规范,对脱漏和新生口的收录比较关注,体现出天宝时期国家对于籍帐管理和人口统计的重视。天宝时期户口的快速增长,是与玄宗对于户口检括和籍帐编造的高度重视密不可分的。<sup>②</sup> 社会经济的发展,人口管理制度的规范运行,是天宝年间人口数字快速增长的关键因素。

有关唐代杭州的户口资料,载于《通典》《新唐书》《旧唐书》等史籍。冻国栋研究指出,《通典·州郡典》记述唐州县系年基本上以天宝元年为主,其户口数据应与此相当,推测《元和郡县志》登录的开元户似因开元十七年或十八年的户部计帐而来,元和户数则是依据元和四年或五年计帐资料而来。<sup>③</sup> 此外《旧唐书》所载户口数分别为贞观十三年数据和天宝元年数据。据此,《通典》所载余杭郡:"户八万六千四百五十四,口五十七万八千九十五",系天宝元年;《旧唐书》:"杭州旧领县五,户三万五百七十一,口十五万三千七百二十,天宝领县九,户八万六千二百五十八,口五十八万五千九百六十三。"《新唐书》则转抄旧志。《元和郡县志》所载应为开元十七年户数,户为八万四千二百五十二。元和四年或五年,户五万一千二百七十六。而《太平寰宇记》当是转抄自旧书。贞观中,杭州户口"三万五百七十一,口一十五万三千七百二十九"。<sup>④</sup> 而杜牧在《上宰相求杭州启》中曾说:"杭州户十万,税钱三十万。"史念海以杭州和凉

①　冻国栋:《中国人口史》第二卷《隋唐五代时期》,复旦大学出版社 2002年,第 182 页。

②　赵贞:《唐代黄口的著录与入籍——以敦煌吐鲁番文书为中心》,《西域研究》2017 年第 4 期。

③　冻国栋:《唐代人口问题研究》,武汉大学出版社 1993 年,第 7—18 页。

④　周淙:《乾道临安志》卷二《户口》,宋元方志丛刊本,中华书局 1990 年。

州为例指出,唐人很重视十万户州,对一些人户还没有十万的州也以十万户州相称,显示出这些被称为"十万户州"的州是相当繁荣的。[①]

从上述资料可以看出,自贞观至天宝杭州的户口增长非常明显,其中既有社会稳定、经济发展带来的人口增长,也有户籍管理较之前朝强化,整顿出的隐漏人口。

自唐宪宗元和至唐文宗大和年间,杭州的人口再度出现大幅增长,而且超过了开元年间的人口数字。对这一时期杭州人口的变化幅度,有研究认为这绝不是单纯的自然增长率,而主要是外来户增多所致,[②]而其来源当是自北方迁到吴越地区的衣冠士人,其数量规模当不小。

唐代一般民户家庭为户均 5—6 口,依唐代杭州户口资料,杭州的家庭规模,贞观年间户均 5 口,天宝年间则为每户 6.7 口,与唐代一般家庭规模相似。这是一般家庭,官宦之家规模则要更大,代宗朝"凡士人之家,皆不耕而食,不织而衣,使下奉其上不足故也。大率一家有养百口者,有养十口者,多少通计,一家不减二十人,万家约有二十万口"[③]。士大夫之家还有相当数量的奴婢等依附人口。此外还有累世同居者,如桐庐戴元益"五世同居,庭木紫薇枝生连理,咸通八年刺史张蒙以闻旌其门闾"。[④]

冻国栋依据千唐志斋藏唐志,统计传主年龄,认为仅就这批墓志资料看,男女志主的平均寿命应差别不大,平均寿命应在 50 岁上下。传主不是平民,这一特权阶层的平均寿命不能代表当时人口的

① 史念海:《中国通史》第 6 卷上《中古时代隋唐时期》,上海人民出版社 2004 年,第 804 页。

② 翁俊雄:《唐后期民户大迁徙与两税法》,《历史研究》1994 年第 3 期。

③ 杜佑著,王文锦等点校:《通典》卷一八《选举六·杂议论下》,中华书局 1988 年,第 449 页。

④ 徐象梅:《两浙名贤录》卷五《孝友》,浙江古籍出版社 2012 年,第 126 页。

平均寿命。①

　　唐代婚姻制度仍然是一夫多妻制，但是嫡妻地位独尊。关于婚姻年龄，张国刚以唐代墓志为样本总结出唐代女性以 18 岁结婚为最多（37 例），占 247 例总样本的 14.98%，15—19 岁为大多数唐朝妇女的普遍婚龄，在这个年龄段婚嫁者有 146 人，占统计人数的 59.11%。其次的结婚年龄在 13—14 岁年龄组（33 例）和 20—22 岁年龄组（35 例），各占总统计人数的 13.36% 和 14.17%。这样，13—22 岁结婚的妇女（214 例）占了所有样本的 86.64% 以上。唐朝人心目中的早婚年龄是 11—12 岁，超过 23 岁结婚的女子被认为是晚婚。其中尤其以 30 岁以上结婚为罕见，仅占总统计人口的 11.62% 左右。②

　　唐时杭州手工业门类多样，主要有丝织业、造船业等。尤其是丝织业需要的劳动力较多。据估计唐代杭州固定的工商业户至少在万户，③而城市人口约有十万户。

## 三、城市人口的增长

　　唐代杭州的人口变化首先是受到政治局势的影响。隋末唐初，沈法兴、李子通、杜伏威、辅公祏等相继据杭，战乱频仍，杭州社会秩序极不安定，经济上也遭受严重破坏。④ 至贞观、天宝年间，社会安定，人口增长就较为明显。同时，政府也有能力在地方整顿户籍，增加国家控制的人口。唐代杭州"户口日益增，领九县，所临往者多当时名公"⑤。晚唐前期的杭州，在整个东南地区，其地位尚不及苏州，但江淮一带由于唐末五代兵火的摧残，区域经济逐渐衰退，都市不

---

　　①　冻国栋：《中国人口史》第二卷《隋唐五代时期》，复旦大学出版社 2002 年，第 501 页。

　　②　张国刚、蒋爱花：《唐代男女婚嫁年龄考略》，《中国史研究》2004 年第 2 期。

　　③　郭正忠：《唐宋时期城市的居民结构》，《史学月刊》1984 年第 2 期。

　　④　倪士毅：《隋唐名郡杭州》，浙江人民出版社 1990 年，第 3 页。

　　⑤　李华：《杭州刺史厅壁记》，《全唐文》卷三一六，中华书局 1983 年。

断陨落,杭州却因为有钱镠势力的稳固盘踞,环境相对安定,社会经济继续发展。朝廷还颁布法令促进人口增长,并将其作为官员考核的项目。"贞观元年,男年二十女,年十五已上,及妻丧达制之后,孀居服纪已除,并须申以婚媾,令其好合。若贫窭之徒,将迎匮乏,仰于亲近乡里,富有之家,哀多益寡,使得资送。其鳏夫年六十,寡妇年五十已上,及妇虽尚少而有男女,及守志贞洁并任其情,无劳抑以嫁娶。刺史县令以下官人若能婚姻及时,鳏寡数少,量准户口增多,以进考第。如导劝乖方,失于配偶,准户减少附殿。"[1]

人口增长还得益于饮水条件的改善。在唐代随着城市经济的发展,杭州人口逐步增加,但是由于水源条件不佳,限制了城市人口规模,"水泉咸苦,居民零落"。李泌于唐德宗建中二年(781)任杭州刺史。为免市民卤饮之苦,他用开阴窦的办法,埋设瓦管竹筒,在人口稠密的沿湖地区开掘了六个蓄水井,从钱塘门到涌金门一带,沿湖分置水闸,控制输往相国井、方井、西井及金牛池四井的水量大小,使城区居民喝到了甘美的湖水。这不仅安定了市民的生活,同时,对杭州城市的发展也起了巨大的作用。"自唐李泌始引西湖水所凿六井,然后民足于水,井邑日富。"[2]周祝伟则指出,李泌凿六井之前,杭州人口已有相当规模,在这一时期出现居民饮水问题,除因人口增长外,大历八年(773)与大历十年(775)的两次大规模海溢对今杭州城区范围内水系与土壤的盐碱度造成了严重的影响,以致饮水苦咸。[3]

隋炀帝开凿的江南运河既是一项水路交通工程,也在农田灌溉方面发挥了重要作用。沿途钱塘湖、临平湖等既为运河提供了水

---

[1] 王溥:《唐会要》卷八三《嫁娶》,中华书局1960年,第1527页。

[2] 苏轼著,孔凡礼点校:《苏轼文集》卷一一《钱塘六井记》,中华书局1986年,第379页

[3] 周祝伟:《7—10世纪杭州的崛起与钱塘江地区结构变迁》,社科文献出版社2006年,第183页。

源,同时也通过运河将湖水灌溉到那些远离湖泊的农田,①促进了农业的发展。自隋代开挖江南运河以后至南宋末年,杭州城内水系的畅通无阻,是杭州城市发展的重要条件。② 运河不仅使太湖平原的水运网络有了一条主干航道,进一步方便了太湖平原地区的水上交通;而且向南贯通钱塘江,可以交通浙江全境及江西、福建、安徽等地区;向北沟通长江,并与之前开凿的广通渠、通济渠、山阳渎、永济渠等相连接,沟通长江、淮河、黄河、海河等水系,可以交通江淮平原、关中平原、华北大平原。从而使杭州不但与越州、婺州等地的联系更为密切,而且与苏州、扬州、汴州、洛阳、长安、涿郡等当时国内的重要城市有机地联系在了一起,③对杭州工商业的发展有重要影响。"南派巨流,走闽禺瓯越之宾货,而盐鱼大贾所来交会,每岁官入三十六万千计"④,所依靠的正是水运交通的发达。

周祝伟综合考察唐代杭州地区水利建设的发展后认为,长期的海塘、沿湖堤坝等的修建,为杭嘉湖平原的农业免受水患灾害影响提供了保障。加上大历年间实行屯田、水利设施建设,让原来处于低洼地区的荒地,成了广阔的稻作区,为天宝以后"漕吴而食"提供了可能。⑤ 周边农业生产的稳定发展,是杭州地区人口不断增长的基础条件,也为大量移民的定居提供了条件。

造成杭州人口损失的,在唐代主要是各种灾害、疫病。唐代杭州灾害见于记载的主要有水灾。大历八年(773)水灾。大历十年(775)"七月己未夜,杭州大风,海水翻潮,漂荡州廓五千余家,船千余只,全家陷溺者百余户,死者四百余人"⑥。大和五年(831)夏六月

① 李志庭:《浙江通史·隋唐五代卷》,浙江人民出版社 2005 年,第 117 页。
② 傅崇兰:《中国运河城市发展史》,四川人民出版社 1985 年,第 99 页。
③ 顾志兴:《杭州运河史》,中国社会科学出版社 2011 年。
④ 沈亚之:《杭州场壁记》,《全唐文》卷七三六,中华书局 1983 年。
⑤ 周祝伟:《7—10 世纪杭州的崛起与钱塘江地区结构变迁》,社科文献出版社 2006 年,第 127—139 页。
⑥ 刘昫:《旧唐书》卷三七《五行志》,中华书局 1975 年,第 1363 页。

杭州水害。代宗宝应年间"杭、越间,疾疫颇甚,户有死绝,未削版图,至于税赋或无旧业田宅,延及亲邻"[1]。文宗大和元年(827)春浙西大疫,大和六年(832)"浙西丁公著奏杭州八县灾疫,赈米七万石"[2]。说明浙西道以杭州的疫病最为严重。学者指出,唐代江南出现了一些大城市,城市经济功能不断增强,人口数量急剧增加,人员活动频繁。在这种情况下,江南同步出现了频繁的疫病流行,这两者之间应该是有一定联系的。[3]

谭其骧指出,杭州自秦始皇三十七年(前210)始见于记载,依其都市发展的历程而言,约可分为六个时期。秦汉六朝八百年为一期,是山中小县时代;隋唐三百年为一期(起自隋文帝开皇十一年、公元591年),是江干大郡时代。[4] 但是杭州此时还是较为繁盛的大郡,还无法与周边大郡如苏州相比,更不用说与扬州这样的全国性都会相比。陈志坚从城市与政治地位的角度进一步论述认为,随着隋唐统一国家的建立,东南地区再度被边缘化,杭州只是上州,属县之中仅有余杭是望县。[5]

# 第三节　吴越国时期

唐末藩镇割据,唐中央政府对地方控制力日益减弱,地方豪强并起。钱镠早年为"盐贼",逐步组织武装,在镇压杭州地区"山贼"朱直的过程中成为地方自卫武装的领袖。在抵抗黄巢起义军、击败刘汉宏后,光启三年(887)正月,唐朝授钱镠为杭州刺史、杭越管内

---

①　代宗:《恤民救》,《全唐文》卷四八,中华书局1983年。

②　刘昫:《旧唐书》卷一七下《文宗下》,中华书局1975年,第545页。

③　张剑光:《唐代江南的疫病与户口》,《上海师范大学学报》2007年第5期。

④　谭其骧:《杭州都市发展之经过》,《长水集》上,人民出版社1987年,第417—428页。

⑤　陈志坚:《杭州初史论稿》,杭州出版社2010年,第22页。

都指挥使。钱镠从此占据杭州,开始建立割据政权。击败董昌后,吴越国的疆域基本形成。后梁开平二年(908)钱镠改元天宝,行用自己的纪元。不久,即自称"吴越国王"。

吴越国处于一个藩镇的时代,从文穆王钱元瓘时期到后来内牙军的变乱,都反映出这个时代武人政治的特色。当然,官僚政治的发展在吴越国也有若干表现,而且越到吴越国后期,这种表现就越明显。①

作为吴越国的国都,杭州称西府、西都,领钱塘、钱江、盐官、余杭、富春、桐庐、於潜、新登、横山、武康、南新场,辖境比唐时扩大。"杭州在唐,虽不及会稽、姑苏二郡,因钱氏建国始盛。"②晚唐以来的土地开发、人口增长,经历吴越国时期的进一步发展,使杭州成为东南重镇,超越了越州等周边州郡,成为钱塘江流域的经济中心。这种超越既有杭州地区自身的发展因素,也有唐末五代时期其他州郡残破凋零的因素。③当然,政治地位的变化也是关键因素。④

## 一、人口规模

吴越国时期杭州的人口没有具体资料。吴越国纳土时"凡得州十三,军一,县八十六,户五十五万六百八十,兵一十一万五千三十六"⑤。这是吴越国全境人口,从中颇难估算杭州人口。李志庭认为,由于吴越国"常重敛其民",逃避户籍的肯定不少;吴越国又大兴寺院,寺院僧徒动辄千人,致使许多人口脱离了户籍;此外,与唐朝一样,一些官、私奴婢和官户、私属部曲及士兵等,也都不入州县户

---

①　何勇强:《钱氏吴越国史论稿》,浙江大学出版社 2002 年,第 33 页。

②　王明清著,戴建国、赵龙整理:《玉照新志》卷五,《全宋笔记》第 58 册,大象出版社 2019 年,第 134 页。

③　周祝伟:《7—10 世纪杭州的崛起与钱塘江地区结构变迁》,社科文献出版社 2006 年,第 61—64 页。

④　陈志坚:《杭州初史论稿》,杭州出版社 2010 年,第 23 页。

⑤　脱脱:《宋史》卷四《太宗纪》,中华书局 1985 年,第 58 页。

籍。吴越国的实际户口绝不止 550680 户。①

吴越国立国的根基是其武装,也就是杭州八都,后来扩展为十三都。杭州八都是地方土团武装,钱镠以自己所领一部,收编八都中的亲信势力,组成了内牙军,后来在孙儒之乱后收编蔡州兵组成武勇都,成为内牙军的主干。与武勇都不同,作为外镇兵的八都是一个松散的组织,以地方乡兵为基础,初期虽号每都千人,但后来规模日大。如第一次杭越战争期间,刘汉宏出动的兵力动辄数万,甚至超过十万,与之直接对垒的八都兵,其所部兵力应该与此数相差不会太远。况且,并不是所有的八都兵都参与了杭越之争。推算起来,八都兵的总兵力大概会接近甚至超过二十万人。从兵力与唐代杭州户口的比较看,达到每户一兵的程度。② 在与刘汉宏的第三次战役中,吴越国大败敌军,"获战舰五百艘、马四千蹄,兵甲万计,俘馘千人"③,其出兵规模当也在数万人。

笔者赞同何勇强的相关分析,但以为每户一兵似过高。如湖州刺史高澧,号为残暴,"括诸县之三丁抽一,立都额为三丁军,凡三千余人"④。"三丁抽一"已经号称残暴,每户一兵恐怕就非一般民户可以承受。宋代地方编练义勇,也曾以"三丁抽一"组织。⑤ 可见"三丁抽一"并非过当,反而可能是杭州八都抽取兵员的方式,何勇强也指出诛杀高澧可能并非其暴虐,而是其组织三丁军,深为钱氏所忌。以"三丁抽一"估算,吴越时期杭州地区户数当高于二十万户。后周显德三年(956),"是岁始括境内民丁,益师旅也,王弟弘亿手疏切

① 李志庭:《浙江通史》第四卷《隋唐五代》,浙江人民出版社 2005 年,第 321 页。

② 何勇强:《钱氏吴越国史论稿》,浙江大学出版社 2002 年,第 59 页。

③ 《吴越备史》卷一《武肃王》上,四部丛刊续编。

④ 吴任臣撰,徐敏霞、周莹点校:《十国春秋》卷八八《高澧》,中华书局 2010 年,第 1276 页。

⑤ 徐松:《宋会要辑稿》兵二《义勇保甲》,中华书局 1957 年。

谏,乃止"①。可见吴越国也曾计划以括民抽丁方式增加兵员。

李志庭指出,所谓吴越国"保境安民"是后出的说法,吴越国钱氏"善事中国""勿废臣礼",其真正目的主要是对付吴国(南唐),是一种远交而近攻的策略。② 钱氏的主要目标是通过不卷入与其他割据政权的战事,维持其在两浙地区的割据,即何勇强总结的"尊奉中原、连横诸藩、对抗淮南"。在这一国策下,杭州地区的确未如战乱地区般遭受严重的破坏。加上钱元璙在位时多次发布减免荒田租税的诏令,实施兴建捍海塘等大型水利工程、设置撩清军等措施,对杭州地区的人口增长起到了积极作用。杭州地区的人口得以在晚唐基础上继续增长。经过吴越国的经营,杭州确立了两浙政治、经济、文化中心的地位。③

## 二、移民

吴松弟指出,唐末五代士大夫避乱江左颇多,杭州地区在江南地区又属稳定,吴越国厚待北方上层移民,这些人大多应居住在杭州。④ 因此应有相当数量的士人移居杭州。如杨承休奉命出使江南,"杨行密乱江淮,道阻不克归,遂留居杭州"。⑤ 再如元德昭,"字明远,本姓危,抚州南城人,父仔倡,信州刺史,为淮南兵所逐奔于杭,武肃王镠待以宾礼"。⑥

---

① 吴任臣撰,徐敏霞、周莹点校:《十国春秋》卷第八一《吴越五·忠懿王世家》上,第1156页。

② 李志庭:《也谈钱"保境安民"国策》,《中国史研究》1997年第3期。

③ 李志庭:《浙江通史》第四卷《隋唐五代》,第317页。

④ 吴松弟:《中国移民史》第三卷《隋唐五代》,福建人民出版社1997年,第273页。

⑤ 欧阳修著,李逸安点校:《欧阳修全集》卷六二《谏议大夫杨公墓志铭》,中华书局2001年,第909页。

⑥ 吴任臣撰,徐敏霞、周莹点校:《十国春秋》卷八七《元德昭传》,中华书局2010年,第1255页。

在杭州城中从事手工业生产的，不少也是移民，如"徐绾之叛，城中有锦工二百余人，皆润人也"①。依吴越国向中原王朝进贡丝织品动辄达到数万匹推测，在杭州地区从事生产的外来织工不在少数。

武勇都的主要构成是蔡州兵，何永强指出，武勇都对钱镠军队的影响还表现在它极大地改变了钱氏军队的构成，使两浙军队在名称上开始现土军和客军之分。② 此外将俘获士卒编入军队也是五代时期常见的做法，在乾宁四年(897)和后梁开平三年(909)的两次战争中，吴越便俘虏淮南将士约 6000 人，其中相当多的人应当被编入了吴越军队中。钱镠作家训八条，内中讲到："三军子父，土客之军，并是一家之体。"显然，非本土的客军在吴越国军队中占据重要地位。

可以想见，士大夫、手工业者、军人，以及从其他地区迁徙到杭州地区从事农业生产的百姓，共同组成了杭州新增人口的重要部分。

---

① 《吴越备史》卷一《武肃王》，四部丛刊本。
② 何勇强：《唐末两浙的武勇都与武勇都之乱》，《中国史研究》1999 年第 3 期。

# 第五章　宋元时期

太平兴国三年(978),吴越纳土,杭州治钱塘,领钱塘、钱江、於潜、余杭、富春、盐官、安国、唐山、新登、桐庐、武康十一县。当年改钱江为仁和,安国为临安,横山为昌化,新登为新城,桐庐、武康改隶。太平兴国四年(979),实领九县。

## 第一节　两宋时期

### 一、户籍制度

宋初沿用唐制,三年一造户籍,后来才改为逢闰年造五等丁产簿。户口统计籍帐,主要涉及五等丁产簿、丁籍、税租簿帐、保甲簿和赈济户口统计帐五种。

五等丁产簿是北宋一项重要的户口统计系统,又简称为五等簿或人户产业簿、丁产簿。五等丁产簿旨在登记民户的资产和户等,主户有常产、有户等,为五等丁产簿的登记范围。

丁籍专指用于征役催税的簿籍而言,又称丁簿,是地方州县催科征税的依据簿书,保留在州县。丁帐指依据丁籍制成的报呈上级的丁口统计文书。只有丁籍才登记全体男性数据。[1]

---

① 戴建国:《宋代籍帐制度探析——以户口统计为中心》,《历史研究》2007 年第 3 期。

　　税帐是宋朝各地征收夏秋二税时使用的税租籍帐。始建于北宋初期,最初是为品官之家,以及有人在州县与按察司担任吏人、书手、保正、耆长之类的家庭(合称"形势户")编制,"诏令逐县每年造形势门内户夏、秋税数文帐,内顽猾逋欠者,须于限内前半月了足"[①],以避免这些人借自己手中的权力逃避税收。[②] 由于脱户和漏口问题日益严重,至道元年(995)六月以后扩大至全体税户。[③]

　　保甲簿是随着保甲法的出现而产生的新的户口登记系统。北宋熙宁初,神宗采纳王安石变募兵为保甲的主张,开始实施保甲法。熙宁三年(1070),开始在开封所在的畿内地区编制保甲,不久自畿内推行到北方五路,接着是全国。[④] 保甲组织的各级负责人起初都选派主户担任,后改为募人承担,由需要应役的主户出资;此后,保甲组织的各级负责人逐渐取代了户长、乡书手、耆长等原有的基层组织负责人。[⑤] 保甲簿上,"每甲须当开具:甲内某人系上户,见系第几等户,曾不应役,人丁若干;某人系下户,作何营运,或租种,是何人田亩,人丁若干;某人系客户,元系何处人氏,移来本乡几年,租种是何人田地,人丁若干;某人系官户,是何官品,曾不系析户",这些都要"一一籍之于册"。[⑥] 南宋实行保甲制度的目的之一是加强地方治安,保内各户均实行连坐法,因此需要充分掌握各家的情况。此外,政府要按一定的比例从各家征集保丁,也要充分了解丁口情况。因此,地方官相当重视保甲簿的编制。按规定,保甲簿每三年编造

---

　　①　马端临:《文献通考》卷四《田赋考》,中华书局 2011 年,第 89 页。
　　②　戴建国点校:《庆元条法事类》卷四七《赋役门·赋役令》,黑龙江人民出版社 2002 年,第 627 页。
　　③　徐松:《宋会要辑稿》食货一二之一,中华书局 1957 年。
　　④　脱脱:《宋史》卷一九二《兵志》,中华书局 1985 年,第 4767 页。
　　⑤　陈耆卿:《嘉定赤城志》卷一七《赋役》;梁克家《淳熙三山志》卷一四《版籍》,"耆户长保正副",宋元方志丛刊本,中华书局 1990 年。
　　⑥　徐松:《宋会要辑稿》食货六六之二九,中华书局 1957 年。

一次,①在基层完成编制之后要逐级汇总上报。而且,各都、乡、县、州、路都置有保甲簿。②

吴松弟指出,不少州县都并存有两个户口统计系统,其一是只计户数和丁口数的例行户口统计系统,其一是统计全部户数和人口的赈济时使用的户口统计系统。③ 而李华瑞则进一步明确,"赈济户口统计系统"应改为"赈灾户口统计系统"。因为宋代"赈济"虽然有时作为灾荒救助措施的总名称,但严格说来,"赈济"主要是对贫困、缺食、鳏寡孤独等人群的救助措施的统称,而不能包括对全体灾民的救助。④ 绍兴三十年(1160)杨倓上奏:"乞将临安府钱塘、仁和两处每岁养济贫乏不能自存之人,令逐县知县兵官抄札开具姓名,结罪申府,差官验实,各用纸封臂,用印给牌置历,每五日一次,当官支给。"说明临安对于贫困人口的扶助,是以抄札进行登记的。⑤

梁庚尧也曾指出,南宋农村每户真正的平均口数可以从另外一类官方户口记载求解答。这一类官方户口记载,是为了安置流民及救济灾荒而作的临时统计,没有漏口和析户的必要,而且无论男女都需要得到救济,自必包括男女在内。这类户口,虽有为冒领救济而浮报的可能,但在流移或灾荒中,因离散、死亡也可能使口数较原有为少,两相平衡之后,每户平均口数仍较官方例行记载高出甚多。⑥ 李华瑞认为,抄札广泛运用于救灾活动,应是在熙宁七年(1074)吕惠卿创"手实簿法"之后。第一,路、州、县长官是临灾或灾后实施调查登记灾民户口的组织者。第二,调查登记灾民人户包括姓名、大小、口数、住处等几项。第三,抄札的作用是为"计口给食"

① 梁克家:《淳熙三山志》卷一四,宋元方志丛刊本,中华书局 1990 年。
② 徐松:《宋会要辑稿》食货六六之二九,中华书局 1957 年。
③ 吴松弟:《南宋人口史》,上海古籍出版社 2008 年,第 29 页。
④ 李华瑞:《抄札救荒与宋代赈灾户口的调查统计》,《历史研究》2012 年第 6 期。
⑤ 《宋会要辑稿》食货八六之一四五,中华书局 1957 年。
⑥ 梁庚尧:《南宋的农村经济》,新星出版社 2006 年,第 56 页。

提供直接的依据。①

戴建国以元代湖州路户籍资料分析其与宋代户籍登记之间的关联,南宋咸淳七年(1271)江南大饥,因赈灾而制定的赈济簿,登记了包括女口、幼童在内的全部户口信息,为元代湖州路户籍统计提供了依据。《户籍文书》中的"元籍"应是元军占据湖州后保存下来的原南宋户籍。从《咸淳临安志》《至顺镇江志》皆载有咸淳年间赈济统计人口数字来看,咸淳年间两浙路因大饥荒普遍编制有赈济统计簿籍。②

戴建国指出,赈济簿除记载女口外,还登记年龄,因为灾荒一旦发生,物资匮乏,必须严格按需分发,成人和儿童赈济钱物的标准不同。以雷忠信一户记载为例:

> 一户:雷忠信
> 　　元籍内计家六口
> 　　　　男子二口
> 　　　　　　成丁一口男端一年四十三岁
> 　　　　　　不成丁一口本身年六十四岁
> 　　　　妇女四口
> 　　　　　　妻阿董年六十三岁媳妇阿周年四十岁
> 　　　　　　孙女亚伴年七岁胜女年三岁③

可见包括未成年女子在内,都详细登记了年龄。这一基于宋代赈济簿"元籍"的人口登记,体现的是宋代登载全部人口的登记

---

① 李华瑞:《抄札救荒与宋代赈灾户口的调查统计》,《历史研究》2012年第6期。

② 戴建国:《从南宋户籍制度看新见元湖州路户籍文书的制作》,《文史》2023年第2辑。

③ 戴建国:《从南宋户籍制度看新见元湖州路户籍文书的制作》,《文史》2023年第2辑。

制度。

　　赈济簿成为制度的时间,吴松弟认为是在乾道七年(1171),在此之前并非制度化的做法。李华瑞进一步以史料补充证实了这一观点,认为宋代赈济(赈灾)户口统计制度化始自乾道七年的推论是有根据的。从地域上看,材料反映赈灾户口统计主要在江、浙和荆、湖等地的情况,与文献记载南宋中后期发生灾害以两浙、淮南、江南、湖南、湖北等地为多相一致。抄札之后所给予人户的牌、历详细登记了人口数量、姓名、大小之别、财产家业等信息,然后以州军为单位编制"总簿"。虽然各地赈灾户口统计划分等级不尽统一,但是划分户等以财产家业的多寡和有无为标准则是一致的。①

　　宋代的户籍通常就是丁籍,②不仅北宋如此,南宋同样如此。南宋法典《庆元条法事类》的"考课·知州县令四善四最"载:"生齿之最:民籍之增益,进丁入老,批注收落,不失其事。"此"民籍"就是丁籍,因为只有丁籍才需要每年"进丁入老,批注收落"。故作为常规户籍,各州郡每年向户部申报的人口数,实为男丁,即成丁之口,这就是在大多数宋代的文献记载中,为什么每户平均只有二口的主要原因。③戴建国认为,宋朝于乾德元年(963)始规定成丁的年龄界限,旨在更改《宋刑统》的相关法律条款。在此之前,宋代是以25岁成丁,55岁入老。宋代客户有自己独立的户籍,就是丁籍。如果说唐代的户籍以人丁为主兼及土地,那么宋代的五等户籍则是以土地财产为主兼及人丁。这从客户不入五等户籍制之规定可反映出来。丁籍是脱离了地籍的独立的户口籍。五等户籍制尚没有做到户口统计的单一化,宋代只有丁籍才是具有完整意义的户口籍。丁籍登录对象是主、客户,以全体男性为统计范围,登记每户男口姓名、年

　　①　李华瑞:《抄札救荒与宋代赈灾户口的调查统计》,《历史研究》2012年第6期。

　　②　见李宝柱:《宋代人口统计问题研究》,《北京大学学报》1982年第4期;王育民:《〈宋代户口〉稽疑》,《上海师范大学学报》1985年第2期。

　　③　何忠礼:《宋代户部人口统计考察》,《历史研究》1999年第4期。

龄。州上报朝廷的丁口统计文书,只是根据丁籍编制成的丁帐,而不是丁籍本身。而丁帐统计的对象只是户数与成丁数,不包括其他男口。丁籍登录主客户所有男口,是为了便于稽考岁数,正确实施进丁入老的措施,防止作弊,以便做到合理承担力役和摊派身丁钱。[①] 这正是土地财产在宋代赋税制度中重要性的反映。

五代时建立起来的五等户制,至宋初已经定型。五代以前的九品户和九等户制曾存在六七百年,而五代和宋的五等户制只存在三百余年。唐朝以八、九等户为下户,宋代以四、五等户为下户,他们大都是广大贫苦农民。可见自九等户演变为五等户,乃是将九等户中的上七等户压缩为五等户的上三等户。宋代精简户等,可能是为了简化与户等相关的赋役。[②] 宋代民户分成主户和客户两大类,两者的区分标准是有无财产(在乡村者有无土地,在城镇者有无房屋),要不要缴纳二税。元丰元年(1078),两浙提举司曾言:"浙西民户富有物力,自浙以东,多以田产营生。往年造簿,山县常以税钱,余处即以物力推排,不必齐以一法。"[③]因此客户是不入五等丁产簿的,[④]而是登载于丁籍。[⑤]

编订户籍时,知县在正式造簿的前一年,须出榜告示民户将该推割税产的手续办定,并于各自旧籍下注明税产。来年正式造簿时不得再办理推割事宜。换言之,户籍登记的家业财产乃是造籍前一年的财产状况,并以此为准确定户等级别,张榜公布。这一做法是为正式造户籍做准备。[⑥]"诸县税租夏秋造簿,于起纳百日前,同旧簿

---

① 戴建国:《宋代籍帐制度探析——以户口统计为中心》,《历史研究》2007 年第 3 期。

② 王曾瑜:《从北朝的九等户到宋朝的五等户》,《中国史研究》1980 年第 2 期。

③ 徐松:《宋会要辑稿》食货六九,中华书局 1957 年。

④ 吴松弟《中国人口史》第三卷《宋元时期》,复旦大学出版社 2000 年,第 65 页。

⑤ 戴建国:《宋代籍帐制度探析——以户口统计为中心》,《历史研究》2007 年第 3 期。

⑥ 戴建国:《宋代籍帐制度探析——以户口统计为中心》,《历史研究》2007 年第 3 期。

并干照文书,送州申磨点检。"也就是要将新造丁籍送州审核。

两宋编订丁籍,称 20 岁至 60 岁以下(一些地区称 21 岁至 60 岁以下)的男子为成丁或丁,20 岁以下为幼丁,60 岁以上为老丁,因体残有病不能承担力役者为残疾,并规定各地一年一造丁籍,如果地方官将编制时间延后,便要遭到惩处。[①]

吴松弟强调,如果编制地理总志的制度得以坚持,地理总志便成为各地方志中户口数据的主要资料来源。[②] 传世的《太平寰宇记》《元丰九域志》《宋史·地理志》和方志所载的府州军户口数据,包括地方志记载的县一级的数据,基本上来自闰年图—地理总志这一系统。因此,地方性数据中的旧数据,或者地方官向上汇报用的往年数据,应该是保存在兵部职方与州县的数据。而《宋会要辑稿》《文献通考》《建炎以来系年要录》以及其他国史中的全国性与路级数据,例如开宝九年(976)的天下主客数,则来自各地上报户部的数据。绍兴二十九年(1159)已有全国户口总数,说明至迟在绍兴三十二年(1162)之前的四年,南宋已进行了全国性的户口统计。[③]

戴建国指出,唐宋社会转型后,土地流通加剧,政府管理愈加注重土地、财产,北宋以来合户口和田产登记为一体的户籍——五等丁产簿,因其简约粗放而无法有效监管田产的频繁流动,逐渐不能适应管理要求,于是完整的独立地籍应运而生,与户籍、税籍鼎足而立,并行不悖。[④] 独立的户籍主要是丁籍,也就是登记成年男子,形成"丁籍",并每年进行登记;保甲簿也具有户口籍册的功能。出于赈济目的登记的全部人口形成赈济簿,乾道七年(1171)制度化攒造后,赈济簿成为南宋户籍的一个组成部分,但是赈济簿不按照固定周期编订,只是在灾伤之年后编订。由于不会出现全国性灾害,赈济簿也不会形成全国性人口数据。

---

① 徐松:《宋会要辑稿》食货六九之三一,中华书局 1957 年。
② 吴松弟:《宋代户口的汇总发布系统》,《历史研究》1999 年第 4 期。
③ 吴松弟:《南宋人口史》,上海古籍出版社 2008 年,第 94 页。
④ 戴建国:《南宋中后期的土地清查和地籍攒造》,《历史研究》2022 年第 1 期。

## 二、城市人口及人口规模

北宋嘉祐二年(1057),梅挚出知杭州,仁宗皇帝赐诗,其诗起始两句云:"地有湖山美,东南第一州。"杭州"东南第一州"的说法由此而来。这个"第一州"的评价,不仅指湖山第一,更是指经济第一。

北宋时期,在技术进步和贸易发展的双重推动之下,作为内河航运和海上运输的重要港口,杭州的造船业有了很大发展,成为与扬州、广州、明州并列的四大造船中心之一。传统优势产业比如丝织业的规模也不断扩大,产品也更为精致,常常被作为贡品。部分行业逐渐成长为杭州的特色产业。比如北宋时期杭州的雕版印刷业就非常有名,是当时全国四大印书中心之一,当时的"监本"多半刻印于杭州。同时,杭州还是佛教中心,聚集不少僧人,元祐三年(1088)八月时"杭之为州,领属县十,寺院五百三十有二,凡讲院所传,多天台智者之教"[1]。

有关杭州的城市规模,学者多有研究。包伟民从诸家研究所据的材料展开,指出宋代文人笔下,不同行政层级的城市,形成了"一般化"的城市意象。同一层级的城市实际规模有很大差距,仍习惯将其归为同一类城市,如对杭州、苏州等城市,"钱塘十万家""吴门十万户"等描述,少于实际的人口规模。[2] 这说明,对于杭州城市人口的规模,"十万家""百万家"等文学性描述,作为人口数字估算资料应谨慎使用。

北宋杭州州城的人口约为十万户,50万人,而合属县在内应在100万人左右。咸平二年(999)张咏出知杭州,因当地发生饥荒,上奏朝廷,称"余杭十万户,饥者七八"[3]。嘉祐四年(1059),欧阳修作《有美堂记》:"钱塘自五代时知尊中国,效臣顺,及其亡也,顿首请命,不烦干

---

[1] 李燾:《慧因寺志》卷六《敕赐杭州慧因教院记》,丛书集成续编本。
[2] 包伟民:《宋代城市研究》,中华书局2014年,第322页。
[3] 宋祁:《景文集》卷六二《张尚书行状》,四部丛刊本。

戈,今其民幸富完安乐。又其俗习工巧,邑屋华丽,盖十余万家。环以湖山,左右映带,而闽商海贾,风帆浪舶,出入于江涛浩渺烟云杳霭之间,可谓盛矣。"①元祐五年(1090),苏轼出知杭州,又恰逢灾荒,他向朝廷诉转运使处置不当,"杭州城内生齿不可胜数,约计四五十万人,里外九县主客户口共三十余万。……又缘杭州自来土产米谷不多,全仰苏、湖、常、秀等州般运斛斗接济,若数州不熟,即杭州虽十分丰稔亦不免为饥"②。政和七年(1117),"杭州临安户万二千,今为望;盐官户二万四千,乃为上。乞命有司参酌旧制,量户口多寡之数,以为诸县升降之法",说明杭州属县的人口在不断增长中。③

建炎三年(1129),杭州升为临安府,绍兴八年(1138),宋廷正式定都临安。随着实际作为国都地位的确立,杭州成为各方移民逐步聚集的地区,人口规模不断扩大。吴松弟综合地志等资料,估算了南宋临安府人口的增长,见表5-1:

**表5-1　南宋临安府的户数和年平均增长率**

| 年份 | 户数 | 年均增长率/% | 资料来源 |
| --- | --- | --- | --- |
| 崇宁元年(1102) | 203574 |  | 《宋史·地理志》 |
| 乾道五年(1169) | 261692 | 3.8 | 《乾道临安志》 |
| 淳祐十二年(1252) | 381335 | 4.5 | 《淳祐临安志》 |
| 咸淳四年(1268) | 391259 | 1.6 | 《咸淳临安志》 |
| 至元二十七年(1290) | 360850 | −3.7 | 《元史·地理志》 |

资料来源:吴松弟《南宋人口史》,《南宋部分府州军县的户数和年平均增长率》。

---

①　欧阳修著,李逸安点校:《欧阳修全集》卷四〇《有美堂记》,中华书局2001年,第585页。

②　苏轼著,孔凡礼点校:《苏轼文集》卷三〇《论叶温曳分擘度牒不公状》,中华书局1986年,第861页。

③　徐松:《宋会要辑稿》方域七之二七,中华书局1957年。

崇宁元年（1102）至咸淳四年（1268），临安府的户数从 203574 增长到 391259，增长了近一倍。

表 5-2　南宋临安府各县户数

| 县 | 乾道五年（1169） | 淳祐十二年（1252） | 咸淳四年（1268） |
|---|---|---|---|
| 钱塘 | 主客户 46521<br>口 68951 | 主客户 47631<br>口 98368 | 主客户 87715<br>口 213551 |
| 仁和 | 主客户 57548<br>口 76857 | 主客户 64152<br>口 222121 | 主客户 98615<br>口 228495 |
| 余杭 | 主客户 19817<br>口 29911 | 主客户 26550<br>口 140282 | 主客户 26581<br>口 141400 |
| 临安 | 主客户 24261<br>口 44743 | 主客户 25651<br>口 117899 | 主客户 25907<br>口 126996 |
| 於潜 | 主客户 20295<br>口 46292 | 主客户 20751<br>口 112291 | 主客户 20803<br>口 111971 |
| 富阳 | 主客户 19923<br>口 36017 | 主客户 36003<br>口 155369 | 主客户 29985<br>口 149898 |
| 新城 | 主客户 12483<br>口 30651 | 主客户 17908<br>口 87582 | 主客户 187071<br>口 79816 |
| 盐官 | 主客户 50831<br>口 59344 | 主客户 57303<br>口 14527 | 主客户 56904<br>口 139870 |
| 昌化 | 主客户 11003<br>口 14033 | 主客户 12794<br>口 280481 | 主客户 13678<br>口 59160 |
| 合计 | 主客户 261692<br>口 552607 | 主客户 381335<br>口 767739 | 主客户 391259<br>口 1240760 |

资料来源：《咸淳临安志》卷五八《户口》。

从表 5-2 可知，乾道五年的户均人口，钱塘县是 1.48 人，仁和县是 1.33 人，盐官县仅 1.16 人，新城略高，也仅有 2.4 人，户均未超过 3 人。前述湖州路所载宋末赈济簿所载，雷忠信家人口为 6 人。方大琮曾记嘉熙元年（1237）五月临安大火，"延燎之家四万七千有奇，而邸第、官舍、营寨、寺观不与焉；暴露之民为口二十九万三千有奇，而毙于虐焰者不与焉"，户均 6.3 人，考虑到在火灾中不幸去世的人不在少数，户均人数可能还要高。淳祐时期，钱塘县户均仍仅有 2 人，仁和县 3.46，余杭县为 5.28，临安县 4.59，富阳县 4.3，较为接近户均 5 口。至咸淳四年(1268)，余杭县户均 5.32，临安县 4.90，於潜县 5.38，新城县 4.89，富阳县 4.99。

宋晞分析《咸淳临安志》记载的咸淳年间的户口数后认为，以临安府而言，在南宋后期，每户的口数达到五口或六口上下，则又应是男女均计算在内的。[①] 南宋末期的咸淳年间，临安城及所属各县的人口达到 100 多万。

包伟民通过估算临安府钱塘、仁和两县乡数、里数，参照临安府所属各县乡均户数，估算出临安城及其周边郊厢，总人口约为 70 万，并指出这一数字仍旧偏高。如果减去城外，以及流动人口等，临安城内人口约为 32 万人。城区人口除以临安城面积，人口密度在咸淳年间达到了 3.5 万人/平方公里。这一密度超过了 2003 年上城区的 17372 人/平方公里。[②] 这一方面说明了南宋临安城的拥挤程度，另一方面也说明了这一数据已经是宋代临安城容纳人口的极限。即使依照相对高的估算，临安城及其周边人口接近 70 万，加上所属各县，整个临安府人口总数应在 150 万左右。

## 三、两宋之际的移民

北宋末靖康之乱以后的北方人口大规模南迁，是南宋期间发生的最大规模的移民潮，也是秦汉以后对我国南方开发和经济发展产生重大影响的三次北方人口大规模南迁浪潮的最后一次。

两浙、江东两路位于今江苏、安徽二省的长江以南部分和上海

---

① 宋晞：《从宋元地方志看宋代两浙路各地人口的变动》，《宋史研究集》第 25 辑，台北编译馆 1995 年，第 14 页。

② 包伟民：《宋代城市研究》，中华书局 2014 年，第 360—366 页。

市与浙江省,以及今江西省的东北部。两浙、江东既是南方经济最发达的地区,又是首都所在,与作为大部分北方移民必经之地和移民重要迁出地的淮南仅一江之隔,涌入移民最多。记载南宋移民的文献,无论反映任何阶段的情况,都视两路为最重要的移民分布区,类似记载录不胜录,仅摘引几段以见一斑。吴松弟以宋元文献以及部分明代方志中的人物传、墓志铭、神道碑制成《靖康乱后南迁的北方移民实例》各表,用以反映移民个体的迁移时间、迁出地、迁入地。表中移民共1393人,两浙、江东共897人,占64%;始迁者中已知迁入地的817人,两浙、江东共514人,亦占63%,均远远高于其他区域。

建炎年间右谏议大夫郑谷上奏说:"平江、常、润、湖、杭、明、越,号为士大夫渊薮,天下贤俊多避地于此。"[1]说明两浙及其周边已成为当时南下移民的集散地。绍兴二十六年(1156)起居舍人凌景夏言:"切见临安府自累经兵火以后,户口所存,裁十二三,而西北人以驻跸之地,辐辏骈集,数倍土著,今之富室大贾,往往而是。"[2]

吴松弟依据移民档案分析,靖康之变南下移民最集中的地区是临安地区、台州地区、苏州地区、镇江府地区。移民是战乱后当地生产恢复的主要力量。[3]"建炎南渡,大家巨室,焚剽之余,转徙于山区海隅之间,殆无几矣。"[4]论者分析北宋士大夫购买田产与迁徙的关系时,指出许多士大夫之所以于墓志铭中以"贫不能归葬"作为迁居的借口,是为了回避当时社会对于官僚迁居的批评。[5]

①　李心传:《建炎以来系年要录》卷二○,建炎三年二月庚午,中华书局1988年,第450页。

②　李心传:《建炎以来系年要录》卷一七三,绍兴二十六年七月丁巳,中华书局1988年,第2858页

③　吴松弟:《宋代靖康乱后江南地区的北方移民》,《浙江学刊》1994年第1期。

④　孙觌:《鸿庆居士集》卷四二《宋故端明殿学士左朝散大夫致仕安定郡开国侯食邑一千户赐紫金鱼袋赠左中大夫胡公行状》,文渊阁四库全书本。

⑤　竺沙雅章:《宋代の社会と宗教》第七章《北宋士大夫の徙居と买田》,汲古书院1985年,第514页。

两浙路在北宋末约有 212.2 万户。[1] 临安府在金兵进入以前估计有户 23.1 万,经方腊起义和金军南侵,"户口所存,裁十二三"。另一大府平江府(治今苏州市)在金兵进入前估计有户 19 万,[2]据说战乱时"死者近五十万人,得脱者十之一二而已"[3]。可见宋金战争使两府人口锐减,至少减少 24 万户。南宋初人孙觌说:"浙西七州,盗残者五,惟苏、湖尚存。"[4]此为建炎三年(1129)状况,四年平江即遭金军屠城,可见浙西七州惟湖州尚存。浙东的明州、越州也为金军所破。金军并在明州屠城,使得"明州无噍类";[5]又进行搜山,"由是遍州之境,深山穷谷平时人迹不到处,皆为虏人搜剔杀掠,不可胜数"[6]。显然,两宋之际两浙路北部各府州都遭受战乱的严重破坏,当地人口锐减,如估计建炎四年(1130)金军退兵前两浙路户数已减少 45 万户,则乱后土著约有 167 万户。如按 2.3‰ 的年平均增长率,两浙路的土著居民绍兴末约 180 万户,该年总人口 224.3 万户,北方移民及其后裔约 44 万户。

南宋以临安为首都,两浙成为京畿重地,本来就发达的经济文化和作为京畿的重要性,不仅吸引了北方移民的涌入,也吸引南方土著人口向此迁移。临安是南宋人口的集聚中心,南宋初人曹勋提到这种现象:"临安在东南,自昔号一都会。建炎及绍兴间三经兵烬,城之内外所向墟落,不复井邑。继大驾巡幸,驻跸吴、会,以临浙江之潮,于是士民稍稍来归,商旅复业,通衢舍屋渐就伦序。至天子建翠凤之旗,萃虎貔之旅,观阙崇峻,官舍相望,日闻将相之传呼,法

---

①　李心传:《建炎以来系年要录》卷三〇,建炎三年十二月,第 596 页。

②　据《宋史·地理志》,崇宁元年(1102)有户近 15.3 万,按明州的年平均增长率 4.6‰ 计算。

③　李心传:《建炎以来系年要录》卷三二,建炎四年三月丁未,中华书局 1988 年,第 620 页。

④　孙觌:《鸿庆居士集》卷一一《与郑至刚枢密书》,文渊阁四库全书本。

⑤　《浮溪集》卷一《奏论诸将无功状》,丛书集成初编本。

⑥　罗浚:《宝庆四明志》卷一一,宋元方志丛刊本,中华书局 1990 年。

从之朝会,贡输相属,梯航踵至,翼翼为帝所神都矣。"①

靖康之乱以后的北方人口南迁,始于北宋靖康元年(1126),结束于南宋残部灭亡之年(1279),在长达一个半世纪的漫长岁月中,北方移民的南迁断断续续都在进行。端平元年(1234),蒙古军队攻入四川,不少移民沿水路迁居东南地区,其中一些迁居到临安地区。这次人口迁徙是继永嘉南迁、唐末五代南迁后我国古代最后一次大规模的人口迁徙,对南宋乃至近现代经济文化的影响颇为深远。②

南宋绍兴元年(1131)确定移跸临安,八年(1138)正式以临安为行在所,定都于此。临安辖有钱塘、仁和、余杭、临安、富阳、於潜、新城、盐官、昌化等九县,其中钱塘、仁和为附郭县。临安是南宋移民迁徙的主要目的地之一,③其移民的构成包含宗室、官员、平民等。

## (一)宗室

绍兴二年(1132)仓促迁至广州的大宗正司正式建置于临安,直至乾道七年(1171)设于绍兴的宗正司行司与大宗司合并,南宋设置于临安的宗室管理机构才最终完成。④ 与此同时,大量宗室人口在南渡之后的较长时期中逐步迁居临安。绍兴六年(1136),臣僚就临

---

① 曹勋:《松隐集》卷三一《仙林寺记》,文渊阁四库全书本。

② 吴松弟:《南宋人口史》,上海古籍出版社 2008 年。

③ 有关这一问题的研究主要有:张家驹《靖康之乱与北方人口的南迁》(载《文史杂志》第二卷第三期,1942 年)、黄宽重《略论南宋时代的归正人》(载台湾《食货月刊》复刊第七卷第三期至第四期)、吴松弟《北方移民与南宋社会变迁》(文津出版社 1993 年)、《中国移民史·辽宋金元时期》(福建人民出版社 1997 年)、《三次北方人口南迁和南方汉族的形成与发展》(《历史地理》1998 年第 14 期)、《南宋移民与临安文化》(《历史研究》2006 年第 5 期)、《南宋人口史》(上海古籍出版社 2008 年),笔者《宋代迁徙官僚家族研究》(上海古籍出版社 2009 年)。相关研究综述见贾灿灿《20 世纪以来两宋移民史研究回顾与展望》,《三峡大学学报》2015 年第 3 期。

④ 何兆泉:《两宋宗室研究——以制度考察为中心》,上海古籍出版社 2016 年。

安宗室日渐增多的情况上奏,指出除了在临安的睦亲宅安置南班的近属外,南迁的很多宗室子弟及妻子都是"散居民间,出入市井,混杂细民,所为自如,殊无检约",要求宗正司修建屋舍以便安居、加以管理,"勿令散处行在民间及僧寺处"。[1] 在临安的宗室,主要是近属,在供养、教育等方面的保障逐步建立。

　　濮王因是英宗生父赵允让一系,在北宋宗室中地位尤为尊崇,却也成为靖康之变中受祸最重的一支。赵仲湜,赵允让孙,荣王赵宗辅子,任西外宗正。高宗即位于应天时,赵仲湜率宗室子弟前往拥戴,袭封为嗣濮王。南渡后,赵仲湜被尊为皇叔祖,他于绍兴五年(1135)将赵允让神主迎奉于家。赵允让陵园自英宗朝就置于永安军,例不在京城奉安,随即赵允让神主被安置于绍兴府报恩光孝寺,由濮王系宗室子弟为主管园庙官员,而嗣濮王一系仍旧在临安居住,形成了在临安的濮安懿王府,位于军将桥之东。[2] 赵仲湜于绍兴七年(1137)卒,追封仪王,其墓在西湖显明寺。[3] 在赵仲湜卒后,继濮王封爵的赵士輵曾于绍兴二十八年(1158)上奏,请求将濮王府明确作为历任濮王的公廨,而非私家宅第,否则每任濮王卒后皆要重建新的宅院。尽管赵士輵有此上奏,但是朝廷于乾道四年(1168)将在京的礼物局所属屋宇并嗣濮王宅一并拨给赵士輵永久居住,也就是变成其家宅第。[4] 赵仲湜第十一子赵士歆于淳熙八年(1181)袭封嗣濮王,庆元二年(1196)卒,官至保康军节度使、充醴泉观使,追封韶王。庆元三年(1197)朝廷将原本赐给内侍王德谦的屋宅,赐给赵士歆家属居住。[5]

　　濮王一系的宗室赵不忥,字仁仲,系太宗皇帝六世孙,曾祖赵宗晖,判大宗正事,嗣濮王,谥曰荣穆。祖南康郡王赵仲损,父赵士圃,

---

① 徐松:《宋会要辑稿》帝系六之一三,中华书局 1957 年。
② 周淙:《乾道临安志》卷一《府第》,宋元方志丛刊本,中华书局 1990 年。
③ 潜说友:《咸淳临安志》卷七八《冢墓》,宋元方志丛刊本,中华书局 1990 年。
④ 徐松:《宋会要辑稿》方域四之二○,中华书局 1957 年。
⑤ 徐松:《宋会要辑稿》后妃二之二七,中华书局 1957 年。

为集庆军节度使,随徽宗被掳。赵不忘七岁时逢靖康之变,其母曹氏与家人先后转徙浙东、福建等地。赵不忘中绍兴二十七年(1157)进士,历知开州、夔州,于军务、财政等方面皆显示吏干,后主管宗正司事务,为宗室子弟建宫学。赵不忘为人谦和,自奉简素,"赐第西百官宅,屋宇卑朴,厅事甚隘,出入无呵导,人不识何官。或摄弊衣迎客,客亦不知为公也",被称为"宗室贤者",淳熙十四年(1187)去世,封崇国公,葬于临安府余杭县同化乡里山宋宣之原,①以临安崇恩延福院为功德院。②

宗室赵伯晫为太祖一系,南渡时定居于衢州常山。其孙赵希錧,中庆元二年(1196)进士,为汀州录事参军,再知信州玉山县,逢宁宗召对,他极论"民力困于贪吏,军力困于债帅,国家之力则外困于归附之卒,内困于浮沉之费",得到宁宗赏识,除大理寺丞,迁大宗正丞,权工部郎官等职,封信安郡公,绍定五年(1232)卒。其诸子多在临安宗学。长子赵与汶,以混补第一入宗学,中嘉定十六年(1223)进士,后任承直郎特改差西京中岳庙,任尚书左铨,嘉熙四年(1240)知州;赵与潞,宗学诸生,中绍定二年(1229)进士,承直郎,监嘉兴府比较务;赵与洸,嘉定十六年武举,绍定二年换试进士出身,以承直郎当赴尚书左铨;赵与瀚,忠翊郎、监饶州户部赡军酒库;赵与澧,京学诸生,绍定五年(1232)进士,修职郎。③ 兄弟之中有四人进士出身。自是自赵希錧在临安任职后逐步迁居于此

孝宗生父赵子偁为太宗一系,建炎初年任秀州嘉兴县丞,孝宗即生于嘉兴县。绍兴十三年(1143)赵子偁卒,其时孝宗兄赵伯圭仅为将仕郎,直到绍兴三十年(1160)孝宗为皇子,赵伯圭始任添差两浙西路提刑司干办公事。孝宗即位,尊赵子偁为皇伯、太师、中书

---

① 叶适:《水心文集》卷二六《故昭庆军承宣使知大宗正事赠开府仪同三司崇国赵公行状》,四部丛刊本。

② 潜说友:《咸淳临安志》卷七七《寺观》,宋元方志丛刊本,中华书局1990年。

③ 魏了翁:《鹤山先生大全集》卷七三《安德军节度使赠少保郡王赵公希錧神道碑》,四部丛刊本。

令,追封秀王,谥安僖。其礼遇遂仿照濮王制度,绍熙元年(1190)封赵伯圭为嗣秀王,并赐宅第于安僖祠堂之侧。孝宗将原杨存中进献的园林水月园赐给赵伯圭。① 朝廷为赵子偁在临安修建祠堂,称为"秀安僖王祠",祠堂有"棂星门一座,戟门、祠堂、后堂各三间,后堂挟屋八间,戟门挟屋八间,歇泊二位各三间,两廊二十六间,库屋、巡房、从人屋一十五间"②。赵子偁卒后葬于湖州,朝廷在湖州另建有秀安僖王原庙,位于湖州的菁山,由赵伯圭一系宗室担任园令一职。绍熙三年(1192)赵伯圭次子明州观察使、提举佑神观赵师揆为令,并"秀王位检察尊长",执掌日常的礼仪。由于赵伯圭在湖州也有宅第,其家族坟茔也多在此地,他需要不时回到湖州处理相关事务,秀安僖王园庙的日常维持也依濮王园庙例,由其他所在的湖州官府承担。③

秀王宅与安僖秀王祠堂,聚集了秀王系不少宗室子弟,这些宗室应有不少人从湖州迁居至临安。秀王府所属园林有新园、择胜园等。秀邸所产名酒称为"庆元堂"。其子弟中当有不少是葬于临安。赵伯圭第八子赵师嵒,封永王,其葬地在临安龙驹坞,又称作"秀邸坟",④或即秀王一系聚葬之地。

南宋以临安为攒所的还有皇子保宁军节度使,在六通慈德院;皇子祁王在崇报显庆院;皇子齐王在广法院;皇孙冲善广王在上智果院;皇子雍王在崇报显庆寺。

宗室安定郡王系太祖子燕王一系,自神宗朝以太祖位下宗室子弟袭封。南渡后袭封安定郡王的宗室大都迁居临安,以主持燕王祭祀事务。如绍兴元年(1131)袭封的赵令话,绍兴二十六年(1156)袭封的赵令衿等,皆是以安定郡王为封号主持燕王祭祀。绍熙元年

① 潜说友:《咸淳临安志》卷八六《园亭》,宋元方志丛刊本,中华书局1990年。
② 徐松:《宋会要辑稿》礼四〇之一四,中华书局1957年。
③ 徐松:《宋会要辑稿》礼四〇之一三,中华书局1957年。
④ 潜说友:《咸淳临安志》卷八六《园亭》,宋元方志丛刊本,中华书局1990年。

(1190),袭封安定郡王赵子涛上奏要求朝廷拨给房屋以奉安燕王神主。① 赵子涛企图以临安府衙后宅院为奉安之所,大臣陈傅良表示反对,理由是这一宅第有可能变成赵子涛的私家宅院。② 可见曾经袭封安定郡王的宗室,有将朝廷拨给的宅第改为本家私宅居住,本家宗族也因此得以迁居临安居住。

宗室赵公硕一家系太祖子魏王赵廷美一系,靖康之变后,家族星散,其母郭氏"携其儿女六人,间关避地四方,阅再岁始能渡江。所谓变姓名,易蓝缕者,皆其实也。虽衣食未给,而朝夕厉其子以读书"。长子赵公颥,以荫补入仕,至武德郎,淮南东路兵马钤辖;次子赵公硕中绍兴二十一年(1151)进士,仕至朝请大夫,其侄辈中赵彦缙、赵彦铨、赵彦绹三人中进士。郭氏隆兴二年(1164)去世于余杭,其时赵公硕知余杭县,遂葬其母于余杭县湖西之原。③

宗室赵不侮系太宗皇帝六世孙汉恭宪王赵元佐一系,官至密州兵马都监,宣和元年(1119)卒于官舍,后逢靖康之变,去世后灵柩展停于氾水的寺院之中,其诸子皆无力迁葬,其女赵紫真嫁给大将杨存中,绍兴九年(1139)依靠杨存中的部属将赵不侮灵柩迁葬于临安。④ 其三子:长子赵善结,宣和六年(1124)进士,官至左承直郎、江淮路招讨使司干办公事,绍兴四年(1134)卒;次子赵善继,右朝散郎、曾任知明州;三子赵善约。⑤

对养尊处优的宗室而言,南渡可谓备历艰辛,不少宗室死于迁徙途中,到达江南地区的宗室因为朝廷供给不再,生计也出现问题,如秀王家族迁居到华亭县,因为家贫无力置办宅院,朝廷将市舶司

---

① 徐松:《宋会要辑稿》礼之六二八四,中华书局1957年。

② 陈傅良:《止斋先生文集》卷二三《缴奏安定郡王子涛赐宅状》,四部丛刊本。

③ 韩元吉:《南涧甲乙稿》卷二二《太令人郭氏墓志铭》,文渊阁四库全书本。

④ 孙觌:《鸿庆居士集》卷四一《杨国夫人赵氏墓表》,文渊阁四库全书本。

⑤ 刘一止:《苕溪集》卷五一《宋故从义郎密州兵马都监累赠右奉直大夫赵君权厝铭》,文渊阁四库全书本。

空闲的衙署拨给其家居住。[①]　流落市井的宗室更多。

## (二)外戚

伴随赵宋皇亲宗室南渡,与皇室有姻亲的外戚也随之迁居行在临安。《咸淳临安志》记载:"昭慈圣献孟太后宅,在后市街;显仁韦太后宅,在荐桥东;宪节邢皇后宅,在荐桥南;宪圣慈烈吴太后宅,在州桥东;成穆郭皇后宅,在佑圣观侧;成恭夏皇后宅,在丰乐桥北;成肃谢皇后宅,在丰禾坊南。"[②]皇后宅,并非皇后居所,而是作为皇后母族聚居所在。南宋时期迁居临安的外戚主要集中于南渡初期,以北宋诸帝后族为主,也有部分南宋诸帝的后族系南渡的北方家族。

太祖、太宗生母杜氏,称"昭宪皇后",杜氏子弟自太宗朝即赐第于开封。南渡后一些杜氏子孙也迁居到临安,不过杜氏门阀衰替,没有子弟任官,这些外戚疏族甚至难以自存。绍兴二十七年(1157)高宗下旨"月以钱米廪给昭宪皇后外家子孙之孤遗者,仍依《宗室袒免外两世绍兴格》计口给之",[③]即是以宗室远支例供养杜氏后裔。乾道九年(1173),杜氏兄杜审琦之孙杜邦荣,自北方迁居临安。[④]　杜氏后裔杜汝能,号北山,其宅在曲院。[⑤]

仁宗皇后曹氏,灵寿人(今属河南),为名将曹彬之孙女,都官员外郎曹玘之女,元丰二年(1079)去世,谥"慈圣光献"。乾道三年(1167),仁宗曹皇后亲侄孙曹潜向朝廷陈乞恩例,孝宗下诏添差为

①　《宋会要辑稿》方域四之二五,中华书局1957年。

②　潜说友:《咸淳临安志》卷一〇《行在所录》,宋元方志丛刊本,中华书局1990年。

③　李心传:《建炎以来系年要录》卷一七八,绍兴二十七年十月十三日乙巳,中华书局1988年,第2938页。

④　徐松:《宋会要辑稿》后妃二之一五,中华书局1957年。

⑤　吴庆坻:《民国杭州府志》卷三九《冢墓》,中国地方志集成,上海书店出版社1993年。

明州兵马都监。①

　　徽宗生母钦慈皇后陈氏,为陈守贵之女,其家族因陈氏曾祖陈怀敏封赠为祁王,陈氏迁居临安后称"陈祁王宅"。陈氏亲侄陈仲坚曾任提举太一宫使,官至夔州观察使、提举万寿观,绍兴二十六年(1156)卒。② 朝廷给予陈氏家族的优礼包括赐给田宅、修建影堂、拨给月钱和酒库、赐功德院、拨给使臣兵级等,这种恩例后来成为外戚家族得以援引的成例。③ 陈氏家族南渡后迁居于临安,聚居于陈祁王宅。

　　徽宗郑皇后,开封人,其侄郑藻南渡迁居至临安,历保信军节度使、领阁门事、提点皇城司等职,后封太尉、万寿观使,卒后追封荣国公,谥端靖。郑藻之侄郑兴裔,绍兴初以郑皇后恩例入仕,历宣州、秀州兵马钤辖等职。孝宗即位后,郑兴裔多在地方任职,以其家贫,赐第于临安百官宅。郑兴裔仕至泰武军节度使、沿海制置使。郑藻到临安后为家族置义庄,以周济贫乏郑氏族人。郑兴裔虽然家资不丰,为维持家族义庄拒绝了郑藻临终前的分产赠予。郑兴裔历仕四朝,以贤名著称,卒后葬于临安府余杭县石门山。④ 郑兴裔四子,次子早亡,长子郑挺,累官忠州团练使,知扬州。次子郑损,中进士,以宝谟阁待制、四川制置使、兼知成都府,宝庆三年(1227)元军攻入四川,郑损惊慌失措,连弃五州之地,又弃守三关,造成蜀中大震,被削秩处分,温州居住。⑤ 次郑抗,曾任文林郎、浙西茶盐司干办公事。郑兴裔孙辈名多从金,如郑钧、郑钥等,⑥事迹不详。

---

　　① 　徐松:《宋会要辑稿》卷后妃二之一四,中华书局1957年。

　　② 　徐松:《宋会要辑稿》仪制一一之二六,中华书局1957年。

　　③ 　徐松:《宋会要辑稿》后妃二之七,中华书局1957年。

　　④ 　周必大:《文忠集》卷七〇《武泰军节度使赠太尉郑公兴裔神道碑》,文渊阁四库全书本。

　　⑤ 　脱脱:《宋史》卷四二《理宗纪》,中华书局1985年,第790页。

　　⑥ 　徐乃昌:《安徽通志稿·金石古物考》一三《贵池齐山寿字岩题名》,中国方志丛书,成文出版社1985年。

钦宗皇后朱氏,开封人,靖康之变被掳,卒于五国城。庆元四年(1198),朱皇后神御奉安于临安景灵宫,朝廷遂推恩于其族人,朱氏亲侄前文林郎朱轨特予复元官,"亲侄朝议大夫、添差浙西路安抚司参议官朱辀特转行两官,亲侄孙朱亿年、耆年、疆年、长年、龟年、康年、斯年、樗年、逢年、泰年各转一官"①。其族人居于临安。

高宗生母韦氏之弟韦渊,开封府人,绍兴初年迁居临安。韦氏自金归朝后,称"显仁皇后",韦渊得以进封昭庆军节度使、平乐郡王。② 韦渊次子韦谦,官至太尉、建宁军节度使,卒于绍兴二十六年(1156),高宗辍朝两日,并敕葬于临安。③ 韦谦夫妇合葬墓于1967年在杭州半山发现,出土"建宁军节度使印"。韦氏后赐第于临安,其家族可能聚居于此,韦氏家族仅在绍兴二十九年(1159)推恩受赏就有韦谦一辈韦谊、韦讯、韦欣等四人,韦璞一辈韦璇、韦璕、韦环、韦瑛等五人。淳熙十三年(1186)显仁皇后宅各亲属一分为五,本宅维护及祭祀由韦谦之子韦璞主管。④ 这些韦氏家族成员多数居于临安。

高宗皇后吴氏,为开封人,南渡后其亲族多迁居临安。吴氏父亲吴近,后封秦王,谥"宣靖"。吴近两子,长子吴益,次子吴盖。吴益"自幼岁惟亲文史,尤喜翰墨,作为诗章,年渐长则兼资武略,才业过人",封为"大宁郡王",卒后葬于"钱塘县履泰乡,祔先茔之次"。⑤ 吴氏应是自吴近一世已经葬于临安。吴盖"赋性谨厚,沉默寡言,惟喜琴书,他无嗜好。复能以一圆墨,舒卷万象,得于胸次,非庸工俗士之可并。居家教子读书,率有世范",乾道元年(1165)封"新兴郡

---

① 徐松:《宋会要辑稿》后妃二之二五,中华书局1957年。

② 《建炎以来系年要录》卷一六五,绍兴二十三年十二月癸亥,中华书局1988年,第2322页。

③ 徐松:《中兴礼书》卷二九七《凶礼》六二,续修四库全书,上海古籍出版社1995年。

④ 徐松:《宋会要辑稿》后妃二之二四,中华书局1957年。

⑤ 曹勋:《松隐集》卷三五《大宁郡王吴公墓铭》,文渊阁四库全书本。

王"，去世后也葬于父兄左近。[①] 吴益子侄辈多为武职，为示恩宠，淳熙九年(1182)朝廷特旨："修武郎吴珣除阁门宣赞舍人，特添差两浙西路兵马钤辖，临安府驻札；宣教郎吴管添差两浙路转运司干办公事；秉义郎吴璟添差京畿第二副将，临安府驻札，并不厘务。"[②]即是以添差领军职居于临安，不需处置军务。吴璘官至承宣使时，也是每日"从容家居，日奉朝请，其为荣显"。[③] 吴琚在同辈中仕宦较为顺遂，先后知襄阳、鄂州、明州，颇任繁剧，且不以外戚自骄，为人所称。

高宗皇后邢氏，开封人，靖康之变时被掳，去世后被追封为"懿节皇后"。[④] 邢氏父邢焕被追封为国公，但绍兴初已经去世，外戚恩例多由其夫人熊氏向朝廷陈乞。建炎三年(1129)初到临安时，邢氏一族曾向朝廷请求，为其建瓦屋十五间为居住之所。[⑤] 邢氏诸子邢孝扬、邢孝蕴等皆有官职。绍兴五年(1135)，邢氏神主自北归，祔庙之前即奉于邢孝扬府第中。邢孝扬以皇后亲弟，官至安庆军节度使、提举万寿观，谥忠靖。邢氏以后族依例得到包括自造酒、赐功德院等恩赏。[⑥] 不久邢氏家族又得以"邢开府宅"为名行移文字，并依例荫补本府同姓、异姓有服亲为承信郎。[⑦]

孝宗皇后、光宗生母郭氏，开封人，奉直大夫郭直卿孙女，谥"成穆皇后"。其父郭瑊仕至度远军节度使，后追封为荣王。郭氏卒于绍兴二十六年(1156)，绍兴三十二年(1162)追封为皇后。其亲族在孝宗朝恩赏始多。

孝宗妃蔡氏，乾道元年(1165)封为和义郡夫人，淳熙十年(1183)封为贵妃。蔡氏或系开封人，其亲徐克明以蔡氏为贵妃而受

---

① 曹勋：《松隐集》卷三五《新兴郡王吴公墓铭》，文渊阁四库全书本。
② 徐松：《宋会要辑稿》后妃二之一六，中华书局1957年。
③ 蔡幼学：《育德堂奏议》卷二《缴吴璇知建宁府指挥状》，中华书局1986年。
④ 《中兴礼书》卷二四一，续修四库全书，上海古籍出版社1995年。
⑤ 徐松：《宋会要辑稿》方域四之二五，中华书局1957年。
⑥ 徐松：《宋会要辑稿》后妃二之四，中华书局1957年。
⑦ 徐松：《宋会要辑稿》后妃二之四，中华书局1957年。

封,定居于临安。徐克明母亲黄氏,为开封人,南渡后迁居于永嘉,嫁徐时乂为妻。[1]

光宗李皇后,相州人,其父李道起自行伍,先后追随宗泽、桑仲等征战,后隶属岳飞选锋军,随军收复襄阳。后任龙神四厢都指挥使,官至庆元军节度使,赠太尉。其次女为光宗后,李道因之先后追封和王、福王等封号。李氏家族聚居李皇后宅,在临安后市街,其宅侧当为其家庙。李道两子李孝友、李孝纯。绍熙三年(1192),以李氏册封皇后,赐给李氏功德院,赐田三十顷。绍熙四年(1193),李皇后谒家庙一次就推恩亲族多达二十六人,远超既往恩例。[2] 李皇后为人狠妒,孝宗颇为不满,其兄也是素行不良,淳熙年间李孝纯曾经伪造东宫印帖补官吏,孝宗大怒,处以编管宁国府的处分。但李孝纯不知悔改,又殴打人致死,被免官勒停。李孝友在光宗朝将武康县内山地占为坟山,强取山林竹木,武康百姓痛恨不已。其子侄辈李善辀、李善濱,"寓居括苍僧舍,寺之田产占为己有"。光宗在位时尚多有宽宥,宁宗登基后即对其亲族不法施以惩戒,嘉泰元年(1201),"保大军节度使李孝纯、持服奉宁军节度使李孝友各特降一官,其带恩数依承宣使体例。善辀、善濱并罢率府职……今冒宗班,尤为贪酷。乞将四人重镌,庶俾改过自新。故有是命"[3]。

谢深甫,天台人,乾道二年(1166)进士,庆元中参知政事,封鲁国公。其孙女为理宗皇后,其家以外戚赐第于临安,遂为临安人。谢皇后兄谢奕昌累迁保宁军节度使,特封齐国公,改祁国公。谢奕昌子谢塈,官至兵部侍郎、保宁军节度使,谥懿敏。谢奕昌孙辈可知者有谢升孙、谢晟孙、谢昙孙,其中谢晟孙以外戚恩荫入仕,官至军器少监,入元后以"退乐"为堂号,聚书教子孙,至正二年(1342)卒,

①　《南宋徐时乂妻黄氏墓志》,《温州历史文献集刊》编辑部编,《温州历史文献集刊》(第一辑),南京大学出版社 2010 年,第 167 页。
②　徐松:《宋会要辑稿》后妃二之二六,中华书局 1957 年。
③　徐松:《宋会要辑稿》职官七三之二九,中华书局 1957 年。

享年八十六岁,葬于湖州德清。① 谢晟孙入元后列名于杭州儒户中,予以免役,②可见其家是以儒学知名,或是被视作前代故家。③

一些后族如吴皇后、李皇后等皆赐家庙,其家庙依制"堂及旁两翼增置前两庑及门,东庑以藏祭器,西庑以藏家谱,……庙在门内之左,如狭隘,听于私第之侧,力所不及,仍许随宜。四孟月择日飨庙,差本宅亲宾充行事官"④。家庙多建于私宅之侧,日常祭祀需要本宅亲族担任,定居于临安的外戚往往是家庙祭祀的主事者。一些外戚选择居住于临安以外的地区。昭慈圣献皇后孟氏家族曾于绍兴三年(1133)依例赐第二百六十八间,宅第位于平江府,但承担修造的平江府并未施工。

宋代对待外戚的基本原则是"养之以丰禄高爵,而不使之招权擅事"⑤。南渡的外戚宗族因此可以聚居临安,安享厚禄。

## (三)官僚

南渡临安的除宗族、外戚之外,碑刻传记中多见官僚,其中有出自行伍、军功起家的将门,也有诗赋传家的士大夫家族。

杨存中本名沂中,字正甫,绍兴间赐名存中,代州崞县(今山西省原平市崞阳镇)人。其父杨震殉职于麟州。杨存中年少警悟,学孙吴兵法,善骑射。宣和末应募军中,积功至忠翊郎。靖康元年(1126),以兵勤王,隶属张俊所部。绍兴十一年(1141),与张俊败金军于淮南,积功至殿前都指挥使,乾道二年(1166)卒,谥武恭,追封和王。杨存中在临安附近广置田产、酒坊,绍兴三十一年(1161)一

---

① 黄溍:《金华黄先生文集》卷三一《信州路总管府判官谢公墓志铭》,四部丛刊本。

② 《庙学典礼》卷六《籍定儒户免役》,文渊阁四库全书本。

③ 萧启庆:《元代的儒户:儒士地位演进史上的一章》,《元代史新探》,新文丰出版公司1983年。

④ 徐松:《宋会要辑稿》卷后妃二之二五,中华书局1957年。

⑤ 赵汝愚编:《诸臣奏议》卷三五《帝系门·外戚下》,文渊阁四库全书本。

次向朝廷进纳酒坊就多达九处,属临安府所辖就有"盐官员坊并子坊二处,碛石镇坊四处,石门早林坊并子坊二处"等。① 其在临安的宅第在洪桥,②另有园林在钱塘门外柳林。③ 杨存中娶宗室女赵紫真为妻,封为杨国夫人。杨家世为将门,但杨存中三子皆以进士仕进,杨倓曾任左中奉大夫、敷文阁待制、提举神祐观,官终工部侍郎,谥惠懿。杨偰左朝奉大夫、直显谟阁、提举浙西路常平茶盐事,杨与早卒。④ 杨存中安置王府宅院自居其中,诸子宅在其两侧。⑤ 其孙杨文晋曾将家中水井改建以便周围居民取水。⑥ 绍熙四年(1193)杨存中孙杨文皥以朝奉郎通判临安,⑦另一孙杨文昺也曾通判临安。杨存中曾孙杨白,淳熙二年(1175)进士。⑧ 杨氏家族定居临安后,以西北流寓科考的机会得以以儒学仕进,转型为一个文官家族。杨存中葬其父于湖州武康县,⑨葬其祖母刘氏于建康,⑩其家族可能有部分迁居于两地。

刘光世,字平叔,保安军(治今陕西省志丹县)人,将门世家。父刘延庆,北宋徽宗时领保信军节度使,侍卫马军副都指挥使。靖康元年(1126),金军攻宋首都开封,刘延庆守御北城。十一月,金军攻陷开封,刘延庆及长子刘光国率兵万人突围,两人皆死于乱兵。刘光世为刘延庆次子,以荫补入官为三班奉职,累升领防御使,鄜延路兵马都监。建炎三年(1129)二月,金军五百骑兵追击至天长,宋高

①　徐松:《宋会要辑稿》食货二一之二,中华书局 1957 年。
②　潜说友:《咸淳临安志》卷一〇《行在所录》,宋元方志丛刊本,中华书局 1990 年。
③　潜说友:《咸淳临安志》卷八六《园亭》,宋元方志丛刊本,中华书局 1990 年。
④　孙觌:《鸿庆居士文集》卷四一《杨国夫人赵氏墓表》。
⑤　周密:《齐东野语》卷四《杨府水渠》,中华书局 1983 年,第 68 页。
⑥　潜说友:《咸淳临安志》卷三七《山川》,宋元方志丛刊本,中华书局 1990 年。
⑦　卞永誉:《式古堂书画汇考》卷一三,文渊阁四库全书本。
⑧　袁甫:《蒙斋集》卷一四《袭桂堂记》,丛书集成初编本。
⑨　刘一止:《苕溪集》卷四八《师秦国公杨公墓碑》,文渊阁四库全书本。
⑩　刘一止:《苕溪集》卷四八《宋故恩平郡夫人刘氏墓碑》,文渊阁四库全书本。

宗渡江南逃,刘光世所部屯守镇江府,四月,刘光世参与平定苗、刘兵变,升为太尉、御营副使,所部即称御营副使军。绍兴十二年(1142)卒,谥"武僖"。

靖康元年(1126)刘光世家族南渡时,最初是迁居江西。其时刘光世以御营使督军镇江,江西的族人由其夫人向氏和一些部属照管。[1] 高宗为刘光世家赐第于临安余杭门内,绍兴十三年(1143)为营建景灵宫,向氏上奏朝廷请求将其宅第作为景灵宫用地。[2] 后以刘光世旧宅为景灵宫,其宅院格局为"一厅,东西长七丈五尺,可以随宜改修作前殿奉安圣祖天尊大帝;一前堂,东西长七丈四尺二寸可,以随宜改修作第二殿奉安祖宗神御九位;一后堂,东西长七丈四尺,欲于东西各展一丈,可以随宜改修作第三殿奉安元天大圣后并诸后神御一十八位;一后堂,北四并堂欲随宜改修充奉安万寿观会圣宫并章武殿圣像神御"[3]。

刘光世诸子中,刘尧佐官至朝散大夫、直敷文阁,孙刘球官至承议郎、两浙西路提点刑狱司干办公事。[4] 孙忠州刺史、右屯卫将军刘伯震于开禧三年(1207)上奏请求建家庙于杭州以奉祀。[5] 刘光世家族聚居之地后称"刘鄜王府",在临安明庆寺南。[6] 其家另有绍兴十二年(1142)赐为功德院的"旌忠报先禅寺"。[7]

张俊,秦州成纪人(今甘肃省天水市),靖康初年以抗金积功授武义大夫,南渡后于淮南平定李成之乱,绍兴四年(1134)以浙西、江

---

① 刘一止:《苕溪集》卷五〇《故魏国太夫人向氏墓志铭》,文渊阁四库全书本。

② 徐松辑,陈智超整理:《宋会要辑稿补编》,国图书馆文献缩微复制中心1988年,第34页。

③ 《中兴礼书》卷一〇五《景灵宫》,续修四库全书,上海古籍出版社1995年。

④ 《史安之妻孺人刘氏墓志》,魏锡《绩语堂碑录》。

⑤ 徐松:《宋会要辑稿》礼一二之一三,中华书局1957年。

⑥ 潜说友:《咸淳临安志》卷一〇《行在所录》,宋元方志丛刊本,中华书局1990年。

⑦ 潜说友:《咸淳临安志》卷七七《寺观》三,宋元方志丛刊本,中华书局1990年。

东安抚使败伪齐。绍兴十二年(1142)封清河郡王,绍兴二十四年
(1154)卒,追封循王。① 高宗曾赐宅第给张俊,其地即今清河坊。此
外张俊另有宅院珍珠园。内有真珠泉、高寒堂、杏堂、水心亭、御港
等景观。② 张俊在南宋诸大将中以贪财知名,置买田产广布两浙、江
东,多达万亩。绍兴三十一年(1161)十一月,宋金边境又趋紧张,张
俊子孙一次就捐出两浙庄米十万石助军,张俊的孙子张宗元再献助
军钱十万缗、米十万石。③ 张俊诸子中张子琦、张子厚皆早逝,张子
正被高宗特擢为侍从,以提举宫观留居于临安。张子颜,淳熙间历
知襄阳、隆兴府、绍兴府、太平州,再知镇江府,绍熙初为户部侍郎,
其家在平江府。张子仁,曾任秘阁修撰,纵容奴仆多行不法,为臣僚
所弹劾。④ 孙张宗元,绍兴十八年(1148)进士,任尚书驾部郎中、绍
兴知府等职。张宗元长子张镃,以诗名著称于时。张镃为张氏在临
安居第之东建造家庙,自张俊以下分三室,专门供奉自己的曾祖父
张俊、妻魏氏、章氏,祖父张子厚、妻萧氏,其父张宗元、妻刘氏。⑤ 张
镃也好园林之胜,在临安有南园为游赏之地,与杨万里、陆游等人多
有唱和。张宗元另一子张镇积官至承议郎,庆元三年(1197)卒于临
安,葬于西湖佛首山之原。⑥ 作为嫡长一系的张宗元家族已是聚居
于临安。张氏族人自张俊以下不少寓居临安者,如张暨为张俊七世
孙,南渡后即迁居于临安,曾祖承直郎张沆,祖父忠翊郎张杓,父承
节郎张炳,家族葬地在仁和县。⑦ 张氏另一支,张宗尹赠朝议大夫,

---

① 周麟之:《海陵集》卷二三《张循王神道碑》,文渊阁四库全书本。

② 周密:《武林旧事》卷五《湖山胜概》,大象出版社 2019 年,第 64 页。

③ 李心传:《建炎以来系年要录》卷一九四,绍兴三十一年十一月辛未条,
中华书局 1988 年,第 2680 页。

④ 陈傅良:《止斋先生文集》卷二三《缴奏张子仁除节度使状》,四部丛刊本。

⑤ 陆游:《陆游全集校注》卷一六《德勋庙碑》,浙江古籍出版社 2015 年,
第 179 页。

⑥ 陆游:《陆游全集校注》卷三六《承议张君墓志铭》,浙江古籍出版社
2015 年,第 121 页。

⑦ 黄溍:《金华黄先生文集》卷三一《闽清县主簿张君墓志铭》,四部丛刊本。

其子张镛为武德大夫、阁门宣赞舍人,其家族葬地在大慈乡。①

　　韩世忠,字良臣,晚号清凉居士,延安(今陕西省延安市)人,一说绥德(今陕西省绥德市)人。年十八从军,从御西夏,讨方腊。宣和中官至嘉州防御使。建炎初赴行在平苗、刘之乱。四年(1130)以浙西制置使守镇江,获黄天荡大捷。绍兴初平范汝为之反,四年(1134)大破金兵于大仪镇,时论以此为中兴武功第一。历京东、淮东路宣抚处置使,赐号扬武翊运功臣,加横海、武宁、安化三镇节度使,进太保,封英国公,兼河南北诸路招讨使。拜枢密使,罢为醴泉观使,奉朝请,进封福国公,封咸安郡王。绍兴二十一年(1151)卒,年六十三,进拜太师,追封通义郡王。孝宗朝封蕲王,谥忠武。韩世忠被罢去兵权后居于临安,有梅庄园,在西马塍,占地一百三十亩,有堂曰乐静、曰清风、曰竹轩,皆是高宗皇帝御书。② 临安真如寺为韩世忠舍宅所建。长子韩彦直,绍兴十八年(1148)进士,或在临安应考,他在临安有宅第,绍熙元年(1190)为李皇后建家庙,"展套后市街韩彦直房廊,赁户户支般家钱三十贯文"③。次子韩彦古,淳熙五年(1178)他在权户部尚书任内上奏朝廷:"有赐第在临安府前洋街,乞充先臣世忠家庙。其屋宇房缗乞就赐,以充岁时祭祝之用。仪制、祭器等,乞依杨存中已得指挥体例。"即以本家宅第为韩世忠家庙。

　　同为中兴名将的岳飞,绍兴十一年(1141)计划先将其妻及岳飞一房亲属搬至临安居住。后又向朝廷上奏将全家搬至临安。④ 由于所居屋宇不足,临安府还为其家添造。⑤ 当年十一月岳飞被害,其宅

---

① 王沂:《伊滨集》卷二四《张君仲实行述》,文渊阁四库全书本。

② 潜说友:《咸淳临安志》卷八六《园亭》,宋元方志丛刊本,中华书局1990年。

③ 徐松:《宋会要辑稿》后妃二之二四,中华书局1957年。

④ 岳珂编,王曾瑜校注:《鄂国金佗粹编续编校注》卷一二《乞般家札子》,中华书局1989年,第876页。

⑤ 岳珂编,王曾瑜校注:《鄂国金佗粹编续编校注》续编卷第十二《添造临安府所居屋宇省札》,中华书局1989年,第1309页。

没官,于绍兴十三年(1143)改为太学,在纪家桥东。岳飞家族被流放岭南,绍兴三十一年(1161)高宗下诏岳飞家属解除拘禁,岳飞两房子孙迁居于潭州。① 嘉定十四年(1221),岳飞孙岳珂请求朝廷将智果寺充岳飞功德院,得到朝廷批准。岳飞孙岳甫出资改建智果寺,并居于临安十年,去世后寺院被住持私自倒卖,幸得江州后裔岳通于咸淳中重建,可见岳飞家族的主要支系并未以临安为聚集地。

赵密,字微叔,太原清源(今山西省清徐县)人。政和四年(1114),用材武试崇政殿,授河北队将,驻军于边地。高宗以大元帅开府于相州,赵密统军驰援京师。建炎元年(1127),擢阁门祇候,累功转武节郎、左军统领。累迁龙神卫四厢都指挥,主管侍卫步军。进定江军承宣使、崇信军节度使,以年劳转太尉、拜开府仪同三司。领殿前都指挥使,隆兴二年(1164)卒,谥襄恪。墓在西溪钦贤乡。② 赵密子赵麿,字和仲,中绍兴二十四年进士,先后知肇庆、处州。

开封人陈思恭,高祖为仁宗朝大臣陈恕,曾叔祖陈执中仁宗时,累迁至同中书门下平章事、昭文馆大学士,以开府仪同三司守司徒致仕。嘉祐四年(1059)四月卒,年七十。封岐国公,赠太师兼侍中,谥恭襄,改谥荣灵。曾祖陈执古官至比部员外郎,祖父陈世昌为殿中丞,父陈宴大约因为家世败落未能任官,陈思恭遂入行伍,建炎三年(1129)金军南侵,陈思恭出守江宁,再守福山。建炎四年(1130)二月,金军退至吴江县,陈思恭设伏于太湖,击败金军获得"太湖之役"胜利。"明受之变"时,苗傅、刘正彦举兵叛乱,逼高宗退位。陈思恭与吕颐浩、刘光世、张浚、韩世忠、张俊等"同时进兵,以讨元恶",官至翊卫大夫、泉州观察使、神武军统制,赠少师。其子陈龟年,以名将之子恩荫入仕,官至和州防御使。葬于余杭县。③ 自陈思

---

① 王曾瑜:《岳飞后裔考略》,《揖芬集:张政烺先生九十华诞纪念文集》,社会科学文献出版社 2002 年。

② 潜说友:《咸淳临安志》卷七八《冢墓》,宋元方志丛刊本,中华书局 1990 年。

③ 陈亮著,邓广铭点校:《陈亮集》卷三六《陈春坊墓碑铭》,中华书局 1987年,第 479 页。

恭以下,陈氏定居于临安。

李宝,河北人,自海道归宋,以浙西马步军副总管驻扎平江。完颜亮南侵,李宝帅军与金军战于海上。胶西唐岛之战,全歼金军水师。高宗亲书"忠勇李宝"以赐,"唐岛之战"为南宋初"十三处战功"之一。其子李公佐参与唐岛等重大战役,曾权海州州事。李宝官至通、泰、海州沿海制置使、靖海军节度使,卒后赠太保,其墓在八盘岭。其家族聚居于此,入元后无一人为官。①

南渡初年,不少武将家族迁居临安,这与当时的军事形势密不可分;待局势稍缓,大将如韩世忠等被解除兵权,其家族也被安置于临安。

柳约,本为秀州华亭人,大观三年(1109)上舍第,先后任福建路提举学事、秘书省校书郎等职。靖康初,兼权殿中侍御。绍兴元年(1131),金军南侵,柳约以直龙图阁守严州,他在任内努力整理战备,"皆依山据险,控扼冲要,使贼马不奔冲",朝廷特进职一等。② 柳约不但守卫一方,令境内既安堵,还向朝廷上书,请求纠合集中各地兵力守护平江府等地,绍兴十五年(1145)卒,官至左朝议大夫,累赠左宣奉大夫。柳氏虽为华亭人,但其父柳廷俊即葬于临安西溪,柳约去世前也择葬地于西溪,诸子遂以是年十二月四日亦葬公西溪。柳约三子,长子柳大方,右从政郎、广德军广德丞,卒于绍兴十六年(1146);次子柳大节,右朝散郎、江南西路转运判官;三子柳大辨,右承奉郎、湖广江西京西总领司干办公事。③

杨揆,真定(今河北省正定县)人,南渡居临安府仁和县,遂为仁和人。绍兴初为江淮荆浙都督府干办公事。绍兴三年(1133),迁直秘阁、知楚州、兼主管沿淮安抚司公事。杨揆因得罪秦桧,投闲多

---

① 吴庆坻:《民国杭州府志》卷九七《金石》,中国地方志集成,上海书店出版社 1993 年。

② 徐松:《宋会要辑稿》职官四七之二二,中华书局 1957 年。

③ 周必大:《省斋文集》卷二九《左朝议大夫充敷文阁待制致仕柳公约神道碑》,文渊阁四库全书本。

年。秦桧死后，才得以复官。绍兴二十七年（1157），任大理少卿的杨揆向朝廷请求，秦桧当国日无辜被罪者，不以年限自陈并予改正。绍兴二十八年（1158），权刑部侍郎，寻充敷文阁待制、知镇江府。

李文渊，本为建州松溪人，父李规，元丰五年（1082）进士，官至中奉大夫。李文渊以恩荫入仕，先后知开封、祥符、中牟三县，改官后知富阳县，"公尝知杭之富阳县，政有惠爱，未及代而遭其考少师公忧，因卜县之白升山以葬"，在富阳任职时，李文渊以富阳财力匮乏为由，力阻纳粟买爵，为富阳士民称颂。李渊后又知鄞县，绍兴南渡后，因为在鄞县措置海防经历，朝廷令其通判明州、兼沿海制置司参议官。方腊之乱，富阳士民保护其父坟墓免受兵乱，大约因此李文渊在南渡后决定定居富阳。绍兴十六年（1146），李文渊病逝，遂附葬于其父坟墓之侧。李文渊两子，长子李大卞，朝散郎、知澧州；次子李大正，朝散郎、潼州府路提点刑狱。[①]

吕思恭，本为东平人，其曾祖吕震，通经好文，于元祐间徙居于开封，可能是为了科举应考。靖康初，吕氏迁居临安。吕思恭积官至修武郎、枢密院正将。吕思恭与其弟吕思忠、吕思问聚族而居，外甥的婚嫁亦一力承担。嘉泰元年（1201）卒于临安，葬于钱塘县积庆山。[②]

何去非，建州浦城人，好谈古兵法，书无所不读，元丰五年（1082）受曾巩之举荐，以武职右班殿直，任武学博士。其所撰《备论》由苏轼进呈。后历知富阳县、通判庐州等职。何去非卒后葬于富阳县韩青谷，"以尝令富阳而民怀之也"。其子何薳年少嗜学，因其父受知于苏轼，故于苏轼文章无所不收，其所著《春渚纪闻》多有苏轼诗文。何薳未曾仕进，樵居于其父墓前，绍兴十五年（1145）卒。[③] 何薳从兄何遽，字子荐，也寓居余杭，大约何氏家族由于何去

① 韩元吉：《南涧甲乙稿》卷一九《右朝请大夫知虔州赠通议大夫李公墓碑》，文渊阁四库全书本。

② 陈造：《江湖长翁集》卷三五《吕正将墓志铭》，文渊阁四库全书本。

③ 王洋：《牟集》卷一四《隐士何君墓志》，文渊阁四库全书本。

非缘故,亦迁居临安。

福建浦城的章氏家族,建炎年间自浦城迁居临安昌化县。章樵,嘉定元年(1208)进士,曾历任海州、高邮等地学官。章樞,奉直大夫,赠通议大夫。其子章铸,嘉定十三年(1220)进士,绍定初年知溧阳,淳祐七年(1247)知信州,官至中奉大夫、直宝谟阁、福建路转运使、兼知建宁府、兼提举常平义仓茶事。兄章鉴,嘉定十三年进士,累官华文阁待制。① 章铸无子,以其从兄章镕之子章祖义为后。章祖义,字行之,号爱山,以章铸恩荫入仕,可能仕至于京官为止,后闲居于家。其女嫁给临安洪氏的洪勋为妻。两子章颖、章硕俱以恩荫入仕。② 章氏家族迁居临安,与浦城另一支章氏以临安为葬地可能有关联。浦城人章得象,为北宋名臣,官至宰辅,谥文简。其侄章粢,治平二年(1065)进士第一,官至资政殿学士、通议大夫、中太一宫使、赠太师、秦国公,谥庄简。自章得象起,章氏家族就迁居平江府。章粢卒后葬于杭州,墓在宝石山。③ 章得象孙辈,章粢长子章絳,官至左朝奉大夫,宣和元年(1119)以疾终于平江府之私第,次年葬于临安府临安县国昌乡。④ 第三子章綽,元祐二年(1087)试国子监中第一,官至左朝请大夫直龙图阁,元祐七年(1092)以疾卒于家,葬于临安县横溪。⑤ 章氏两子不但以临安为葬地,临安城中一些寺院亦是其家功德院。如崇保显亲院,崇宁二年(1103)被章粢请为本家功德院,⑥可以想见,章氏子孙应有在临安居住者。章祖义奉章得

---

① 吴泳:《鹤林集》卷三五《盛宜人墓志铭》,文渊阁四库全书本。

② 章祖义:《自撰墓志铭》,民国《昌化县志》卷一七,中国地方志集成,上海书店出版社1993年。

③ 潜说友:《咸淳临安志》卷八七《冢墓》,宋元方志丛刊本,中华书局1990年。

④ 孙觌:《鸿庆居士集》卷三三《宋故左朝奉大夫提点杭州洞霄宫章公墓志铭》,文渊阁四库全书本。

⑤ 孙觌:《鸿庆居士集》卷三三《宋故左朝请大夫直龙图阁章公墓志铭》,文渊阁四库全书本。

⑥ 潜说友:《咸淳临安志》卷八七《寺官》,宋元方志丛刊本,中华书局1990年。

象为始祖,则其家自浦城迁居当与章得象家族在临安的一系有关。

韩公裔,开封人,高宗为康王时已在王府任内知客,后随高宗南渡,为高宗潜邸旧人,加之为人谨慎,恩宠优厚,官至岳阳军节度使、赠太尉,谥"恭荣"。① 韩公裔去世后葬于富阳,神道碑民国时尚存。② 其亲族八人曾因其荫补入官。

内侍董仲永,开封人,以荫补入仕宦,建炎二年(1128)跟随高宗至扬州,累官至左武大夫、昭庆军承宣使,终入内内侍省押班。乾道元年(1165)卒,后葬于临安府钱塘县履泰乡。③ 董仲永虔心佛教,曾捐资修复六和塔院。④ 临安净严广院为其家功德院。⑤

内侍杨延宗,徽宗朝为陕西廉访使,南渡后家于钱塘。其子杨良孺,建炎初年为内侍,任职仪鸾司,为人勤谨,官至干办内东门司。杨良孺及其母彭氏皆葬于钱塘县方家坞。⑥

有些家族起初并未迁居临安。开封人王禀,为将门之后,其父王珪于好水川之战阵亡。靖康元年(1126),王禀以右武大夫、恩州刺史为太原总管,坚守太原数十日,城破死难。其子王荀抱太宗御容赴汾水而死。王禀另一子王庄,后流寓贵州。枢密院向朝廷奏请以王禀忠义优恤其家。王禀追赠安化郡王,赐田十顷、银帛五百两匹。王庄被召至临安为枢密院准备差遣。⑦ 王禀后裔后居于盐官

①　脱脱:《宋史》卷三七九《韩公裔》,中华书局 1985 年,第 11703 页。

②　吴庆坻:《民国杭州府志》卷九七,中国地方志集成,上海书店出版社 1993 年。

③　曹勋:《松隐集》卷三六《董太尉墓志》,文渊阁四库全书本。

④　潜说友:《咸淳临安志》卷八二《大宋临安府重建月轮山寿宁院塔》,宋元方志丛刊本,中华书局 1990 年。

⑤　潜说友:《咸淳临安志》卷七七《寺观》三,宋元方志丛刊本,中华书局 1990 年。

⑥　曹勋:《松隐文集》卷三六《干办内东门司杨公墓志铭》,文渊阁四库全书本。

⑦　李心传:《建炎以来系年要录》卷一○七,绍兴六年十二月辛酉,中华书局 1988 年,第 1749 页。

县,以其封号所居称"安化坊"。①

程颐四世孙程源,南渡后迁居临安,南渡后尝鬻米于临安新门之草桥。嘉定十七年(1224),朝廷访求程颐之后,特予录用,补迪功郎,除二令监丞。②

河南修武人王云,南渡后定居临安,官至武翼大夫保信军承宣使。其子显宗,右武大夫某州观察使。孙王子才,武功郎判修内司干办御酒库。曾孙王寿衍入元后为道,主持杭州道观大开元宫。③

南渡初年大规模的迁徙结束后,作为首都,临安仍吸引着官僚家族向这里迁徙。这与北宋时期官僚士大夫向两京地区迁徙较为相似。

虞允文,隆州人,淳熙元年(1174)病卒后,葬于今四川省仁寿县,其家族亦聚居于此,虞氏子弟葬地亦近于虞允文墓。④ 惟第三子杭孙,为孝宗赐名,官至中奉大夫、太府寺丞,"不归居蜀居,临安赐第",遂为临安人。⑤ 虞杭孙无子,以兄虞公著之子虞曾为子。虞曾,曾任什邡县丞。⑥ 虞曾任信州知州时,曾遭时任江东提刑的刘克庄弹劾,以虞曾务行苛敛,"恩群胥如骨肉,虐属邑如草芥",且特别提及虞曾"居国门之外,生名相之阀"⑦,是谓其居住就在临安附近。可见虞氏这一支在隆兴年间已经迁居临安。虞杭孙后葬于余杭石濑

---

① 潜说友:《咸淳临安志》卷一九《疆域》,宋元方志丛刊本,中华书局1990年。

② 叶绍翁著,冯惠民、沈锡麟点校:《四朝闻见录》卷二《洛学》,中华书局1989年,第47页。

③ 王祎:《王忠文公集》卷一六《元故弘文辅道粹德真人王公碑并序》,丛书集成初编本。

④ 《仁寿发现虞迪简墓碑》,《四川文物》1999第2期。

⑤ 虞集:《道园学古录》卷之一九《史夫人墓志铭》,四部丛刊本。

⑥ 四川省文管会、彭山县文化馆:《南宋虞公著夫妇合葬墓》,《考古学报》年1985年第3期。

⑦ 刘克庄著,辛更儒笺校:《刘克庄集笺校》卷七九《按信州守臣奏状》,中华书局2011年,第3540页。

镇,其后裔虞应龙入元后曾预修《一统志》。①

慷熙载,青州益都人,为平阳王伴读,宁宗即位后与姜特立一并以春坊旧人进官,官至忠州防御使。后赠太师、郑国公。慷氏南渡后一度居无定所,四处迁徙,直到慷熙载为伴读才安定下来,绍熙中得以赐第于京师。②慷熙载三子,长子慷令雍,以父恩荫为充平阳王府内知客,少有才,宁宗甚爱重之。庆元三年(1197),宁宗下诏:"临安府前石版巷官廨舍一所,原系知合蔡必胜居止,候迁移日,可特拨赐知合谯令雍,永为己业居住。"③谯令雍累官至保成军节度使,书"得闲知止"四字以名其堂,进太尉卒,赠开府仪同三司。次子谯令宪,中淳熙十一年(1184)进士,历仙游县尉、淮东安抚司属官,再知钱塘县。嘉定元年(1208)为宗正少卿,后在江东提刑任内整顿荒政,赈济各地受灾百姓多达百万。嘉定十五年(1222)卒,官至中大夫、右文殿修撰,葬于余杭县金车山之原。谯令雍、谯令宪兄弟两家同居,相处和睦。

薛梦桂,本为温州永嘉人,其父薛大圭,曾任知湘潭。薛梦桂,宝祐元年(1253)进士,知福清县,官至平江府通判。薛梦桂后迁于临安,居于五云山之上,号称"隔凡关"。他与临安文人方回等人多有来往,并有诗文往还。薛梦桂为人通达,乐善好施,曾为临安保寿院捐助二百万钱,用于寺院修茸,并为其亡室金氏追荐冥福。④

严州桐庐人方滋,以恩荫入仕,江南东路茶盐司干办公事,以直秘阁、知静江府,进直敷文阁、知广州。方滋在两广任职时,正是秦桧专权时期,不少正直大臣被其贬窜于两广地方,与其他逢迎秦桧的官员不同,方滋对这些士大夫多方接济维护,遇有不幸亡故,则为资助盘费以归。移知福州,罢去城郭百姓保伍之禁,掘开私修堰坝

①　朱存理:《珊瑚木难》卷二,文渊阁四库全书本。

②　真德秀:《西山真文忠公文集》卷四四《谯殿撰墓志铭》,四部丛刊本。

③　徐松:《宋会要辑稿》礼二之八四,中华书局1957年。

④　潜说友:《咸淳临安志》卷七七《保寿院记》,宋元方志丛刊本,中华书局1990年。

六十处以便民灌溉。隆兴年间,知镇江府,适逢金军进攻淮东,淮民百姓渡江逃亡者数十万,方滋每日到江边慰劳,并为渡江百姓开旧港泊舟,以避风涛。沿江各州惟有镇江境内秩序井然,渡江百姓未迫于饥馑。乾道八年(1172),方滋卒于知绍兴府任上,葬于临安府临安县灵凤乡。① 方滋有三子:方导、方燮、方喧。方导以恩荫入仕,先后知沅州、黄州,积阶至朝请大夫。方导仕途不及其父,喜好佛道,曾师从大慧宗杲。去世后葬于临安县灵凤乡其父祖坟茔左近。② 方氏虽居于严州,三世坟茔皆在临安县。

永嘉人赵师秀寓居在西湖湖湾。赵师秀,字紫芝,号灵秀。绍熙元年(1190)进士,曾任高安推官。与徐照(字灵晖)、徐玑(号灵渊)、翁卷(字灵舒),合称为"永嘉四灵"。其墓在临安。

宋金战争期间时有自北方归宋,称作"归正人"者,其中不乏在金朝任官者。萧鹧巴,原为契丹将领,辽亡后为金招讨使,绍兴年间归宋。其家族居住临安。孝宗朝时曾入大内与高宗踢球。后因言语触怒孝宗,被安置于福州。高宗以归正人直率,请召还于临安,令福州官员送回。高宗驾崩后,萧鹧巴曾于路上大哭。③ 乾道二年(1166),朝廷曾为萧鹧巴家族在扬州置田二十顷,应是距离临安太远,萧鹧巴请求换易秀州崇德县土地。④ 萧鹧巴在临安结识了不少文人,其中姜夔曾以其描述的契丹风土作《契丹歌》。其子萧从仁,曾任忠毅军额外统领。绍兴九年(1139)枢密院上奏,其率官兵四十五人去盐官县打围,未按时回到军寨,被处以降官一等的处罚。⑤ 萧鹧巴卒于绍熙二年(1191),谥荣顺。其孙萧存德,曾任秉义郎。

隆兴元年(1163)自金归附的蒲察久安,为金宿州万户,官至大

① 韩元吉:《南涧甲乙稿》卷二一《方公墓志铭》,文渊阁四库全书本。

② 楼钥:《攻愧集》卷一〇六《参议方君墓志铭》,丛书集成初编本。

③ 张端义著,许沛藻、刘宇整理:《贵耳集》卷中,大象出版社 2019 年,第 163 页。

④ 徐松:《宋会要辑稿》食货六一之五二,中华书局 1957 年。

⑤ 徐松:《宋会要辑稿》职官三二之四五,中华书局 1957 年。

同军节度使、提举万寿观、赠开府仪同三司,谥荣顺。蒲察久安子蒲察铖,向朝廷陈乞"月给钱二百贯、春冬衣绢,续后月支钱一百贯、米一十石"。其孙蒲察居仁嘉泰二年(1202)上奏,称自其父蒲察铖后,家族内并无人再任官,家族生计困难,"与臣特添差准备将领,临安府驻札,所有赡家钱米,仍旧永远支破,庶使忠义子孙,溥沾无穷之恩"①。蒲察久安另一子蒲察钧,因为与蒲察铖分居独立,无缘获得朝廷钱米供应,其子蒲察端仁只得向朝廷请求将给予蒲察居仁家钱米分予其家。蒲察氏家族应是聚居于临安,依靠朝廷钱米维持家计,蒲察居仁要求以添差将领驻扎临安,即是在临安领取俸禄。

端平元年(1234),蒙古军队攻入四川地区,仅在成都一地就屠戮十余万人,川蜀地区不少家族外迁,一些家族选择沿江而下迁居浙江。邓漳,本为绵州人,端平中为避蒙军迁居杭州,遂为杭州人。其子邓文原,入元后官至岭北湖南道肃政廉访使、追封南阳郡公。②眉州人赵辰孙,字心甫,为参知政事眉州人杨栋外孙,迁居临安,历任淮海书院山长、合州儒学教授。③

## (四)士民僧道

自北方南渡的移民,大量是没有官职的士民,他们移民的过程少有能保留于传世的文集中。北宋灭亡,一些原在开封的寺观也随着皇室、官僚的南迁,在临安得以重建,修行的佛门弟子、黄冠道士也随之来到临安。

定居临安新城县的汪氏家族,本为徽州歙县人,南渡后世代以医官入仕,至南宋末,汪镛为翰林太医。家族世代葬于临安县。④ 元初任上海主簿的吴福孙,为北宋名臣吴育后裔,其家南渡时自新郑

---

①　徐松:《宋会要辑稿》兵一六之一二,中华书局 1957 年。

②　黄溍:《金华黄先生文集》卷二十六《邓公神道碑铭》,四部丛刊本。

③　虞集:《道园学古录》卷之二四《赵夫人岳氏墓志铭》,四部丛刊本。

④　邵亨贞:《野处集》卷三《元故嘉议大夫邵武路总管兼管内劝农事汪公行状》,文渊阁四库全书本。

迁居婺州武义县,至吴福孙之父吴东又自武义县迁至杭州,为杭州人。[1] 陈旦在北宋时曾任国子助教,后自宜城徙杭州万松岭。陈悫为陈旦之子,字公宴,工诗文,一时名人如陆游、辛弃疾等,均与其往来。[2] 何宗实祖籍东平,其曾祖何直方南渡迁居杭州。[3] 吴兴莫氏家族,官至刑部侍郎的莫君陈,其后裔莫之滨为承议郎,迁居临安,家族居于杭州之积善里。[4] 河南杞县刘氏,南渡时迁居杭州,刘汝良以宣德郎判登闻鼓院。[5] 北宋丞相商英的后裔,南渡后子孙居于临安之菜市。[6] 李浃"别墅有寒泉修竹,留居之。以嘉定二年十一月二日卒,年五十八。三年九月十一日,葬余杭县茅山"[7]。绍兴十八(1148)年进士中,何腾籍贯为开封,居住于余杭。张士儋,字叔正,开封县人,张勉子,年十九中绍兴十八年五甲第九十九名进士,[8]可能也是迁徙的士民子弟。

金亡之后,一些北方士民也迁居江淮,开封人贾达归宋后任荆襄兵马统制官,定居临安,卒后葬于钱塘县。[9]

这些南迁的士民,对自己家族先世的追溯未必可信,特别是奉北宋中期名臣为祖先的家族,迁居临安时他们可能只是普通百姓,是庞大南迁移民中的一分子,得益于其后世子孙的传记,他们移民

---

① 黄溍:《金华黄先生文集》卷三八《上海县主簿吴君墓志铭》,四部丛刊本。

② 宋濂撰,徐儒宗等点校:《宋学士集》芝园前集卷四《故诸暨陈府君墓碣》,浙江古籍出版社 2014 年,第 1408 页。

③ 杨维桢:《东维子文集》卷二四《两浙转运司书吏何君墓志铭》,丛书集成初编本。

④ 凌云翰:《柘轩集》卷四《莫隐君墓志铭》,文渊阁四库全书本。

⑤ 戴良:《九灵山房集》卷二三《元江浙行枢密院都事刘君墓志铭并序》,四部丛刊本。

⑥ 王逢:《梧溪集》卷五《张氏通波阡表辞有序》,文渊阁四库全书本。

⑦ 叶适:《水心文集》卷一九《太府少卿福建运判直宝谟阁李公墓志铭》,四部丛刊本。

⑧ 《绍兴十八年同年小录》,文渊阁四库全书本。

⑨ 陈旅:《安雅堂集》卷一二《贾治安墓志铭》,文渊阁四库全书本。

的历史得以保留下来。

南渡士民中还有一批是宫廷画家,据《图绘宝鉴》记载,有朱锐,河北人,宣和画院待诏,绍兴间复职;杨士贤,宣和画院待诏,绍兴年间在临安复旧职;李湍,开封人,宣和画院待诏,绍兴间复官;贾师古,开封人,善画道释人物,绍兴画院祗候。

还有一些刻书人,如开封大相国寺东的荣六郎家,南渡后寄居临安府,绍兴年间刻印《抱朴子》。[1]

南宋临安城内不少寺院,是北方寺院的南渡再建。开宝仁王寺在七宝山上,是东京开宝寺仁王院的重建,慧照大师于绍兴五年(1135)权建于七宝山。[2] 演教院在新门外,惠海法师于建炎间随驾渡江所建。[3] 慧林寺,东京大相国寺有慧林禅院,寺僧随驾南渡,绍兴五年以旧额建院于天庆坊。太平兴国传法寺,其前身为东京太平兴国寺传法院,绍兴初,普照大师德明随驾南渡建立。[4] 崇宁万寿教寺,绍兴初,东京僧慈昌始得姚氏园结庵而居。[5] 千佛阁安福院,绍兴五年以祥符寺旧基建,系三藏法师随驾南渡建立。[6]

南渡僧人数量庞大,其中不乏高僧大德,在临安崇新门的鹿苑寺成为南渡僧人居住之地,以处流寓僧人。法道,顺昌人,徽宗朝授紫衣师号,南渡后于建炎三年(1129)主持天竺寺,绍兴十七年(1147)圆寂,灵塔位于杭州西湖之九里松,称"三藏之塔"。道仙,年四岁出家于祥符寺,后与净晖同游方,师秀水宝阁贤首教院性公,居醋池寺之仁王院十四年,宣和间居姑苏光福山,南渡后诏至临安,终左街僧录。[7]

---

① 钱谦益:《牧斋有学集》卷四六《跋抱朴子》,四部丛刊本。
② 潜说友:《咸淳临安志》卷七六《寺观》,宋元方志丛刊本,中华书局1990年。
③ 潜说友:《咸淳临安志》卷八一《寺观》,宋元方志丛刊本,中华书局1990年。
④ 潜说友:《咸淳临安志》卷七六《寺观》,宋元方志丛刊本,中华书局1990年。
⑤ 潜说友:《咸淳临安志》卷八一《寺观》,宋元方志丛刊本,中华书局1990年。
⑥ 潜说友:《咸淳临安志》卷七六《寺观》,宋元方志丛刊本,中华书局1990年。
⑦ 曹勋:《松隐集》卷三五《华严塔铭》,文渊阁四库全书本。

临安府作为南宋都城,道教宫观相对比较集中,计有 58 座。其中位处皇城及西湖左近者有西太乙宫、东太乙宫、万寿观、景灵宫、佑圣观、显应观、四圣延祥观、三茅宁寿观、开元宫、龙翔宫、宗阳宫,另有临安县的洞霄宫。学者指出不少在临安新建的宫观为开封的复建,显示宫观在宋代政治传统中的特殊地位。①

东华派道士宁全真,靖康时携母南渡,久居于临安。"绍兴十六年十一月,高宗皇帝将有事于南郊,及致斋,雨雪交作,上忧形于色,或奏请先生致祷焉。"绍兴三十一年(1161)完颜亮南侵,也曾召其入宫问吉凶。② 宁全真在成为御用道士之后,就一直住在杭州直到孝宗继位的 1162 年。被推荐为御用道士之后,宁氏凭借精深的道法,被赐予"洞微高士""赞化先生"的称号。后因反对张浚北伐被下狱治罪,卒于兰溪。③

王朴,字元素,其先北京大名府人,避地转徙至临安,"爱金岫山川之胜因家焉"④。杨乃诚,字叔闲,潼州人,为州之定光观道士,后隐居大涤山中,名闻当时,高宗退居德寿宫曾召见,曾为建延祥观于西湖以便其往来栖息。⑤ 延祥观又称作"四圣延祥观",是为崇奉曾护佑高宗的天蓬、天猷、翊圣、真武四神,即"紫薇北极大帝之四将"所建,⑥显非为杨乃诚所建,或其曾在此观中修行。

北宋徽宗朝赐号冲晦先生的徐奭故居,便曾位于万松岭下。⑦

从碑传记载的南渡临安移民可以看出,来自开封的移民是宗

---

① 段玉明:《南宋杭州的开封宫观——宗教文化转移之实例研究》,《四川大学学报》2006 年第 3 期。

② 《道法会元》卷二四四《赞化先生宁真人事实》,《正统道藏》。

③ 陈文龙:《走向民间的道派——上清灵宝东华派略述》,《世界宗教研究》2011 年第 2 期。

④ 邓牧:《洞霄图志》卷五《王元素先生》,知不足斋丛书本。

⑤ 邓牧:《洞霄图志》卷五《杨先生》,知不足斋丛书本。

⑥ 田汝成:《西湖游览志》卷八《北山胜迹》,文渊阁四库全书本。

⑦ 潜说友:《咸淳临安志》卷六九《人物十·方外·方士》,宋元方志丛刊本,中华书局 1990 年。

室、外戚、官僚的主体,顺利迁居临安的宗室和外戚大都延续了其在北宋的政治地位。官僚家族,特别是军功起家的南渡家族,多是曾手握重兵的高级将领,以杨存中、张俊家族最为显赫。

南渡移民迁徙临安的过程较为曲折,由于建炎、绍兴年间军事形势不明,一些家族选择向更南地区迁徙,如宗室一度迁居广州,部分官僚家族初期聚居于江西等地,待南宋政局趋稳,逐步向临安地区迁徙。有些家族进一步从临安地区向平江、秀州等地迁徙。如韩世忠就曾营建府第于平江府。[①] 迁居临安初期,不少官员居住于寺院之中,如吴越钱氏后裔钱渶,绍兴二年(1132)初迁居临安,时任河南府仪曹,他即寓居于临安府宝莲山寺院内。[②] 临安瑞云院、慈云院、无碍院、大佛万寿院、国清寺、崇恩延福寺、演法院原系为安置自西北迁居而来的士民而设,后改为佛寺。[③]

临安城受地形限制,宫室、宅第规模有限,一般官员所居甚为窘迫。绍兴三十一年(1161)陆游在临安所居,"甚隘而深,若小舟然,名之曰烟艇"。官员所居的百官宅,大都比较狭窄。[④] 由于人口众多,临安城市卫生也出现问题,淳熙七年(1180),守臣吴渊言:"万松岭两旁古渠,多被权势及有司公吏之家造屋侵占。及内砦前石桥、都亭驿桥南北河道,居民多抛粪土瓦砾,以致填塞,流水不通。"[⑤]一度迁居临安的官员,部分选择退职后离开临安,甚至被朝廷赐宅的大臣如史浩,还是希望回到故乡明州居住。

南渡临安移民个案中出现不少居地与葬地分离情况。如杨存

---

① 徐松:《宋会要辑稿》方域四之二五,中华书局1957年。

② 《吴越备史》后跋语。

③ 潜说友:《咸淳临安志》卷七七《寺观》,宋元方志丛刊本,中华书局1990年。

④ 徐吉军:《南宋临安社会生活》,杭州出版社2011年。

⑤ 脱脱:《宋史》卷九七《河渠志七·东南诸水下》,中华书局1985年,第2400—2401页。

中家族,在临安有王府聚居,但是葬地选择在湖州武康、德清。① 宗室中居于临安,而择葬于绍兴的例子亦有。这部分是因为临安地域相对开封狭小,可以择为大家族葬地的区域有限。碑传所见南宋临安葬地,多在钱塘县履泰、钦贤两乡,其中履泰乡至孝宗朝已经成为禁地,"其山正系行宫大内储祥发源形胜之地,又系成穆皇后、成恭皇后、慈懿皇后、庄文太子、景献太子攒宫"②,一般臣僚不能选择这里为葬地。

南渡后以军功起家的家族,互相通婚,如张俊曾孙张镇娶杨存中孙女为妻,③张俊七世孙张暨娶刘光世五世孙女为妻,④张俊四女中,小女儿嫁给刘光世之子刘尧勋,次女嫁给韩世忠之子韩彦朴。⑤韩世忠女嫁张俊子张子仁。⑥ 这些家族有些通婚数代,是一个值得注意的现象。

# 第二节 元时期

至元十三年(1276),南宋正式投降,元行中书省承制在临安置两浙大都督府,以忙兀台、范文虎为都督。不久,又在临安设置了浙东西宣慰司,以户部尚书麦归、秘书监焦友直为宣慰使,至元二十六

---

① 刘未:《武康南宋杨氏墓砖札记》,包伟民、刘后滨主编《唐宋历史评论》第4辑,社科文献出版社2018年。

② 岳珂编,王曾瑜校注:《鄂国金佗稡编续编校注》卷一五《禁止坟山凿石省札》,中华书局1989年,第1358页。

③ 陆游:《陆游全集校注》卷三六《承议张君墓志铭》,浙江古籍出版社2015年,第121页。

④ 黄溍:《金华黄先生文集》卷三一《闽清县主簿张君墓志铭》,四部丛刊本。

⑤ 周麟之:《海陵集》卷二三《张俊神道碑》,文渊阁四库全书本。

⑥ 孙觌:《鸿庆居士文集》卷三六《韩公墓志铭》,文渊阁四库全书本

年(1289)，江浙行省迁往其政治、经济中心杭州，从此便最后稳定下来。[①] 杭州为杭州路治所，领钱塘、仁和、余杭、临安、新城、富阳、於潜、昌化八县。

## 一、元代的户籍管理制度

据高树林的研究，蒙元通过州县行政系统实现对民户的管理。除民户外，还有军户、匠户等主要户计。除此之外，还有儒户、医户、阴阳户、礼乐户等户计。除军户和匠户另行立籍，其余的诸色户都与民户"一体推定"，编在同一鼠尾簿内，同样划分户等。而且，军户和匠户也是划分户等的。各地在摊派差科夫役时，实行"先富强，后贫弱，贫富等者先多丁后少丁"的原则。富强的上户在前，贫弱的下户在后，就像老鼠尾巴由粗而细一样，故称其为鼠尾簿。户口统计所依据的只能是此前几次户口登记时的资料。中统五年(1264)以后，随着户等制的推行，以户籍为基础，按照户等加以编排的鼠尾文簿也具有户籍簿的作用。实际上，自鼠尾文簿编定以后，各级政府便以它作为摊派赋役、处理纠纷的依据，各家丁口、资产的变化也在鼠尾文簿上标注，原来的户籍反而不受重视了。因此，文献中关于蒙元户籍格式的描述，基本上都是关于鼠尾文簿的内容。

鼠尾文簿以各乡、保或村庄为单位编制，各户自为一页，登记人口和资产状况。在资产方面，不仅要登记田地和牲畜，还要登记承担各种科差的情况。在人口方面，不仅要登记丁口的情况，也要登记其婚姻状况。

据《元典章》卷一七《户部三·户计·军户·漏籍军户为民》："至元六年三月，中书户部来申：管红花辛保本管民户张钧男张文焕状告：有壬子年间籍收张聚，刷作私走小路军人，其原供手状，止报张聚三口，别无文焕姓名，依例收系为民当差事。省部照得：近据平

---

① 刘如臻：《元代江浙行省研究》，《元史论丛》第六辑，中国社会科学出版社1996年。

阳路申：私走小路军常德告：与伊父常存一同当军，乞除合着差发。为原供私走小路手状内止该写常德并妻男当房五口，别无伊父常存并其次弟男家口，合令常德充军外，常存依旧当差。承奉省札，准拟去讫。今据见申，准抄到张聚当房三口，原供私走小路手状，别不见原供的本手状，仰更为照勘张聚原供的本手状，如委系当房三口，别无张文焕姓名家属，上施行。"

据此，刘晓指出，元代户籍登记由人户自行填写手状。[①] 谈及至元二十六年(1289)江南地区的户口统计情况时，刘晓还曾引用一条材料说："朝廷以内附既毕，大料民，新版籍。自淮至于海隅，不知奉行，民多惊扰。公在庐州，令其民家以纸疏丁口、产业之实，揭门外。为之期，遣吏行取之，即日成书，庐民独不知其害。"[②]说明户籍登记由人户自行填写手状并揭于门外。

李治安指出，至元二十七年(1290)"钦奉圣旨抄数江南户口"则意味着由南宋户籍制度向元代诸色户计过渡基本完成和江南新的户籍秩序的确立。北方诸色户计向江浙一带的移植，又大多表现为与南宋原有户籍制的嫁接。其结果，元江浙一带的户籍形态呈现部分为北方诸色户计向江浙一带的移植产物，如蒙古、畏兀儿、回回、也里可温等，部分又为南宋原有户籍制遗留，如"单贫"、"僧"、"道"、弓手等，部分为介于二者之间的变通产物，如马站、水站等。而且，经历"至元十三年报省民数"起步的由南宋户籍制度向元代诸色户计制度的演化过渡，诸多原南宋非法定户名的单丁户、吏户、寺观户、军户等习惯称呼，往往与元北方诸色职业户计相渗透、融汇，演变为世袭罔替的诸色户计形态。[③]

元代湖州路户籍文书中，有杭州路站赤户登记：

———————

① 刘晓：《从黑城文书看元代的户籍制度》，《江西财经大学学报》2000 年第 6 期。

② 虞集：《道园学古录》卷一五《户部尚书马公墓碑》，四部丛刊本。

③ 李治安：《元江浙行省户籍制考论》，《首都师范大学学报》2015 年第 5 期。

　　1　一户朱双秀,元系湖州路安吉县凤亭乡六管溪东村人氏,
亡宋时父朱细四为户作民户,至元十二年十二月内归附至元

　　2　　　本县备奉

　　3　　　上司指挥,照勘丁多苗税相应之家签拨递运船夫,
为双秀苗税

　　4　　　解发本路总管府转解杭州路长安镇站赤所应当递
运船

　　5　　　见于本村住坐应当差役

　　后略①

　　朱双秀是因田产标准被签发为长安镇站赤,站赤户是从有一定
产业的民户中签发。②

　　在元代湖州路户籍文书中,有户名为沈玖,原系"杭州在城东北
录事司小米巷民户",部分体现元代杭州城市居民管理制度:

　　1　一户沈伯玖,元系杭州路在城东北录事司小米巷附民
籍,于至元十三年　正月内在彼处归

　　2　　　元二十六年十一月随本主杨官人前来德清县
北界

　　3　　　当民户差役

　　4　　　计家:亲属三口

　　5　　　　男子二口

　　6　　　　　不成丁一口沈伯玖年五十岁

　　7　　　　　不成丁一口男壹年九岁

　　8　　　　　妇女一口妻陈二娘年十六岁

　　①　王晓欣等:《元代湖州路户籍文书》,中华书局 2021 年,第 728 页。
　　②　杜立晖:《黑水城 F116:W434 元末签补站户文书试释》,《宁夏社会科
学》2010 年第 4 期。

9　　　　事产：无，典房居住

10　　　　营生：手趁①

　　至元十三年(1276)，正是南宋奉降表之年，此年杭州城居民沈伯玖附籍于杭州的东北录事司小米巷民籍，可见元在杭州建立官署后，就立即对户籍管理制度进行改设。录事司是元代在路府治所城市设置的管理民户的机构，"录事司，秩正八品。凡路府所治，置一司，以掌城中户民之事。中统二年，诏验民户，定为员数。二千户以上，设录事、司候、判官各一员；二千户以下，省判官不置。至元二十年，置达鲁花赤一员，省司候，以判官兼捕盗之事，典史一员。若城市民少，则不置司，归之倚郭县。在两京，则为警巡院。独杭州置四司，后省为左、右两司"②。杭州设置有四个录事司，东北录事司为其一，此外可见于文献的还有"西南隅录事司"③"西北录事司法"④，可见四录事司的设置是东北、东南、西北、西南。此后改为两录事司，变为左右两司。韩光辉指出，杭州虽失去都城地位，但作为行省中心，建置有若干个城市录事司(至元十四年置4个，泰定二年并为2个，元统二年复立4个)，城市规模不是其他省会或宣抚司所能比拟的。⑤

　　再由"东北录事司小米巷"可知，元代杭州城市居民附籍是以居住地为准，如元代甘州所见"不答失里见在甘州丰乐坊住坐"亦同。⑥

①　王晓欣等：《元代湖州路户籍文书》，中华书局2021年，第868页。

②　《元史》卷九一《诸路总管府》，中华书局1976年，第2317页。

③　赵汸：《东山存稿》卷五《江浙省都镇抚哈密公纪功之碑》，文渊阁四库全书本。

④　徐一夔：《始丰稿》卷一三《故元将仕郎杭州路西北录事司录事贡府君新阡表》，武林往哲遗著本。

⑤　韩光辉：《宋辽金元建制城市的出现与城市体系的形成》，《历史研究》2007年第4期。

⑥　杜立晖：《黑水城所出元代录事司文书考》，《文献》2013年第6期。

录事司管理的户籍,与附郭县登记户籍,共同构成杭州的户籍管理系统。附郭县及其他属县城内居住,应是以"县界"登记。如民户潘千拾,"德清县北界台鼎坊人氏"。[①]

## 二、人口规模与移民

南宋以后,临安的人口开始下降。[②] 至至元末人口开始逐步恢复。元代杭州规模仍是东南第一,所谓"大江之南,郡莫大于杭"[③]。至元二十七年(1290),本路户 360850,口 1834710。与北宋时期规模相近。马可·波罗在杭州时,曾碰到检括户口,有 160 万人。据记载,杭州城内人口众多,手工艺者数目庞大,仅金匠就有 32000 人之多,至于其他类别人口的数目就可想而知。城市中有 700000 士兵和 700000 百姓,这是当时的官方人口清查所登记的数字。[④] 鄂多立克记载"他们的管理方式如下:十家或十二家组成一火,以此仅交一火的税。现在据认为这些火计有八十五土绵(tumans),加上四火撒刺逊,共八十九土绵。一土绵原相当于一万火"。tuman 为蒙语之一万,依照鄂多立克的估计,城市人口有 89 万人。[⑤] 大德元年(1297),梁曾任杭州路总管,"户口复者五万二千四百户"[⑥]。

至正元年(1341)四月十九日,杭州发生火灾,总计烧毁官民房屋、公廨等 15000 余间,民房计有 13000 余间,"被灾人户一万七百九十七户,大小三万八千一百一十六口。可以自赡者,一千一十三户,大小四千六十七口。烧死人口七十四口。……实合赈济者计九千七百八十四户。大口二万二千九百八十三口,每口米二斗,计米四

---

①　王晓欣等:《元代湖州路户籍文书》,中华书局 2021 年,第 900 页。

②　赵冈、陈钟毅:《中国经济制度史论》,新星出版社 2006 年。

③　刘基:《诚意伯文集》卷六《杭州路重修府治记》,四部丛刊本。

④　瓦撒夫:《瓦撒夫史》,转引自乔治·兰恩《关于元代的杭州凤凰寺》,《清华元史》第一辑,商务印书馆 2011 年。

⑤　鄂多立克著,何高济译:《鄂多立克东游录》,中华书局 2019 年,第 66 页。

⑥　夏时正:《成化杭州府志》卷三七,四库全书存目丛书,齐鲁书社 1996 年。

千五百八十一石八斗；小口一万一千六十六口，每口米一斗，计米一千一百六石六斗；总计米五千六百八十八石四斗"①。可以自存的居民1013户，4617口，户均4.5，接受赈济的居民9784户，34000多口，户均3.48口，总的户均约在4口。

瓦撒夫关于杭州城内人口的记载尚可以接受，但是有如此多的军人似乎颇难理解。元至元二十二年(1285)于杭州置万户翼，二十七年(1290)杭州行省诸司所在置四万户府，②似不当有如此规模的驻军。元代在杭州设置镇守万户府，王晓欣认为，元后期到成宗时期，杭州驻军建制规模维持在四个万户上下。③刘晓进一步指出，元代长期镇守杭州的四万户府，应分别为颍州万户府、益都旧军万户府、上都新军万户府与真定万户府。至元二十二年江淮、江西镇戍军整编时，益都旧军、真定两翼属上万户府，颍州、上都新军两翼属下万户府。到延祐元年(1314)，颍州翼又升为中万户府。按元代军队编制，上万户7000人以上，中万户5000—7000人，下万户3000—5000人，则四万户府军人总数大体在20000—30000人上下，应无问题。④元代在杭州驻守的军人应在30000人左右，70000人不确。

杭州在元代是一个国际化都市，四方往来频繁，吸引了数量庞大的流动人口，特别是北方少数民族移民。

杭州地区吸引了不少少数民族移民。"内附者又往往遍江浙闽广之间，而杭州尤伙，号色目种，隆准深眸，不啖豕肉，婚姻丧葬不与中国相通。"⑤"杭州荐桥侧道，有高楼八间，俗称八间楼，皆富实回回所居。"畏兀儿人小云石海涯、北庭人文甫氏、色目文士沙班等都迁

---

① 杨瑀、余大钧点校：《山居新语》卷三，中华书局2006年，第224页。

② 陈善：《万历杭州府志》卷三五《兵防》，中国方志丛书，成文出版社1983年。

③ 《关于元江南镇戍体系中杭州和杭州驻军的若干考述》，《马可波罗游历过的城市：元代杭州研究文集》，杭州出版社2012年。

④ 刘晓：《元镇守杭州"四万户"新考》，《浙江学刊》2014年第4期。

⑤ 田汝成辑撰、尹晓宁点校：《西湖游览志》卷一八，上海古籍出版社2017年，第171页。

居杭州。马建春依据西域人有关杭州的记载,指出元代杭州不但有西域人居住,而且其数量颇大,仅回回就有 4 万户。元代杭州西域人之盛,与他们中多有人在行省任要职有关。他们任职杭州,必有家人及部属随行,加之其族类中多有投奔于其门下者,故而使元代留居杭州的西域人口大大增长。[①] 潘清指出,到了元中后期,杭州的蒙古、色目移民的数量较之元初更多。[②] 马娟进一步分析后认为,元代杭州穆斯林移民大体可以分为两大类,即国外移民、国内移民。在国内移民中又有寓居模式的移民。从现有的碑刻资料来看,明确由境外迁入杭州的移民来源地有波斯亦思法罕、西模娘。另外还有一些墓主,尚不能确定是在他们这一代还是其祖上从中亚不花剌、波斯呼罗珊、叙利亚阿勒坡迁入杭州。境内移民由元帝国某地迁入杭州。寓居模式的移民以官员与文人为主。[③]

---

① 　马建春:《元代居留江浙行省的西域人》,《社会科学》2006 年第 3 期。
② 　潘清:《元代江浙行省蒙古、色目侨寓人户的分布》,《中州学刊》1999 年第 6 期。
③ 　马娟:《元代杭州的穆斯林移民》,《民族研究》2018 年第 1 期。

# 第六章 明时期

至正二十六年(1366),朱元璋所部攻占杭州。随后改杭州路为杭州府,并在杭州设置浙江等处行中书省。同时,桐庐、余杭、富阳等地的张士诚部陆续投降归附。杭州府辖9县,分别为仁和、钱塘、余杭、富阳、临安、於潜、新城、昌化、海宁,其中的海宁原为州,洪武二年(1369)降格为县。自此开始了明政权在杭州地区的统治。

## 第一节 户籍制度

洪武二年,明政府已逐步完成在杭州的各种官署建置,建立国家的户口登记制度,管理人丁、事产等,作为国家征发赋税的依据,由此形成明代杭州地区的人口数字记录。

洪武三年(1370)冬,明太祖下令在其控制地区内登记户口,执行方式是每户颁发户帖进行登记。[①]"命户部籍天下户口,每户给以户帖。于是户部制户籍、户帖,各书其户之乡贯、丁口、名岁。合籍与帖,以字号编为勘合,识以部印。籍藏于部,帖给之民。仍令有司岁计其户口之登耗,类为籍册以进。着为令。"[②]

据不完全统计,现存明代户帖抄件约有10多张,其中原物样张

---

① 曹树基:《中国人口史》第四卷《明时期》,复旦大学出版社2000年,第18页。

② 《明太祖实录》,洪武三年十一月辛亥。

保存下来的则更少。户帖需要登记的事项除户口外,还有产业等,采用勘合格式,半印式便于户帖与存根合同对照检查,另一半印留官府备查。另有户籍册存于官府以便查对,①因此也有称作"户部勘合"。随着里甲制推行,户帖制在洪武十四年(1381)以后不再行用。②

　　户帖有其来源。梁方仲推测,元代的户券即是明代户帖设置之始。③ 王晓欣、郑旭东比较了元代湖州路户籍册与明代户帖,认为明代户帖在登载内容、格式等方面与元代户籍登记册极为相似,明代户帖明显是承袭元代而来。④

　　《紫阳朱氏宗谱》保留有洪武三年(1370)海宁人朱真一所领户帖的抄件,其名称仍为户部勘合:

　　　户部勘合　朱真一领
　　一户朱真一　杭州府海宁县二十七都民户计家四口
　　男子二口
　　　　成丁一口　本身年三十二岁
　　　　不成丁一口　男朱带年四岁
　　妇女二口
　　　　妻祝氏年二十六岁　女年二岁
　　事产
　　　　右户帖付朱真一收执　准此

--------

　　①　陈学文:《明初户帖制度的建立和户帖格式》,《中国经济史研究》2005年第 4 期。

　　②　吴涛:《百姓日用而不知:明洪武十四年后户帖的流传》,《历史教学》2010 年第 12 期。

　　③　梁方仲:《明代的户帖》,《梁方仲文集·明清赋税与社会经济》,中华书局 2008 年,第 104 页。

　　④　王晓欣、郑旭东:《元湖州路户籍册初探——宋刊元印本〈增修互注礼部韵略〉第一册纸背公文资料整理与研究》,《文史》2015 年第 1 辑。

洪武　　年　月　日

余字　五百肆拾号①

从朱真一的户帖可见,户帖的登载事项是户籍类别、人口和事产。其中人丁登载有成丁、不成丁,妇女也登载年岁、姓名。可能是由于户帖初次执行,登记内容没有历年人口、事产变化,只是登载当下的人口等实在状况。比照学者研究所发现的户帖资料,该抄件除转抄时略去了在户帖前的圣旨,格式、内容大体一致,应是有所依据。依据户帖,官府形成户籍文册作为人口管理的依据,户帖则给民户作为对照的凭证。梁方仲考察所见户帖资料,认为人口移动、财产分配、家庭结构皆可据户帖进行分析。②

户帖是明政府为调查辖境内人口而设,与黄册相比虽然也有事产等内容,但详于户籍而略于事产,是作为户籍制度存在,并不是兼具人口和土地等登记事项,具有户籍、赋役双重功能的制度。户帖的登记应是不定期的,没有形成固定的登载制度。因此在户帖制度实行的同时,出现了以田地税粮登载的"小黄册"。学者研究认为,在户帖制和洪武十四年(1381)编造黄册之间,存在一个过渡阶段,即以"小黄册"编订辖区内的人口土地,作为赋役征发的依据。

栾成显以吴兴、海盐、徽州的例证,说明洪武四年(1371)时各地已经初步建立了与后来里甲制度类似的制度,编订过与后来黄册有相似性质的"小黄册",这一制度至少在浙北等江南地区实行过。③他指出,从户帖到黄册,两者是继承关系。④

宋坤依据上海图书馆、四川图书馆藏宋元递修公文纸印本《后汉书》《魏书》两书纸背现存小黄册原件,经过缀合整理,复原出含处

---

①　朱封篡修:《紫阳朱氏武林派宗谱》卷首,嘉庆八年刻本,浙江图书馆藏。

②　梁方仲:《明代的户帖》,《梁方仲文集·明清赋税与社会经济》,中华书局 2008 年,第 108 页。

③　栾成显:《明代黄册研究》,中国社会科学出版社 2018 年,第 23 页。

④　栾成显:《明代黄册研究》,中国社会科学出版社 2018 年,第 26 页

州府青田县、遂昌县、缙云县、龙泉县、丽水县在内的 5 个以上县、15
个都、870 余户人户信息的小黄册原件,认为小黄册制度在浙江地区
曾经执行十年之久。他依据上海图书馆藏宋绍兴江南东路刻本《后
汉书》纸背记录洪武三年(1370)处州青田县小黄册攒造内容:

1.处州青田县四都承奉

2.本县旨挥该:奉

3.处州府旨挥为税粮黄册事,仰将本都有田人户,每一百家
分为十甲,内选田粮丁力近上之家一十名,定为里长,每一
年挨次一名承当,十年周而复始。

4.其余人户,初年亦以头名承充甲首,下年一体挨次轮当。
保内但有编排不尽畸零户数二十、三十、四十户,务要不出
本保,一体设立甲首,邻近里长,通行

5.带管;如及五十户者,另立里长一名,编排成甲,置立小黄
册一本,开写各户田粮数目,令当该里长收受,相沿交割,
催办钱粮。奉此,今将攒造到人丁

6.田粮黄册,编排里长、甲首资次,备细数目,开具于后:(后
略)①

在此小黄册后,还附有"里长甲首轮流图",确定自洪武四年
(1371)至洪武十一年(1378)里长、甲首轮流顺序。他总结洪武三年
小黄册编订原则是,以都为单位攒造,都下设里,每里 100 户,其中
田产丁力高的 10 户为里长户,其余 90 户为甲首户,每年 1 名里长带
领 9 名甲首户应役。每里下带管数量不等的"外役人户",如水站
夫、驿站夫等。一里人户主要包括三类:里甲正户、编排不尽人户和

---

① 孙继民等:《新发现古籍纸背黄册文献复原与研究》,中国社会科学出
版社 2021 年,第 59 页。

带管外役人户。①一个完整的小黄册应包括的要素：一是引述上级公文，二是各类田土税粮科则，三是一都内总计户数、人丁、田土、税粮数目，四是一里"里长甲首轮流图""带管外役人户图"和"编排不尽人户图"，五是一里民户户数、人丁、田土、税粮数目总体概况，六是依据上述三图依次登载各户人丁、田地、税粮数目，七是依上列都下各里情况，八是攒造小黄册各里里长签署。②

关于户帖与黄册的继承性，栾成显认为户帖与黄册在人丁登载事项方面几乎完全一致，黄册在户籍制度方面继承了户帖，在里甲和赋役方面继承了小黄册。③宋坤认为户帖推行时间是洪武三年(1370)十一月，格式承袭自元代户籍；而小黄册编成时间，据现存册尾押署部分来看是洪武三年十二月，其开始攒造时间应更早，故小黄册中人口登载内容借鉴户帖的可能性较小，也应是直接借鉴自元代户籍，但在其基础上删掉了人户具体人员姓名、年岁等内容。将小黄册登载格式与元代税粮册书式对比，可见小黄册中田地税粮登载的格式、内涵与元税粮册完全相同，应是直接承袭自元代税粮册，之后又被赋役黄册所承袭。他进一步指出，元明之际户口赋税管理制度演变的大体脉络是，由元代人口管理、赋税征收分别编制册籍，逐步演变为明代赋役黄册的统一册籍，而在这一过程中，洪武三年的小黄册起到了承上启下的作用。④显然，学者对户帖重在户籍、小黄册重在赋役，户帖与小黄册共同构成明代黄册制度的源头的认识是一致的。

对于小黄册与洪武十四年(1381)黄册的差别，宋坤认为，由于

---

① 孙继民等：《新发现古籍纸背黄册文献复原与研究》，中国社会科学出版社 2021 年，第 61 页。

② 孙继民等：《新发现古籍纸背黄册文献复原与研究》，中国社会科学出版社 2021 年，第 71 页。

③ 栾成显：《明代黄册研究》，中国社会科学出版社 2018 年，第 26 页。

④ 孙继民等：《新发现古籍纸背黄册文献复原与研究》，中国社会科学出版社 2021 年，第 408 页。

小黄册是首次编订,所以只有当年实有数字,没有黄册旧管、新收、开除等项。在人丁记载方面小黄册仅记人丁数目,不记人名年岁,寄庄人户不记人丁,仅记田产项目。事产项目,小黄册仅记田产数量及税粮,不记载房屋、头匹、车船等信息。小黄册的税则登载于本都小黄册总述部分,而赋役黄册则具体到每块田土的税则。① 小黄册中里长并不仅仅只有"催征钱粮"的职责,而是已经具备了征收赋税和佥派杂役的双重属性。赋役黄册里甲制度下里长的基本职责也是延续自小黄册里甲组织。图成为乡村组织单位,应是在洪武十四年(1381)全国推行赋役黄册里甲制度之后,但其与小黄册中的"里长甲首轮流图"存在渊源关系则无疑义。可以说,洪武三年小黄册之法,确定了以都为单位,"百家画为一图"的里甲编制方式,所创建的"里长甲首轮流图"为后来的赋役黄册所继承,逐渐发展成为都下人户组织单位。②

　　由于户帖的主要功能是调查和统计户口,从这一角度思考,户帖的人口统计可能较为准确。作为单一户籍调查,户帖登载重点不是田产税粮,也不以户等编订为主要目的,民户在统计时隐匿人口的可能性较小。由此形成的人口数据与黄册制度相比,主动造成的误差可能要小。概言之,在洪武十四年黄册制度正式执行之前,户帖、小黄册分别以人丁、赋役为重点涉及人口的登载,而户帖的统计可能更接近明初人口的实际状况。《明太祖实录》洪武四年(1371)十二月条载"户部奏,浙江行省民一百四十八万七千一百四十六户,岁输粮九十三万三千二百六十八石设,粮长一百三十四人"。说明当年可能通过小黄册统计,对浙江地区的户口、税粮等进行了调查。这一过程可能包含了通过户帖进行户籍登载。

　　洪武十四年,明朝廷下令在全国开始黄册编订,以此为起点,直

---

　　① 孙继民等:《新发现古籍纸背黄册文献复原与研究》,中国社会科学出版社 2021 年,第 77 页。

　　② 宋坤、张恒:《明洪武三年处州府小黄册的发现及意义》,《历史研究》2020 年第 3 期。

至明王朝灭亡,黄册制度一直作为基本的赋役制度发挥作用。黄册的攒造,首先由户部奏准颁行攒造格式,各地照格式翻刻,晓谕境内。地方官印发"清册供单"给人户,由人户依据内容填写,依里甲编订,由里编成册籍申报衙门。衙门收到甲首呈报清册后,与原有黄册核对,然后编订里甲,如某年该某户应役,某户为某里某年里长,等等。编订后文册由里甲(长)誊写一份,交给州县衙门,黄册的攒造即告完成。州县造总册一份送南京户部收贮。在经过后湖的驳查补造之后,一次黄册的攒造过程才最后完结。① 驳查方式在明中后期有所变化,张恒、孙继民依据纸背黄册文献中的眉批认为,在各地上呈后湖黄册的呈本中,以眉批方式对黄册驳查、补充工作环节形成的文本进行誊录。"原驳"是对原报黄册错误内容的驳回,"回称"是对黄册错误内容的反馈改正。弘治十二年(1499)为分界点,明代赋役黄册驳查补造阶段的工作方式和文本形式发生了由"改造新本"到"眉批原本"的重要转变。②

黄册编订后形成多种册籍。各里有编成的赋役黄册,其中缴纳户部的黄册正本,称作"进呈册";存留于司府州县的副本,称作"存留册";大造黄册时各里攒成的草稿,称作"草册"。存留册是明代赋役征调的基本依据。③ 各司府州县在各里赋役黄册基础上造有总册。各类户籍,如军户、灶户、匠户等,另编有专职役户册。如军户有军黄册,灶户有灶册或盐册等。④

据《成化杭州府志》记载,杭州各属依据明政府的统一要求编订黄册,"凡户口生息府县每岁取勘,分豁旧管、新收、开除、实在,仍开军、民、匠、灶等籍总数,申达户部以凭稽考。每十年户部具奏转行各县,备行各都各里攒造黄册,编排里甲,分豁上中下三等人户,遇

---

① 栾成显:《明代黄册研究》,中国社会科学出版社 2018 年,第 30 页。

② 张恒、孙继民:《古籍纸背文书所见明代眉批黄册的性质及其意义》,《中国史研究》2021 年第 2 期。

③ 栾成显:《明代黄册研究》,中国社会科学出版社 2018 年,第 34 页。

④ 栾成显:《明代黄册研究》,中国社会科学出版社 2018 年,第 35—40 页。

有差役以凭点差。越自洪武十四年攒黄册至今成化八年重造,凡经九次,天顺六年以前不能备查,谨照成化八年黄册实在,详之其前代户口并田土税粮课程,旧志有载者今并存焉"①。据此杭州府的黄册编订是始于洪武十四年(1381)。《嘉靖海宁县志》亦载:"国朝定制,凡府县都里,每十年一造赋役黄册,分豁上中下三户三等人户。内不拣军、民、灶、匠等籍,但一百一十户定为一里。内十名为里长,一名为甲首;每里长一名,领甲首十名。其外又有一等下户,编做管带。又下为畸零,分派十里长下,排定十年里甲,一次轮当。"②张恒以明代山西汾州、应州赋役黄册实物为例,结合栾成显的研究,认为绝户在黄册中的主要登载特点是,该户无事产、新收和开除项,另在实在人丁项下标明本身故绝。③

在族谱中亦有洪武二十四年(1391)攒造黄册的记载。绍兴县民邵文龙,洪武二十四年以第十甲里长攒造黄册、鱼鳞册,因"灯花爆发、册内数孔进呈,磨对检出",问大不敬罪,免死被发辽东广宁左屯卫充军。④ 二十四年黄册攒造问题很多,朱元璋要求发回重造,所以又有二十六年(1393)的数据。

从户帖、小黄册并行,到洪武十四年全国大造黄册,人口登载始终是明政府各类赋役册的重要内容,由此形成了明初的人口数据,并且通过明代的地方志记载下来,成为讨论明代人口的重要资料。

何炳棣认为明太祖时期的人口统计无论是条令规则,还是实际效果,都比较接近现代的人口调查。⑤ 但是洪武二十四年以后,政府对人口问题的兴趣转向了赋税方面,法令规定以后编造黄册的重点

---

① 夏时正:《成化杭州府志》卷一七《户口》,四库全书存目丛书,齐鲁书社1996年。

② 董谷:《嘉靖海宁县志》卷二《徭役》,四库存目丛书,齐鲁书社1996年。

③ 张恒:《新见明代山西汾、应二州赋役黄册考释》,《文史》2020年第3辑。

④ 《绍兴江左邵氏续修家谱》卷四《东门支世系》,犹他族谱学会。

⑤ 何炳棣著,葛剑雄译:《明初以降人口及其相关问题》,生活·读书·新知三联书店2000年,第4页。

应该是十岁以上的男子,导致对口数、女子数,甚至对户数的统计漫不经心。此外还有地主豪绅庇护下的隐漏户、官员的营私舞弊等,都造成了明代洪武以后人口统计的失实。①

曹树基以明代福建、山西、京师等洪武时期地方志资料展开研究,认为洪武时期的福建地区在户数的登载方面相当准确,山西则体现出距离政治中心越近,数据越可靠的特点。② 他也认同何炳棣的观点,认为洪武二十四年(1391)第二次造黄册时登记重点的变化导致了户口统计数的下降。由于洪武二十四年户口数的下降引起了朝廷的不满,户部的官员从后湖黄册中取资料重新统计后上报,遂有洪武二十六年(1393)的户口数据。他认为这一数据并不是户口普查的结果,而是文牍运作的产物,并以从未在地方志系统中发现过洪武二十六年的户口数为佐证。③

栾成显在研究明代黄册及其相关人口问题,综述明代有关人口的研究基础上,对不同时期黄册人口数据提出系统观点。④ 首先,他认为就黄册的性质而言,"它既是有关明代赋役之法的基本制度,亦是有明一代实行的户籍制度"⑤,黄册制度也是户籍制度。其次,关于黄册登载人口是否包含妇女,他依据现存的黄册资料,指出明代黄册所载人口事项中均包含妇女,但不同时期有所差异,"明代中叶以后,黄册所载女口一般多不包括妇女小口在内"。这在明代方志中有关男女人口登载的巨大差异中可以得到印证。第三,黄册制度在明中叶后

---

① 何炳棣著,葛剑雄译:《明初以降人口及其相关问题》,生活·读书·新知三联书店 2000 年,第 12—19 页。

② 曹树基:《中国人口史》第四卷《明时期》,复旦大学出版社 2000 年,第 33 页。

③ 曹树基:《中国人口史》第四卷《明时期》,复旦大学出版社 2000 年,第 54 页。

④ 栾成显:《明代人口统计与黄册制度的几个问题》,《明史研究论丛》第七辑,紫禁城出版社 2007 年。

⑤ 栾成显:《明代黄册研究》,中国社会科学出版社 2018 年,第 297 页。

就弊病丛生,黄册上登记的人口与实际人口差异极大。①

关于明初人口统计差异以"不亏原额"解释,栾成显提出了不同意见,他认为这一规定是针对土地买卖而言,并非针对人口增减,并引用《后湖志》中"如人口有增,即为作数;其田地等项,买者从其增添,卖者准令过割,务不失原额"的记载,强调"不失原额"是特指田地等项。他强调,洪武十四年(1381)至洪武二十四年(1391)的人口统计数据减少有其原因,诸如赋役繁重造成里甲编户的逃亡,不能用"不亏原额"来解释。②

关于洪武十四年与洪武二十四年人口统计的差异,栾成显不同意何炳棣有关法令重点转移的说法。他认为从洪武十四年编订黄册以后朝廷的诏令和记载看,此次编订弊病甚多,认为此年编订的黄册为登记全部人口是标准册籍是很难成立的。而洪武二十四年编订黄册,从记载来看与洪武十四年一脉相承,具有连续性,难称重点转移。而且法令更加完善,制度更为详备。他进一步指出明代户口统计失实与黄册制度有极为密切的关系。户籍与赋役合二为一的制度结构,使百姓为逃避繁重的赋役负担,千方百计地隐瞒丁口,必然造成人口统计失实。③

对于《诸司职掌》的人口数字,栾成显认为明代的人口统计除了黄册之外,还有户部的岁计系统,是另一个人口统计系统。《明实录》的岁计户口总数的年份有 137 个,只有 20 个年份属于大造黄册之年,其他的年份数据应有其统计系统。④

通过学者的研究可见,由于其赋役制度特征,明代的黄册系统登载的人口数据,从一开始就难以保证真实性,依据黄册获得的人口数据并不能反映特定区域内的人口状况。明初的小黄册虽然也是以赋役征发为目的,尚以人口登载为重点,人口数据的真实性可

---

① 栾成显:《明代黄册研究》,中国社会科学出版社 2018 年,第 307 页。
② 栾成显:《明代黄册研究》,中国社会科学出版社 2018 年,第 317 页。
③ 栾成显:《明代黄册研究》,中国社会科学出版社 2018 年,第 331 页。
④ 栾成显:《明代黄册研究》,中国社会科学出版社 2018 年,第 326 页。

能会略好于洪武十四年（1381）以后的黄册系统。洪武十四年以前的人口数据或者好于此后的记载。

# 第二节　明代杭州人口数据

明代黄册的人口数据是通过各地编修地方志得以保存下来的，这与明代地方志的编修方式有一定关系。官府统一方志体例始于明代，永乐十年（1412）颁布了《修志凡例》16 则，其后六年颁布修订后的凡例，自此各府、州、县、卫编修方志大体以此为基础而有所调整。①

在修志书则例中，朝廷规定了人口数据的来源是黄册。王重民②、傅振伦③分别以《嘉靖寿昌县志》《正德莘县志》中保留的永乐年间颁布的修志体例为例，分析明代修志体例，其中户口一门中，《正德莘县志》载"户口：取前代所载本处户口之数，国朝洪武二十四年黄册所报至永乐十年见在书之"，除户口外，"若有所赋田亩税粮，以洪武二十四年及永乐十年黄册田赋贡额为准，仍载前代税额"。这说明永乐年间朝廷要求各地编修方志时，户口统计数据部分，是以洪武二十四年、永乐十年两个大造黄册年份形成的数据编写的，这也是在制度上明确官修地方志中的人口数据来源就是黄册。

但是正如学者指出，各地在执行修志则例的规定时有所损益，这在杭州明代方志的编修中即有体现。由于这一修志体例，杭州明代方志中的人口数据，主要是历次大造黄册之年的人口数据。

明代杭州曾经多次修志。洪武十一年（1378），徐一夔曾主持修撰府志，在序文中称该志"总其事为十三类，即类之内，又析为七十九条。六十卷。阅八月稿成"。但此书明中期即告亡佚，只有部分

---

①　巴兆祥：《方志学新论》，学林出版社 2004 年，第 102 页。

②　王重民：《中国善本书提要补编》，书目文献出版社 1991 年，第 97—98 页。

③　傅振伦：《中国史志论丛》，浙江人民出版社 1986 年，第 146 页。

记载为《永乐大典》征引而得以保留,总计约万字。① 洪武以后,永乐、正统、景泰曾三度修志,但是三志皆不传。② 今存明代杭州府志为成化十年(1474)夏时正、万历七年(1579)陈善主持修撰。杭州府明代人口的数据主要来自这两种方志,以及各个县志。

《成化杭州府志》在明代杭州各志中尤以记录人户数据详细引人瞩目,除总数外,开列军、民、匠、灶户口数字(表6-1)。在志前凡例中,其言"自永乐十六年以后至今,五十余年间,事更时远,简牍无稽,故老凋残,承传弥鲜,虽或荐闻十仅得其一二",说明本次修志是在永乐志基础上进行的;征引书目中列有杭州府旧志、杭州府续志、九县续志,③在户口条中,除述及明代十年大造黄册等制度外,并称"天顺六年以前不能备查,谨照成化八年黄册实在详之"④,也就是说成化八年(1472)的人口数字是依据黄册的实在数记录。所谓"不能备查",应是指不能依据户籍分类分列各年的军、民、匠、灶的户数、口数。

表6-1 《成化杭州府志》所载各时期杭州府户口数

| 年份 | 户数 | 口数 |
| --- | --- | --- |
| 洪武九年(1376) | 军、民、匠、灶籍户 193485 | 720567 |
| 洪武二十四年(1391) | 军、民、匠、灶籍户 216165 | 770792 |
| 永乐十年(1412) | 军、民、匠、灶籍户 204390 | 684940 |
| 永乐二十年(1422) | 军、民、匠、灶籍户 205944 | 659833 |
| 宣德七年(1432) | 军、民、匠、灶籍户 199437 | 652753 |
| 正统七年(1442) | 军、民、匠、灶籍户 200327 | 651637 |
| 景泰三年(1452) | 军、民、匠、灶籍户 199027 | 698994 |

① 黄燕生:《徐一夔和〈洪武杭州府志〉》,《中国历史博物馆馆刊》1991年。

② 洪焕春:《浙江方志考》,浙江人民出版社1984年,第51页。

③ 夏时正:《成化杭州府志》卷首,四库全书存目丛书,齐鲁书社1996年。

④ 夏时正:《成化杭州府志》卷一七《户口总数》,四库全书存目丛书,齐鲁书社1996年。

**续 表**

| 年份 | 户数 | 口数 |
|------|------|------|
| 天顺六年(1462) | 军、民、匠、灶籍户 193212 | 674786 |
| 成化八年(1472) | 民户 169487 | 558213 |
| | 军户 9899 | 38040 |
| | 匠户 9360 | 43582 |
| | 灶户 4150 | 18235 |
| | 总计 192851 | 658070 |

资料来源:《成化杭州府志》。

值得注意的是,《成化杭州府志》所载洪武时期的户口数据,分别是洪武九年(1376)、洪武二十四年(1391)两个年份的户口数,而不是洪武十四年(1381)、洪武二十四年。杭属各县也有各自辖区户口数据,与各县志记载一致,如海宁县"国朝洪武九年钞籍,户六万三千四百四十六,口二十四万六千五百九十三"①,仁和县"户六万一千八百六,口二十二万三千四百六十九"②,同样的记文亦见于《嘉靖仁和县志》,③皆系直接抄录府志。洪武九年的数字,应是自各县汇总到府。《万历杭州府志》载有洪武元年(1368)户口数,应是洪武九年的,明显是在传抄中发生的错误。

洪武九年,明朝廷尚未颁布大造黄册的政令,而成化志中除当年的户口数外,还载有此年的田土数。梁方仲以《洪武永州府志》为例,说明洪武九年湖广布政司的永州府曾经进行过户籍编制,④但是并未明确是否即是小黄册制度。洪武九年的数据是一个包含户口、

① 董谷:《嘉靖海宁县志》卷二《户口》,四库存目丛书,齐鲁书社 1996 年。
② 沈朝宣:《嘉靖仁和县志》卷三《户口》,中国方志丛书,成文出版社 1975 年。
③ 沈朝宣:《嘉靖仁和县志》卷三《户口》,中国方志丛书,成文出版社 1975 年。
④ 梁方仲:《明代黄册考》,《梁方仲文集·明代赋役制度》,中华书局 2008 年,第 408 页。

土地两类数据,类似攒造黄册的登记过程形成的。如前所述,洪武十四年(1381)之前浙江地区曾经执行过"小黄册"制度,洪武九年(1376)的数据可能是小黄册制度下形成的。杭州地区明代的最初人口数据应是来源于小黄册编订后的数据。

成化志载杭州所属田土自洪武"三年官为收科",钱塘县西湖周边土地"洪武三年定湖荡正粮,每亩二斗七合为则,其抄没官田多至六斗,以土有之。十四年加办翎毛,是年始造黄册,各收入户。十九年又复丈量编号,小民男女万人,养生送死身衣口食公私所需无不仰给于此"①。依照小黄册编订时订立的田土税则来考察,洪武三年(1370)的土地、户籍登记形成了杭州府最初的人口、土地数据。

除杭州外,保留有此年数据的方志不在少数。如苏州,洪武四年(1371)统计所属各县人口,六县合计"四十七万三千八百六十二户,一百九十四万七千八百七十一口,至洪武九年合计七县,五十万六千五百四十三户,二百一十六万四百一十三口"②。昆山县为"户九万九千七百九十,口三十九万三百六十"③。如北方的通州"户一万六千七百一十四,口六万九千六百四十九"④,江西的萍乡县"民户一万九百九拾六,计丁口五万六千九拾二;军户三千六百一十九,计丁口一万九千七百八拾七;匠户一百一十,计丁口三千五百五十二"⑤。《万历重修常州府志》载常州于洪武十年(1377)取勘实在户十四万多,口数六十二万多⑥,《弘治徽州府志》载洪武九年"本府再取勘得军匠民医儒僧尼道士等户,内医儒僧尼道士与民一体差后,

①　聂心汤:《万历钱塘县志》纪文,中国方志丛书,成文出版社1975年。
②　卢熊:《洪武苏州府志》卷一〇《户口》,中国方志丛书,成文出版社1983年。
③　杨逢春:《嘉靖昆山县志》卷一《户口》,天一阁藏明代方志选刊,上海古籍书店1981年。
④　林云程:《万历通州志》卷四《户口》,四库全书存目丛书,齐鲁书社1996年。
⑤　锡荣:《同治萍乡县志》卷三《户口》,中国方志丛书,成文出版社1975年。
⑥　唐鹤征:《万历重修常州府志》卷四《户口》,南京图书馆藏稀见方志丛刊,国家图书馆出版社2012年。

故总类于民户,共计一十万五千六百七十四,口共四十五万四千二百九,并军匠通计户一十二万七百六十二,口五十四万九千四百八十五"[1]。但是浙江所属各地,除了杭州所属各县外,皆没有洪武九年(1376)的户口登记资料。温州府明代最早的户口登载为洪武二十四年(1391)[2];嘉兴府记载为洪武年间,未详具体年份,[3]但据所属海盐县登载应是洪武二十四年[4];宁波府[5]、绍兴府[6]、台州府[7]都是以洪武二十四年为户口登载起始年份。

据此,笔者以为,洪武九年的杭州人口数据依靠的是来自洪武三年开始的小黄册制度。当年改浙江行中书省为"浙江等处承宣布政使司",这一名称的改变没有更动原有辖境。[8] 可能在此年,伴随布政司的建立,对户口等帐籍进行了整理。洪武八年(1375)发生了牵连甚广的"空印案"[9],受此案牵连被杀、被充军的官员数以千计,是否亦受此影响,有待进一步研究。

对于洪武时期杭州府的人口数据,学者进行分析后有不同观点。梁方仲认为,洪武四年(1371)的人口数据是相对准确的,在杭州的地方志中缺乏洪武四年的人口统计数据,但是可以推测,洪武九年的数据与洪武四年的统计有相当的关联性。侯鹏认为,洪武九

① 彭泽:《弘治徽州府志》卷二《户口》,天一阁藏明代方志选刊,上海古籍书店1981年。

② 唐日昭:《万历温州府志》卷五《户口》,四库全书存目丛书,齐鲁书社1996年。

③ 柳琰:《弘治嘉兴府志》卷二《户口》,四库全书存目丛书,齐鲁书社1996年。

④ 胡震亨:《天启海盐图经》卷五《户口》,中国方志丛书,成文出版社1983年。

⑤ 张时彻:《嘉靖宁波府志》卷一一《户口》,中国方志丛书,成文出版社1983年。

⑥ 许东望:《嘉靖山阴县志》卷,日本藏中国罕见地方志丛刊续编,北京图书馆出版社2003年。

⑦ 陈相:《弘治赤城新志》卷五《版籍》,四库全书存目丛书,齐鲁书社1996年。

⑧ 陈剩勇:《浙江通史·明代卷》,浙江人民出版社2005年,第20页。

⑨ 孙达人:《关于"空印案"时间》,《陕西师范大学学报》1980年第2期。

年登记在册的杭州府各属县的土地、人口数据是抄报的结果,土地经过丈量后呈报是在洪武十九年(1386)。理由是比照洪武九年(1376)与洪武二十四年(1391)的土地数据,两者差异极大,显然不是从同一种方法中获得,洪武二十四年的数字是在两浙土地丈量完成,里甲制度完善后形成的。①

曹树基判定明代杭州人口数据的材料是《康熙杭州府志》,他认为:"洪武元年户数为193485,口数为720567;洪武二十四年户数为216165,口数为700792。洪武以后,户口数开始持续地下降了。令人奇怪的是从洪武元年至洪武二十四年,户数的年平均增长率为4.8‰,口数却反而减少了。从户均口数看,洪武元年尚有3.7口,至洪武二十四年只剩下3.2口了。……我以为无论是洪武元年还是洪武二十四年,口数都被低估了,而二十四年的口数被低估得更为严重一些。……将洪武二十四年的户均口数定为5,则这一年杭州府的人口总数应为1080825。"②

对此笔者以为尚可再略做讨论。前文已述,康熙志所载洪武元年(1368)数据实为传抄错误,应是洪武九年数据。其次,洪武二十四年口数,据成化志应为770792口,康熙志700792口应是传抄错误。因此从洪武九年至洪武二十四年,无论是户数还是口数都是在增长的。再次,自洪武九年至天顺六年(1462),由于是军、民、匠、灶四种户籍合并记载,军、匠、灶依明制不得分户,不能反映一般民户的户均口数。成化八年(1472)数据中分不同户籍,民户为169487户,558213口,则户均是3.2口,军户户均3.8口,匠户户均4.7口,灶户户均4.4口。尽管黄册制度由于其内在矛盾,从一开始就未必能准确反映户口实态,至成化时弊病可能更为严重,户均口数或低于正常水平,但不同户籍的口数差异应当予以考虑,以户数乘以户

①　侯鹏:《明清浙江赋役里甲制度研究》,华东师范大学博士论文2011年,第59页。

②　曹树基:《中国人口史》第四卷《明时期》,复旦大学出版社2000年,第137页。

均五口人的估算,似需要更为充分的资料支持。

《万历杭州府志》是在钱塘人陈善的主持下进行的。陈善修志颇为严谨,"笔削甚严,句字皆出提衡",府志阅岁而成,而陈善亦因此精力大损。[1] 在户口部分,陈善则称"今以籍计之,户多加于昔而口半耗于旧"[2]。除征引前志资料外,采用较多的是《赋役全书》的内容,[3]这应主要指征役部分的记载,陈善在征役志中明确"凡所列者,一以近日酌定《赋役全书》为据"[4]。

表6-2 《万历杭州府志》所载各时期杭州户口数

| 年份 | 户数 | 口数 |
|---|---|---|
| 洪武元年(应为九年,1376) | 193485 | 720567 |
| 洪武二十四年(1391) | 216165 | 770792 |
| 永乐十年(1412) | 204390 | 684940 |
| 永乐二十年(1422) | 209540 | 659883 |
| 宣德七年(1432) | 199437 | 652753 |
| 正统七年(1442) | 200327 | 651637 |
| 景泰三年(1452) | 199027 | 698994 |
| 成化八年(1472) | 194781 | 698642 |
| 成化十八年(1482) | 199348 | 629794 |
| 弘治五年(1492) | 200441 | 637139 |
| 弘治十五年(1502) | 200558 | 547427 |
| 正德七年(1512) | 204985 | 535456 |

①  陆树声:《陆文定公集》卷六《云南布政司左布政使敬亭陈公墓志铭》,明别集丛刊第二辑第88册,黄山书社2016年。

②  陈善:《万历杭州府志》卷二八《户口》,中国方志丛书,成文出版社1983年。

③  张英聘:《试述万历《杭州府志》的编修特点》,《中国地方志》2008年第7期。

④  陈善:《万历杭州府志》卷三〇《户口》,中国方志丛书,成文出版社1983年。

| 年份 | 户数 | 口数 |
| --- | --- | --- |
| 嘉靖元年(1522) | 218818 | 396473 |
| 嘉靖十一年(1532) | 222584 | 377575 |
| 嘉靖二十一年(1542) | 223312 | 488215 |
| 嘉靖三十一年(1552) | 223449 | 520521 |
| 嘉靖四十一年(1562) | 225970 | 502215 |
| 隆庆六年(1572) | 226492 | 508001 |

从表 6-2 可以看出从弘治十五年(1502)开始黄册记录的人口数据快速降低,至嘉靖元年(1522)、十一年(1532)的数据甚至已经降至洪武时期的一半左右,户均口数低至 1.8 口,黄册登载人口完全失实。在万历志所载分县户口中,仁和县永乐二十年(1422)无考,钱塘县则洪武二十四年(1391)、永乐十年(1412)、永乐二十年俱无,富阳、余杭、新城永乐二十年无考。《康熙杭州府志》记录了明代杭州府万历四十年(1612)的户口总数,为"二十八万三百二十二丁口五分"[1],显然这不是户口数额,而是来自《赋役全书》的丁粮数据。

《嘉靖仁和县志》在户口条目中所载户口数据是依嘉靖二十一年(1542)黄册实在数,但是此年所载的户数是 72507,口数是 71527,户数甚至多于口数。《万历新城县志》分别记洪武九年(1376)、永乐初、成化八年(1472),其于弘治、正德则称"无增耗",嘉靖二十一年户 3527,口 10870,至万历元年(1573)实在户 3537,口 10870。[2] 一县之中弘治五年(1492)至正德七年(1512),二十年中户口毫无增减,新城县黄册的户口登载功能应是已经丧失。《康熙仁和县志》记载万历四十年、崇祯四年(1631)乡市人丁八万七百口,也显然不是户口登记数字。

---

① 马如龙:《康熙杭州府志》卷七《户口》,国家图书馆藏。
② 温朝祚:《万历新城县志》卷一《户口》,浙江图书馆藏。

　　黄册人口数据失实根源于杭州地区重赋带来的人口逃亡和赋役制度的改变,掌握户口实际不再是赋役征发的重点。据《嘉靖浙江通志》,杭州府共有官、民田地山荡 31928 顷,其中官田 2774 顷,占全部土地的 8.7％。官田田租远高于民田,海宁县官田田租 7 斗,民田为 1 斗。① 官田重赋,遂造成人口逃亡。为此自宣德年间起,杭州府的官田即有官租调整,"宣德七年为始,但系官田塘地税粮不分古额近额,悉依宣德五年二月二十日敕谕恩例减免,本府共减官粮四万三千二百六十一石"②,隆庆元年(1567)杭州府海宁县知县许天赠实行丈土均粮,隆庆以后,杭嘉湖又出现了均一田、地、荡的税则改制。③ 而各种徭役的负担也导致应役者动辄破家以偿,"入正德、嘉靖来,费冗事烦,时时议增额,则既十倍往昔矣。乃又岁简里长之殷饶者主征解,名丁田收头。身终岁为公家,有不得一问生产,本业颇诎。而间遇急需,即数十百金,期咄诺办,办稍后辄被挞,盖一岁之间体有完肤者不数旬焉"④。

　　官租调整的原因,就是大量人口脱离版籍,或是逃亡外乡,或是成为大户的影庇人口,造成基于黄册的徭役等征派不能落实,寻求更为有效的赋役征发体制就是必然。侯鹏则指出,正统年间周忱的赋税改革之所以成功,在于他一度自觉地在行政官僚体系之外将粮长及各类揽代者的私征行为合理地组织了起来,利用他们与市场的关系以完成征收,这反过来又在原有市场体系内部制造出更大量而集中的交换,整个赋役征收的性质和组织模式也由此发生了变化。⑤

---

　　① 许传霖:《民国海宁州志稿》卷九《田赋》,中国地方志集成,上海书店出版社 2011 年。

　　② 夏时正:《成化杭州府志》卷一九《风俗》,四库全书存目丛书,齐鲁书社 1996 年。

　　③ 蒋兆成:《论明代杭嘉湖的官田》,《杭州大学学报》1992 年第 1 期。

　　④ 陈善:《万历杭州府志》卷三一《征役》,中国方志丛书,成文出版社 1983 年。

　　⑤ 侯鹏:《官民之间:再论周忱改革对江南赋役征收组织的改造及影响》,《中山大学学报》2019 年第 4 期。

　　申斌指出,嘉靖年间由各地巡抚、巡按、布政使等省级大员主持编纂涵盖全省范围的财政册籍,如均平录、赋役总会文册等,逐渐成为这一时期省内财政管理的一个普遍措施。① 大约成化、弘治之交,针对全省的赋役征收核算体系出现了。弘治十年(1497),吴一贯主持的浙江的上供物料分派方案是目前能见到较早的省级核算方案。② 在吴一贯的主持下,杭州府"丁出银五钱或四钱产田、地、荡以十亩,山以三十亩准一丁,颇为均平"③,这一变化是将黄册中的人口、土地都折算为缴纳丁银的单位。万历六年(1578),杭州府被纳入均平银缴纳的三办银两为36270两,涉及三办事项47项。④

　　侯鹏研究认为,由于明中期里甲制度失去原有的功能,导致地方以人户和土地为税收依据的赋税征收出现问题,浙江各地开始通过调整税收制度、进行土地丈量等方式,将土地的征收依据逐步转移到土地上。他指出,浙江地区嘉隆年间的土地丈量在核田清税的基础上确立了以里为图的经界原则,通过以田系人的丈量册与以人系田的归户册相互参核,来监督田土在里甲间的日常推收,这一基本原则的确立,意味着以田土为对象的编役标准最终改变了明初里甲制的形态。⑤ 栾成显以万历九年(1581)休宁县归户册与黄册的比较指出,一些拥有庞大田产的大户,在名下子户已经成为独立的经济个体的情况下,仍旧在黄册中作为一户登记,如民户朱洪名下有人丁25口,在一户之前将应缴税粮分摊于子户。⑥ 在杭州范围内这

---

　　① 申斌:《明代中叶赋役经制册籍纂修的扩展机——财政管理技术传播之一例》,《史林》2021年第1期。

　　② 申斌:《明代地方官府赋役核算体系的早期发展》,《中国经济史研究》2020年第1期。

　　③ 陈善:《万历杭州府志》卷六《国朝郡事纪中》,中国方志丛书,成文出版社1983年。

　　④ 万明:《明代浙江均平法考》,《中国史研究》2013年第2期。

　　⑤ 侯鹏:《明清浙江赋役里甲制度研究》,华东师范大学博士论文2011年,第173页。

　　⑥ 栾成显:《明代黄册研究》,中国社会科学出版社2018年,第169页。

种情况也应存在。

上述由于赋役沉重导致的人口数据不能充分统计,使黄册登载人口在宣德以后即弊病丛生,不能反映辖区内人口的真实状况,以黄册为依据的杭州地方志所记载的人口数据也自然不能作为观察明代杭州地区人口的准确资料。因此,明代地方志记载的杭州地区人口数字,洪武时期相对准确,而其后的数据,特别是嘉靖以后的数据不应作为人口统计的资料使用。

# 第三节　明代杭州人口状况

明代地方志的数据性质,使其不能准确反映杭州地区人口变化总体趋势,但我们仍旧可以通过传世的资料,对明代杭州人口的一些现象进行分析,主要涉及明代特有的军、民、匠、灶分籍制度下的杭州地区的特定人口,及其不同状况。

不管是哪种户籍,在里甲编订中都是纳入当地的里甲制度中,充当应役和纳税人户。虽然也会出现某个都、里相对集中的户类,比如在某里集中出现军户,或者在某里集中出现灶户,但是都不代表会出现依据户类编订里甲的情况,这在目前所见的各类传世赋役黄册实物中已经得到证实。

## 一、军户

明代除了编订包含各种户籍的黄册外,另外还编造有专职役户册籍,以便加强对这类役户的控制和役使。军户是除了民户之外数量最多、最主要的人户。洪武时就编造有军黄册籍。① 除了军黄之外,还有兜底、类卫、类姓。就户籍和田土管理而言,明代存在着行

---

①　栾成显:《明代黄册研究》,人民出版社 2018 年,第 39—40 页。

政和军事两个独立的系统。① 行政区划存在军政、民政并立的状况。②

　　明代的杭州府就存在两个类别的军户。其一,是属杭州行政系统管辖的军户,他们和地方其他户类编入地方里甲系统,承担里甲正役,同时具有军户身份,承担为特定卫所的亲属供应包括人丁在内的各种需求。其二,是军政系统,即在杭州地域内设置的卫所中服役的军人及其家属。他们不但是承担守卫职能的军人,也是在卫所屯垦的生产者,其屯地散布于杭州府属的各县,成为有一定生活区域,有特定管理系统,区别于民政系统的人口。

　　军户是明代较为特殊的群体,出军之家(无论是从征、垛集、收附、犯罪判永远充军者)即为军户。他们是州县管辖下的户籍,即各地方志中所开列的军、民、匠、灶等户类之一。他们是为卫所军士提供补贴的军户。③ 一旦卫所军士有缺,则从州县军户中补入。而卫籍是明代卫所制度下形成的一种特殊户籍,是指以卫所所在地为籍,以与其祖籍相区别。军户不准分户,因此每户中人口远超民户。宋坤列出上海图书馆《乐府诗集》纸背后所载明代山东东平府茌平县三乡第一图军户人口数据,军户一百一十二户,口数为二千一百一十一口,其中分别有一户 33 口、一户 35 口。④ 弘治五年(1492)浙江台州临海县二十九都二图赋役黄册,其内军户某户下有男子 18 口,妇女 13 口,合计 31 口。⑤

　　于志嘉则主张以“原籍军户”“卫所军户”“附籍军户”分别指称

---

　　① 陈春声:《明代前期潮州海防及其历史影响》上,《中山大学学报》2007年第 2 期。

　　② 李新峰:《明代卫所政区研究》,北京大学出版社 2016 年,第 31 页。

　　③ 顾诚:《谈明代的卫籍》,《北京师范大学学报》1989 年第 5 期。

　　④ 孙继民等:《新发现古籍纸背黄册文献复原与研究》,中国社会科学出版社 2021 年,第 108—119 页。

　　⑤ 孙继民等:《新发现古籍纸背黄册文献复原与研究》,中国社会科学出版社 2021 年,第 126 页。

隶属不同管理系统的军户成员。称"原籍军户"而不用学界一般常用的"郡县军户"或"州县军户",乃是因为在固有认知之外,另有一批原属卫所军户因在卫所附近州县购置田产,因而附籍于卫所附近州县的军户人丁;还有一些正军因故调卫,其卫籍已迁至新调卫份,但留下余丁在原卫所看守坟地田产,这些人也以附籍方式归原卫所附近州县管辖。为与居住原籍州县之军户加以区别,遂以"原籍军户""附籍军户"分别称之。① 但这种分类,实际也是依据军户是属民政还是军政系统,与州县军户、卫所军户的分类相似。

明代军户不得分户,其户下人丁除正军以外,所有人丁俱称作余丁;他们不论是留居原籍、同居卫所或寄籍州县,都有"帮贴、听继"军役之责。② 明代军户军籍的来源有两个,一是元代本为军户,明代继续编为军户,充军服役。元末天下大乱,曾为军人,虽然解甲归田,也征发为军。二是现役的军人,无论是从征、归附、谪发、籍选、投充以及平民非法被抑为军已食粮三年者,其户皆编为军籍。③笔者据此将本节所述的杭州地区军户,简单分为"原籍军户"和"卫所军户",前者指编入地方黄册、承担在卫军士需求的军户,后者指在杭州所属诸卫所服役的军户。

宋坤自上海图书馆藏明正统十四年(1449)周恂如刻本《劝忍百箴考注》纸背后发现明嘉靖三十年(1551)十二月杭州府仁和县的勾军文册,主要涉及核查后的挨无名册和户绝名册两类,对两种类型分别举例,④依照格式移录于下:

### 5.嘉靖贰拾伍年分

---

① 于志嘉:《论明代的附籍军户与军户分户》,《顾诚先生纪念暨明清史研究文集》,中州古籍出版社 2005 年。

② 于志嘉:《帮丁听继:明代军户中余丁角色的分化》,《史语所集刊》第 84 本第 3 分,2013 年。

③ 陈文石:《明代卫所的军》,《史语所集刊》第 48 本第 2 分,1977 年。

④ 宋坤:《新见明代勾军文册初探》,《军事历史研究》2013 年第 3 期。

6. 挨无名册

7. 兵部顺差浙江绍兴府上虞县知县汪烨赍单

8. 直隶天津右卫

9. 一名童真儿,第贰桥社人,于洪武肆年蒙靖海候充山东青州右卫,永乐伍年贰月改调天

10. 津右卫后所百户杨廉总旗赵宽小旗缺下军,逃;户丁童辉、童

11. 升、童有补役,逃;户丁童果、童月补役,逃;户丁童先儿补役,嘉

12. 靖贰拾叁年柒月内逃。

13. 前件行据本县义和等坊隅壹等都图里老陈江、黄袍等勘得本军自发单

14. 到县,吊查洪武以来军黄贰册,逐一挨查,并无姓名来历,已经结勘伍

15. 次回答外,嘉靖叁拾年柒月内类册送蒙

16. 浙江按察司副使陈会审册开通挨,

17. 浙江布政司右布政使汪会审册开详勘通挨,另报

18. 钦差巡按浙江监察御史霍会审册开,仰照例通挨造报。随于本年拾贰月内蒙本县县丞黄尚宾

19. 覆勘挨无,具结造册登答外,节蒙本县清军县丞黄尚宾、刘

20. 淮、顾于道、钱隆清审挨无,理合回答。


本件文书据学者解读,系天津右卫童真儿的勾补情况,其结果为"童真儿的原籍仁和县的户口册中找不到童真儿的户籍信息"。[①]


1. 嘉靖贰拾捌年分

① 宋坤:《新见明代勾军文册初探》,《军事历史研究》2013 年第 3 期。

2. 丁尽户绝

3. 兵部顺差浙江宁波府慈溪县知县龚恺费单

4. 直隶通州左卫

5. 一名沈肆,系浙江杭州府仁和县东里坊人,洪武贰拾伍年为事问发河南开封府祥符

6. 县金梁站运盐,永乐陆年充通州左卫左所百户连福总旗戴良

7. 小甲周福下军,故;户丁沈元补役,宣德伍年肆月逃。在营并无

8. 次丁,合行勾补。

9. 前件行据本县东里坊肆图里老张纪等勘得,本军先于洪

10. 武贰拾伍年为不应事充通州左卫军,原籍户下并无丁

11. 产户籍,永乐拾年除豁,已经结申贰次回答外,先奉嘉

12. 靖贰拾捌年单勾,节蒙府县清审丁尽户绝,嘉靖叁

13. 拾年柒月内类册送蒙

14. 浙江按察司副使陈会审册开审户绝,

15. 浙江布政司右布政使汪会审册开户绝无丁审同,

16. 钦差巡按浙江监察御史霍会审册开丁尽户绝。本年拾贰月内蒙本县黄县丞清审,本

17. 里已将本军户绝缘由,具结造册登答外,未及次数存单

18. 未缴,节蒙本县清军县丞黄尚宾、刘淮、顾于道、钱隆清

19. 审丁尽户绝,理合回报。(后略)

本件文书系本户户绝,其勾补结果经查证为"丁尽户绝",即在沈肆原籍仁和县的户籍文册中,沈肆户下已经没有人丁可以勾补。[1]

从上述两件文书提供的信息可以看出,原籍军户的勾取依据了本地的军黄册,由所属里甲的里老逐级查核上报。文书涉及的清军

---

[1]　宋坤:《新见明代勾军文册初探》,《军事历史研究》2013年第3期。

官员,仁和县有清军道,①担任清军的仁和县县丞,刘淮无考;黄尚宾,桂平人,嘉靖三十一年(1552)任;顾于道,凤阳人,嘉靖三十七年(1558)任;钱隆清,疑即钱隆,武昌人,嘉靖四十年(1561)任。② 即该勾军所依据的军、黄二册审定的下限时间应是在嘉靖四十年。

嘉靖仁和县的勾军文册中,宋坤共整理出涉及腾骧右卫、通州左卫、永清右卫、宣武卫、神武中卫、武骧右卫、义勇右卫、隆庆右卫、保安卫、天津右卫、天津左卫等六十多个军卫,"以彭城卫和腾骧右卫两卫逃故军士数量最多"③。彭城卫、腾骧右卫皆系在京卫所,在北京服役。

从上述两件文书可见,童氏、沈氏两家被充为天津右卫、通州左卫军户,分别是投充和因罪充军,这在其他明代文献中亦不乏其例。

《武职选簿》记录明代卫所世袭武官中,即有原籍为杭州所属。

汪全,旧名官音保,钱塘人,父汪成,吴元年(1367)从军,洪武二十二年(1389)全代役,三十三年(1400)济南升小旗,三十四年(1401)西水寨升总旗,三十五年(1402)渡江钦除南阳卫左所百户,永乐二年(1404)汪海世袭。汪海天顺五年(1461)四牌楼杀贼获功,升燕山前卫副千户。④ 燕山前卫在今北京。

赵忠,钱塘人,祖父赵胜,戊戌年从军,洪武十一年(1378)充小旗,以赵荣代役,三十三年济南伤故,赵进补役,升总旗,三十五年金川门升遵化卫前所百户,无儿,忠系亲侄,宣德十年(1435)为义勇右卫前所带俸百户。⑤ 遵化卫在今河北遵化县。

童辅,临安人,其高祖乙亥年(1395)归附充军,其祖童旺于景泰

①　沈朝宣:《嘉靖仁和县志》卷三《寓治》,中国方志丛书,成文出版社1975年。

②　沈朝宣:《康熙仁和县志》卷四《职官》,中国方志丛书,成文出版社1975年。

③　宋坤:《新见明代勾军文册初探》,《军事历史研究》2013年第3期。

④　《武职选簿·燕山前卫》,中国明朝档案总汇第52册,广西师范大学出版社2001年,第320页。

⑤　《武职选簿·武骧右卫》,中国明朝档案总汇第53册,广西师范大学出版社2001年,第44页。

元年(1450)新庄铺一战中斩首一级升试百户,其孙童添绶于嘉靖时袭职承天卫后所试百户。① 承天卫在今湖北钟祥。

仁和县人徐三乙亥年(1395)随其义祖许兴以许小孙为名从军,洪武三十四年(1401)徐三在夹河阵亡,将其兄徐亮户名不动补役,并升为总旗,洪武三十五年(1402)渡江后,徐亮升百户,遂复姓徐,宣德三年(1428)为兴武卫左所镇抚。② 兴武卫在今江苏上元县。

周忠,钱塘人,有祖周成,丁酉年(1357)归附从军,甲辰年(1364)拨安吉千户所,洪武十六年(1383)并枪充小旗,三十年(1397)并枪充总旗,永乐十五年(1417)周全代役,二十二年(1424)充长陵卫后所,景泰元年(1450)大同北门外雷公山石佛寺杀败达贼升长陵卫后所百户。天顺元年(1457)钦与流官职事。③

周泽,钱塘县人,高祖周成洪武五年(1372)归附,因伤残疾。后曾祖周恭故,次伯祖周礼补役,故,长伯周义补,正统六年(1441)麓川奇功,升小旗,残疾,祖周智代,天顺二年(1458)东苗摆金寨,节次头功,八年(1464)升总旗,成化二年(1466)节征茅坪阵亡,父周聪,系嫡长男,升沅州卫左所试百户,成化二十三年(1487)遇例实授,周泽系嫡长男替。④ 沅州卫在今湖南芷江县。

杨惇,海宁县人。父文荣,洪武十九年(1386)为事发云南右卫左所充军,永乐十四年(1416)故。杨惇补役,正统六年征麓川攻破上江刀招汉、杉木笼、思任发巢穴获头功三次,七年(1442)升试百

---

① 《武职选簿·承天卫》,中国明朝档案总汇第64册,广西师范大学出版社2001年,第275页。

② 《武职选簿·兴武卫》,中国明朝档案总汇第65册,广西师范大学出版社2001年,第204页。

③ 《武职选簿·长陵卫》,中国明朝档案总汇第53册,广西师范大学出版社2001年,第263页。

④ 《武职选簿·沅州卫》,中国明朝档案总汇第63册,广西师范大学出版社2001年,第297页。

户，八年(1443)调本卫后所，天顺元年遇例实授。① 云南右卫在今云南昆明。

刘江，仁和县人，系锦衣卫中所班剑司年老实授百户刘镇嫡长男，其祖玉以舍人成化十六年(1480)威宁海子斩获达贼一颗，升冠带小旗，十七年(1481)黑石当先，升冠带总旗，十八年(1482)马耳山当先被伤，越升实授百户。②

仁和人潘锜以军人纳米授所镇抚，于正统六年(1441)麓川剿杀蛮贼头功三次，并升正千户。景泰元年(1450)香炉山杀贼功升署指挥佥事，沿袭至其父潘昶，赴部承袭，革去纳米职级，扣有军功四级，与袭实授百户。③

钱塘县人周凤，其祖上原为汀州卫前所世袭百户，其父周钦因事被革为民，其叔周锐残疾不能任职，周凤遂袭职。④

倪纶，仁和县人，锦衣卫同知倪旻嫡长男，父原系小旗，正德十六年(1521)随驾来京，升副千户。⑤ 李泰，仁和县人，系锦衣卫中所斧钺司故实授百户李春亲弟，后袭职为锦衣卫百户。⑥

值得注意的是穆彦政，钱塘人，南京锦衣卫中后所百户，其祖父名易卜剌银，洪武二十五年(1392)选充天文生，永乐四年(1406)升本监刻漏博士，永乐八年(1410)升五官监候，十年(1412)升所镇抚，

①　《明代卫所选簿校注云南卷》，广西师范大学出版社 2020 年，第 293 页。

②　《武职选簿·锦衣卫》，中国明朝档案总汇第 49 册，广西师范大学出版社 2001 年，第 264 页。

③　《明代卫所选簿校注云南卷》，广西师范大学出版社 2020 年，第 205 页。

④　《武职选簿·汀州卫》，中国明朝档案总汇第 65 册，广西师范大学出版社 2001 年，第 47 页。

⑤　《武职选簿·锦衣卫》，中国明朝档案总汇第 49 册，广西师范大学出版社 2001 年，第 369 页。

⑥　《武职选簿·锦衣卫》，中国明朝档案总汇第 49 册，广西师范大学出版社 2001 年，第 257 页。

十四年(1416)升副千户。<sup>①</sup> 据其祖父名字,及选充天文生,可以推知其出身于回回家庭。

从卫所世袭军职能看出,杭州本籍军户服役的地点南北皆有,北至今天的北京,西南则到云南地区,一旦服役军士老疾亡故,则要到杭州籍勾取丁男应役。军户不得分户,所以勾取范围不限于父子,而是自本户成为军户以来繁衍的同族。这些在卫的杭州人,也像在杭州服役的军户一样,逐渐成为定居于卫所本地的军户,即从杭州迁居到特定卫所的移民。

弘治十八年(1505)进士柴义,"其先浙之仁和人,隶腾骧右卫籍,遂家于京师,曾祖秀春,祖清,父润以军功授锦衣卫百户,封通政使司右参议"<sup>②</sup>。腾骧右卫系亲军卫之一,洪武年间置。又正德三年(1508)进士武鉴,为武骧右卫军籍。<sup>③</sup> 成化十四年(1478)进士吴雄,其家族本为杭州仁和大族,永乐时吴雄祖父吴清隶属羽林左卫,其家遂离开杭州,居住于北京地区。<sup>④</sup> 成化二十三年(1487)进士俞琳,隶属忠义卫,后官至工部尚书加太子少保,才得以脱离卫籍。<sup>⑤</sup> 孙继鲁家族则是另一情况,其高祖孙维贤为太学生时以言事之罪,被充军云南左卫,其家于是迁于此地。<sup>⑥</sup>

海宁许氏家族,许国器明初任海宁同知,许国器曾孙许川宣德年间遭乡人钱胥广诬告称其家户下许福二为兴州军,由许福二本户

① 《武职选簿·南京锦衣卫》,中国明朝档案总汇第 73 册,广西师范大学出版社 2001 年,第 144 页。

② 杨一清:《通议大夫通政使司通政使宜石柴公义墓志铭》,焦竑《国朝献征录》卷八,四库全书存目丛书,齐鲁书社 1997 年。

③ 《正德三年进士登科录》。

④ 陆简:《龙皋文稿》卷一七《吴处士墓志铭》,四库全书存目丛书,齐鲁书社 1997 年。

⑤ 谢迁:《俞公琳墓志》,焦竑《国朝献征录》卷五〇,四库全书存目丛书,齐鲁书社 1997 年。

⑥ 徐杙:《前副都御史孙清愍公继鲁墓志铭》,焦竑《国朝献征录》卷六二,四库全书存目丛书,齐鲁书社 1997 年。

为许家祖父,当时主管清军的官员孔儒异常酷恶,许一樗与其弟许纶不得不赴京查询,有幸余姚朱养蒙与军卫官员有交情,查明兴州左右前后中五卫各所档案,其祖并非军丁,随即由该卫发送勘合。三司会审,拘本都内历年里长并其亲邻三百余人赴南京户部,审查完成后,照旧为民户。① 许氏并非一般乡民,许川拥有田土多达千亩,此外还有山田等产业。

寿昌人翁仲和,据谱载先于永乐十七年(1419)被仇家报为棕鞋匠,因是被列为匠籍。宣德四年(1429)再为仇家所害,被发往定辽左卫充军,后改为苑马寺永宁监清河苑充军。此后因为原来承担匠籍缺役,被工部勘合勾取,长房应匠籍,余下仍在清河苑充军。长房匠籍于嘉靖十年(1531)除豁。② 入继的翁阿汪后被发往辽东铁岭卫充军。③

有支系迁居杭州的萧山瞿氏,瞿文钥父为粮长,后因应役失误被发往广西浔州卫充军,其亲族遂共出田 120 亩作为应役之资。④

洪武中,与家族迁居杭州的萧山俞原亨因为黄册迟慢被发到北直隶密云卫充军,后追变军产,其家几破,后裔中有名为俞周五的仁和县学学生,上诉于台,当地军户皆受害,独有俞原亨家得免。⑤ 俞原亨因军籍,其家遂居于密云。俞原亨同宗俞诚,洪武年曾任刑科给事中,后因修御沟犯阙,发于云南大理卫充军。⑥ 俞尚寄洪武中为方氏军,后充为四川宁番卫。⑦ 其族内兄弟三人皆于洪武中被充军,俞必达以积年害民事充军驯象卫,俞必保以游食事充军辽东广宁后

---

① 许克勤:《灵泉许氏重纂家谱》卷一二《遗事》,清光绪十六年刻本。
② 《清泉翁氏世谱》卷二一《在营世系》,清光绪二十九年木活字本。
③ 《清泉翁氏世谱》卷二一《在营世系》,清光绪二十九年木活字本。
④ 《萧山大桥瞿氏宗谱》,清道光二十七年木活字本。
⑤ 《崧城俞氏家乘》卷首,1928 年孝思堂木活字本,上虞图书馆藏。
⑥ 《崧城俞氏家乘》卷首,1928 年孝思堂木活字本,上虞图书馆藏。
⑦ 《崧城俞氏家乘》卷首,1928 年孝思堂木活字本,上虞图书馆藏。

卫,俞必先以迟慢黄册事充军密云卫。① 萧山俞氏族人中多有被发往卫所充军。二十四世俞安三、二十五世俞祖三,充军密云卫。洪武中为刑课给事中俞诚在大理卫为军,其子俞纯五也随在大理卫。俞圣六,洪武中在宁番卫为军。俞圣七在浔州卫,俞祖一在驯象卫,俞童二在松门卫,此外还有在广宁卫、开平卫者。② 其中驯象卫完全由因罪谪充的罪人组成。③

余杭人蔡可宗因其婿何德琏事,发小兴州中屯卫,未及到充军地,卒于山东临清。其子蔡溥补役,后弟蔡渊代役,蔡渊以军功累升至昭信校尉、凤阳怀远将军。④ 蔡渊子蔡能,永乐十一年(1413)袭百户,宣德十年(1435)调神武卫右所,正统十四年(1449)西直门外白石桥杀贼有功升本所副千户,天顺元年(1457)叙复驾功,升千户。蔡渊一支居住于德清。本支蔡中孚,中弘治九年(1496)进士,官至中宪大夫、贵州提刑按察司兵备佥事。⑤ 萧山田氏,洪武二十年(1387)其族中田贵和被抽为军,赴台州海门卫桃渚所,留在萧山的平屋十六间、军田二十亩为军产,后田贵和家陆续将军产出售,尚有大通桥地字号军产五亩,每年桃渚所田姓族人都要携带军产文簿前来收花。⑥ 这类田产也有被称"赡军田",如海宁朱氏有赡军田三十三亩。⑦

在杭属各县中,唯有海宁县记载军户所属的卫分,涉及卫所极多。"本县旧额军户共计六千七百七十八户近日逐渐新增军户共计一百二十户。留守中卫二十五户,神策卫三户,广洋卫三户,牧马守御千户所五户,留守左卫一十九户,骁骑右卫一户,水军左卫一户,

---

① 《崧城俞氏家乘》卷首,1928 年孝思堂木活字本,上虞图书馆藏。

② 《古虞百官俞氏家乘》《各支分派》,道光三十年木活字本,犹他族谱学会。

③ 张金奎:《明代卫所军户研究》,线装书局 2005 年,第 39 页。

④ 《余杭蔡氏宗谱》卷六《行传》,1922 年木活字本,犹他族谱学会。

⑤ 《德清蔡氏宗谱》卷七《总支》,1920 年木活字本,犹他族谱学会。

⑥ 《萧山道源田氏宗谱》《世系纪》,道光十七年木活字本,犹他族谱学会。

⑦ 《海宁朱氏宗谱》,刻本,上海图书馆藏。

中军都督府一户,龙江左卫五户,武德卫二户,留守前卫五十三户,龙骧卫二户,豹韬卫二户,天策卫三户,留守后卫五十一户,兴武卫二户,江阴卫二户,横海卫一户,锦衣卫五十一户,府军卫四户,羽林左卫五户,羽林右卫一户。金吾左卫三户,金吾右卫一户,金吾前卫二户,金吾后卫三户,孝陵卫一户,金吾卫二户,留守卫金川门千户所一户,羽翎卫三户,留守中卫四十户,留守左卫一十二户,凤阳卫一十九户,凤阳中卫七户,凤阳右卫二户,怀远卫一十五户,长淮卫二百三十七户,寿州卫二户,宿州卫一户,苏州卫八户,太仓卫二户,镇海卫崇明守御千户所二户,金山卫四户,镇江卫二户,扬州卫一户,仪征卫四户,高邮卫二户,淮安卫六户,邳州卫四十四户,六安卫五户,安庆卫二十三户,建阳卫二户,新安卫五户,宣州卫七户,徐州卫一户,留守中卫水军千户所一户,留守左卫太平千户所一户,凤阳定远屯戍百户所一户,宁国三户,四安卫一户留,守卫八十五户,归德卫六户,沂州卫二户,九江卫二户,嘉兴守御千户所五户,留守中卫二户,神策卫一户,应天卫一户,留守左卫一户,留守右卫一户,虎贲卫一户,虎贲左卫一户,留守前卫一户,豹韬卫一户,留守后卫四户,神武后卫三户,忠义左卫一户,忠义后卫二户,义勇前卫一户,义勇中卫一户,义勇后卫一户,大宁中卫一户,大宁中屯卫一户,蔚州左卫一十户,会川卫二户,富峪卫一十九户,大宁卫一户,宽河卫三户,锦衣卫一十九户,金台监一户,羽林左卫一户,羽林右卫二户,金吾左卫一户……"①其中羽林左右卫出现两次,应是不同时期隶为军籍。

　　海宁军户的戍守卫所分散现象,较早为王毓铨所注意,他认为"浙江海宁县军户六千八百九十八,其军丁分属四百四十八个卫分。……海宁军丁有分到南直隶卫分的,但分配到北边各镇的却更多"②。对此于志嘉、张金奎均有不同观点。于志嘉认为,由于《嘉靖

---

① 董谷:《嘉靖海宁县志》卷二《户口》,四库全书存目丛书,齐鲁书社1996年。
② 王毓铨:《明代的军屯》,中华书局1965年,第236页。

海宁县志》反映的是明中后期状况，并不是明初的状况，所以这种分散是否始于明初尚存疑，她进一步指出虽然海宁军户戍守卫所占全国卫所总数 885 个的近一半，但是 1138 户是集中在浙江都司下辖的卫所。一卫人数超过百人的是杭州右卫 234，台州卫 233，海宁千户所 193，杭州前卫 105，且总计仍旧是南方卫所多过北方。她认为海宁在明初归附，其中不少属于早期的归附军人，随战争展开逐步分散到各地。①

在卫正军、军余死绝逃亡，即从原籍勾补，由于军役繁重等原因，明初军士逃亡、军户洗脱军籍的情况就已普遍，为整顿军役、保证卫所勾补等，宣德时建立了"清军制度"，制定了清军的基本法律，设立清军御史，成化以后各地也设置清军官员。② 海宁县设有清军县丞一员。③ 济阳人黄臣，弘治中任杭州同知兼清军，据其墓志言"杭素巧欺，泅脱戎籍，公察纠源弊，岁增千人行伍充实"④，可见杭州军户脱籍的严重程度。例外的是，海宁县旧额军户 6778 户，至嘉靖新增 120 户。⑤

吕柟曾为即将任浙江清军的王献芝作序，谈及本地两则改易军籍的事例，都是以买通军吏变更姓名、土地的方式，将本为民籍的旁邻变为军籍，使自己逃脱世代为军的苦海。这从侧面说明，原籍军户逃亡主要是通过户籍的改易实现的。

综上所述，明代杭州地区编入里甲的"原籍军户"，其家中有数量不等的人口成为服役地区卫所的军人，与杭州的家庭保持各种经

---

① 于志嘉：《试论明代卫军原籍与卫所分配的关系》，《史语所集刊》第 60 本第 2 分，1989 年。

② 曹国庆：《试论明代的清军制度》，《史学集刊》1994 年第 3 期。

③ 董谷：《嘉靖海宁县志》卷二《田赋志》，四库全书存目丛书，齐鲁书社 1996 年。

④ 崔铣：《洹词》卷七《杭州同知黄公暨配宜人张氏墓志铭》，文渊阁四库全书本。

⑤ 董谷：《嘉靖海宁县志》卷二《户口》，四库全书存目丛书，齐鲁书社 1996 年。

济上的联系,身在原籍的军户除承担衣粮等外,还要应对卫所的勾军,一些军户家族因此有"赡军田"。

洪武三年(1370),设杭州卫都指挥使司及仁和卫,洪武八年(1375)因立浙江都指挥使司,改杭州卫为杭州前卫,仁和卫为杭州右卫,洪武十七年(1384)建海宁卫指挥使司,洪武十九年(1386)设澉浦、乍浦守御千户所。依据卫所军士分别驻守、屯田,杭州所属卫所有供军士耕种屯田。杭州前卫五屯所屯田一万三千四百六十二亩,杭州右卫五屯所田地荡池二万二千二百七十四亩,余杭县民代种前卫屯田三千三百六十九,右卫一千四百二十三亩。在卫军户分守城、屯种两个部分,一般以三分守城,七分屯种。

卫所军户数量,"系郡者设所,连郡者设卫。大率以五千六百人为卫,一千二百人为千户所,百十又二人为百户所。所设总旗二,小旗十,大小联比成军"①。卫所军户有举家迁往卫所者,也有孤身赴役,但正统年间以后,军户赴卫所须签解军人之妻的规定一再被重申。到嘉靖时期,军丁赴卫若无妻室,需亲族出资代为娶妻,一并赴役,以促使军士在卫所立籍,②即在卫军户一般是以家庭形式存在。长期的军事实践以及"寓兵于农"的军事理念,使明代政府了解军妻对卫所的作用,因此颁布了"金妻"例,并试图靠该例来防止逃军、稳固卫所,因此在行用中逐步提升其法律地位。③"各处起解军丁并逃军正身,务要连当房妻小同解赴卫着役。若止将只身起解,当该官吏照依本部奏准见行事例,就便拿问。委无妻小者,审勘的实,止解本身。"④"拘妻解伍以后,在伍所生子孙,责令该卫附籍顶替",卫所

①　张廷玉:《明史》卷九〇《兵》二《卫所》,中华书局 1974 年,第 1875 页。

②　于志嘉:《试论族谱所见的明代军户》,《史语所集刊》第 57 本第 4 分,1986 年。

③　刘正刚、高扬:《明代法律演变的动态性——以"金妻"例为中心》,《历史研究》2020 年第 4 期。

④　霍翼:《军政条例类考》卷四,续修四库全书,上海古籍出版社 1995 年。

出生的军户子女,皆在卫所附籍。① 在卫军士、军妻、所生子女,共同构成一个服役军人的家庭,杭州诸卫所的军士应该也主要以家庭为存在形式。

张金奎认为,以宣德八年(1433)在营的军士疏属不再遣返为界,在卫军户及其家属构成了卫所军户人口的主体,以卫所清勾册、卫所军户户口册、州县军户户口册三种相互配合印证的册籍为中心,以保证军伍需要为主要目的的军户户籍文册体系最终形成。② 卫所军户及其附属人口的管理属于都司系统,独立于民政系统,主要由卫所的经历司进行管理。卫所统计在卫军户人口的初始目的是提高清勾效率,从本卫勾取可以迅速补充军伍。③ 但是卫所军户人口的调查显然没有形成如民政系统十年大造黄册的制度,因此不能确知特定年限的军户总数。顾诚曾估计明代初年军户总数在200万左右。

关于卫所军户的地位问题,不少学者接受王毓铨的观点,认为军户地位低下。张金奎则认为不同时期不同类型军户,其地位并不完全一样,不能一概而论,除区分时段和类型外,还要综合考察其职业、财富、教育程度以及社会声誉等。④ 笔者赞同这一观点,军户内部应该有不同层级。至万历时,杭州地区不但军户的地位较为低下,卫所世袭武官亦是"耻与同列",原因是"彼生世胄、荷国恩,即不务学,不失为仕宦,骄奢放僻,渐习既不善矣。及入官,所部皆世辖军旗,虐甚莫敢谁何,遂益恣肆,安复有拔俗凝立者邪?"⑤

据《万历杭州府志》,至万历七年(1579),杭州前卫总额旗军5600名,其中归附从军1992名,收集充军1798名,垛集充军1810

① 《嘉隆新例·兵例》,《中国珍稀法律典籍集成·乙编》第2册《明代条例》,科学出版社1994年,第687页。
② 张金奎:《明代卫所军户研究》,线装书局2005年,第165页
③ 张金奎:《明代卫所军户研究》,线装书局2005年,第163页。
④ 张金奎:《明代卫所军户研究》,线装书局2005年,第95页。
⑤ 陈善:《万历杭州府志》卷三五《兵防》,中国方志丛书,成文出版社1983年。

名,事故 4347 名,仅存 1053 名。陈善比较旧额旗军总额尚欠 710
名。杭州右卫总额 5600 名,归附从军 1863 名,收集充军 1921 名,垛
集充军 1816,事故 4258 名,仅存 1342 名。海宁守御所额军 1351
名,事故 623 名,仅存 728 名。事故旗军数量之多,令人惊异。至万
历时,杭州前卫、杭州右卫下属各所衙署均已废毁,"政议于私室而
无为奸利,得乎?"卫所军政之废弛可见一斑。①

　　卫所的军事功能严重倒退,导致兵制的变化,特别是嘉靖年间
肆虐浙江地区的倭乱,进一步推进了杭州地区军制的变化。嘉靖三
十二年(1553)倭寇攻至赭山,杭州前卫指挥陈善道、指挥吴懋宣先
后战死,主因皆是所率兵士缺乏训练。②"自有倭患,召募客兵以充
备御,至嘉靖四十二年,总督都御史赵炳然始立标兵二营,教练义乌
民兵。"西大营原系义乌兵,后退回农操,隆庆四年(1570)起抽取杭、
湖、严、金四府州的民壮,两营各二千七百余人,官兵总计六千四百
余。"正兵既不足恃,乃籍客兵以剪近患,然列营而居、分爨而食,此
如驯虎狼于槛阱之下,且夕虞其博噬也。"③为改变营兵散处,与士民
混居的情况,后在候潮门外樗木营建设营房。

　　从志书可见,杭州二卫及海宁守御千户所的军户来源有原为军
人和原为民户两类,于志嘉认为"收集"系原充军人者,④则杭州卫所
充军户者中以归附、收集为主,自民户中"垛集"者为次。江阴人承
义,丙午年归附,吴元年(1367)任崇德卫百户,洪武元年(1368)升钱
塘卫副千户,洪武三年(1370)调守沔阳。⑤ 武邑人焦兴,洪武十八年

　　①　陈善:《万历杭州府志》卷三四《兵防》,中国方志丛书,成文出版社 1983 年。
　　②　陈善:《万历杭州府志》卷七《国朝郡事纪》,中国方志丛书,成文出版社
1983 年。
　　③　陈善:《万历杭州府志》卷三四《兵防》,中国方志丛书,成文出版社 1983 年。
　　④　于志嘉:《再论垛集与抽籍》,《郑钦仁教授七秩寿庆论文集》,稻香出版
社 2006 年。
　　⑤　《武职选簿·德州卫》,中国明朝档案总汇第 68 册,广西师范大学出版
社 2001 年,第 184 页。

(1385)充军,至洪武三十五年(1402)升杭州右卫后所百户。①《隆庆临江府志》记载,在杭州所属卫所服役人数,杭州前卫四十一名,杭州右卫四十四名,海宁卫九名,其中以新淦在卫人数最多。②

　　杭州的卫所军户,特别是卫所的武官,由于是世袭军职,逐渐定居杭州,但是仍旧以杭州某卫为籍,这从他们参加科举考试的籍贯即能看出。如天顺进士钱钺,其家本为昆山,曾祖钱诚为元万户,应是归附后为杭州某卫军户,定居于杭州。③ 钱钺以杭州前卫籍考中天顺八年(1464)进士。陈官懋家族本为德安人,后徙居嵊县,明初从军"编籍杭州前卫,遂徙居钱塘",其子陈珂进士出身,官至大理寺卿。④ 陈九思,本姓铁,其始祖铁坚守和州,以城降明,太祖赐姓陈,世袭杭州前卫百户。⑤ 王在先祖王杰以良家子从太祖高皇帝定乱有功,家族世军职,至其高祖王钺"袭杭州前卫指挥佥事,以功升浙江都司都指挥佥事,始占籍仁和"⑥。嘉靖十四年(1535)张维岳、嘉靖十七年(1538)翁相先后以军籍考中进士,陈儒适逢在浙任职,遂为作《杭州右卫进士题名记》,以记其盛。⑦ 居守,海宁人,军籍,嘉靖四

　　① 《武职选簿·忠义前卫》,中国明朝档案总汇第66册,广西师范大学出版社2001年,第285页。

　　② 管大勋:《隆庆临江府志》卷七《军役》,天一阁藏明代地方志选刊,上海古籍书店1981年。

　　③ 徐溥:《谦斋文集》卷四《故封奉直大夫刑部员外郎钱公神道碑》,文渊阁四库全书本。

　　④ 张瀚:《奚囊蠹余》卷一六《明杭州前卫中所正千户麓泉陈君墓志铭》,明别集丛刊第二辑第85册,黄山书社2016年。

　　⑤ 吴庆坻:《民国杭州府志》卷一二八《人物》,中国地方志集成,上海书店出版社1993年。

　　⑥ 王樵:《方麓集》卷一〇《明故明威将军杭州前卫指挥佥事王君墓志铭》,文渊阁四库全书本。

　　⑦ 陈儒:《芹山集》卷九《杭州右卫进士题名记》,明别集丛刊第二辑第29册,黄山书社2016年。

十四年(1565)进士,其墓志中却讳言。① 武进士中,嘉靖十七年(1538)进士陈大章、邵昇,皆为杭州右卫籍。② 汪谐,卫籍,仁和人,曾冒籍香河县参加顺天乡试,中景泰四年(1453)乡试,被革处分后,再度参加浙江乡试,中天顺四年(1460)进士,官至礼部右侍郎。③ 李东阳为汪谐所撰墓志皆讳言其事。汪谐后归葬杭州,墓在龙井。④

这些杭州卫所军户出身的官员,都定居杭州,但是在身份上仍旧保留所属卫分的军籍。在卫军户,特别是军余也逐渐成为杭州地区的居民。邵林,杭州前卫,居住于仁和县报恩里,其女后入宫为宪宗妃,生兴献王及岐惠王、雍靖王。⑤ 据称当时隶卫籍者,多贫下之人,如淘沙,故当时径称为"淘沙军",是以其为业者多为军户。⑥ 淘沙军的形成是由于城内外运河人口稠密,生活垃圾等时常阻塞河道,杭州两卫军余被征发清理。⑦

张金奎指出,明初的归附军到卫所,常带有大量的家属和依附人口。他以江西都司袁州为例,一千余正军家属和依附人口中可以抽出二千人的精壮男丁,本卫军户人口之大可以想见。⑧ 杭州二卫一所的军户在满额时达到万名,旗军之外的余丁数量一定不低,加上军妻等家属,在杭州的卫所军户的人口应该有数万人之多,这是以在卫军士都是以户的形式存在为前提所做的推测。

从万历志可见,杭州卫所军人的逃亡十分严重。总额 12551 名军人,仅存 3000 余名,逃亡四分之三以上。对此陈善认为,军卫士

① 茅坤:《茅鹿门先生文集》卷二四《西按察使司金事居公墓志铭》,明别集丛刊第二辑第 92 册,黄山书社 2016 年。

② 薛应旗:《嘉靖浙江通志》卷五二《选举》,中国方志丛书,成文出版社1983 年。

③ 沈德符:《万历野获编》卷一六《两中乡试》,中华书局 1959 年,第 413 页。

④ 聂心汤:《万历钱塘县志》纪制,中国方志丛书,成文出版社 1975 年。

⑤ 陈善:《万历杭州府志》卷八八《人物》,中国方志丛书,成文出版社 1983 年。

⑥ 毛奇龄:《胜朝肜史拾遗》,丛书集成初编本。

⑦ 沈朝宣:《嘉靖仁和县志》卷六《水利》,中国方志丛书,成文出版社 1975 年。

⑧ 张金奎:《明代卫所军户研究》,线装书局 2005 年,第 55—56 页。

兵逃散至此，并非仅仅是勾军的问题。他认为勾军是因为在卫军户绝户；如果军户在卫繁衍生息，则不需要去原籍勾取。根本原因在于在卫军户生计艰难，其家不欲生养，甚至举族逃亡。"故军所由耗者，役重而剥之者众也。"其中最重之役是管官船，各种需索耗费"非至殷厚家莫堪其任"，而监司往往受贿，"纵豪有力者而操中产以下者，鬼神期间，变态千状"，军户之家门衰户绝多出于此。其次是运粮，丁年执役，白首未息肩者，比比皆是。再次是操练，"国家之制，中春开操，至中夏辄罢，中秋开操，至中冬辄罢，常有余日，迨后操练不减，落操日复拘束，谓之守老营"。再次是捕盗，"军伍之谣，死罪灭一身，戍行世为梗。以余所见，百金之家，不数年无立锥之地。且军之先非必皆罪衅者充也，或以归附隶尺籍，或以异姓相承，此皆忠顺良善平民也"。各种名目的调用，皆是卫所军官以各种名义役使卫所军户，并以各种名目对其进行盘剥，造成卫所军士大量逃亡。

军户逃亡最主要的原因就是军运，军运包含运输漕粮和维修官船。明代运军的浙江总下，杭州前卫，浅船二百只，运粮六万八千余石，杭州右卫，浅船二百二十四只，运粮七万四千余石，海宁所浅船三十二只，每年运粮一万四百多石。[1] 海宁守御所原为备倭，自天顺时有庄姓指挥图谋领杭州漕运船四十七艘，遂开始承担漕运职责，加上各种役使，海宁守御所实际在城守御者数十人而已。景泰二年（1451）福温贼乱，沿海官兵被调发征剿，衢州等卫浅船拨给海宁卫代运，遂沿袭下来，承担运输。但是年月久远，运输任务颇重，士兵逃散过半。[2]

漕运最大的风险就是亏失官物，一旦损失，承运军户就可能要以身家赔偿。田汝成曾为杭州前卫舍人吴池妻江氏作传，谈及吴池

---

① 杨宏撰，荀德麟、何振华点校：《漕运通志》卷四《漕卒表》，方志出版社2006年，第83页。

② 董谷：《嘉靖海宁县志》卷三《建置志》，四库全书存目丛书，齐鲁书社1996年。

兄因为纲运亏失,不得以卖屋以偿,江氏亦出百金以助,[①]即是此例。嘉靖中,曾任漕运官员的万表上疏,就军运损失请朝廷予以豁免。杭州前卫运粮千户蒋文迪所辖的旗甲周永宁、郑林的漕船各装运粟米 400 石、官砖 200 个,"于六月十八日至张家湾,地名新河口住泊,听起粮间,不期本月二十五日黑夜风雨大作,山水泛涨,将各船磕撞沉没,淹死军人周宪章、陈淮",同时杭州前卫中所旗甲陈行的漕船也被风浪所袭,被冲至地名里二寺处,损失正粮 235 石,加上周、郑二船的 800 石粟米,总计损失粟米 1035 石。[②]

　　杭州诸卫运军隶属漕司运军十二总中的浙江总。鲍彦邦研究指出,为保证粮船沿途运行及防止盗卖作弊事故,漕船实行编甲连坐制,即五船联为一甲,推有力者为甲长,五船一甲制是明代漕船编队转运的基层单位。成为运军的军士除了漕运外,还承担修河、修仓、修船等杂役。其中修船是一项经常性而又繁重的附带任务,修船的料银成为运军沉重的额外负担。由于服役负担太重,运军在明初就开始逃亡,宣德七年(1432),浙江都司等运军逃亡 7000 余人。[③]漕运过程中漂没漕粮,除给予处罚外,还需要补纳,即使是"非力所及"的漕粮损失,也需要本船或本帮运军家产抵补,朝廷以此控制漕粮损失,保证漕运总数。[④]繁重的漕运负担,各种额外的需索、料银,加上漕运损失填赔的风险,使运军逃亡的势头愈演愈烈。而从卫所签补运军,进一步加剧了其他军士的逃亡,这可能是杭州二卫一所军士数量在万历时大规模降低的重要原因。"两卫旗军,原额五千

　　①　田汝成:《田叔禾小集》卷六《江节夫传》,四库全书存目丛书,齐鲁书社1997 年。

　　②　万表:《玩鹿亭稿》卷六《奏处大患船粮疏》,明别集丛刊第二辑第 49册,黄山书社 2016 年。

　　③　鲍彦邦:《明代运军的编制、任务及其签补制度》,《暨南学报》1992 年 2期。收入氏著《明代漕运研究》,暨南大学出版社 1995 年。

　　④　鲍彦邦:《明代漕运研究》,暨南大学出版社 1995 年,第 202—203 页。

人,今天止一千三百名,除供转漕外,乘城操备者仅四百人。"①实际防务是依靠客兵。但是客兵自建立有十营,却"内无土著,依籍客兵,养成桀骜之气,缓急难备"②。

屯田是卫所军粮的重要来源,在卫旗军三分守城,七分屯种。明代屯田初期是领种制,杭州两卫总旗拨田十八亩,岁征子粒二十四石,小旗田十四亩,岁征二十石,军人田十二亩,岁征十八石。③ 以宣德十年(1435)诏免屯军正粮上仓为标志,屯田从领种制转变为租佃制。国家不再规定、监督屯田的具体生产,国家与屯军间的关系转变成相对单纯的地主与佃户的关系,领种制经营方式即此转变为租佃制。④ 宣德十年,杭州前卫屯种旗军、军余、舍余计二千二百六十三名,共屯种三百三十顷,田土分布余杭等县。其中钱塘县钦贤等乡原额屯田十七顷十八亩,於潜县嘉定等乡三十五顷九十三亩,系屯田官带领旗军屯种,其余土地多为民间带种。成化十一年(1475)屯种人口为六千四百五十六名,超过在额旗军总数。至万历六年(1578)则锐减到三千二百五十四名。右卫宣德十年旗军、军余、舍余二千一十六名,屯种三百七十余顷,成化十一年(1475)六千四百五十六名,万历六年(1578)减至三千九百四十九名。屯田旧额更是"漫无可考"。⑤ 海宁守御千户所无屯田,其军饷于本县民粮中支给。余杭县"正统以来,册内一概报称户绝,原额之田半落荒芜。正统间,彭金事查勘,除其虚数,稽其实在,给领明白将坐落四至备载由帖,给予各军永为执照,弘治间复废。复又命官将民间空闲田地,增补屯田亏折之数,其田就令民间带种,办纳子粒",带种屯田三

---

①　陈善:《万历杭州府志》卷三三《城池》,中国方志丛书,成文出版社 1983 年。

②　陈善:《万历杭州府志》卷三三《城池》,中国方志丛书,成文出版社 1983 年。

③　夏时正:《成化杭州府志》卷二二《屯田》,四库全书存目丛书,齐鲁书社 1996 年。

④　毛亦可:《论明清屯田的私有化历程》,《中国经济史研究》2017 年第 2 期。

⑤　陈善:《万历杭州府志》卷三六《兵防》,中国方志丛书,成文出版社 1983 年。

千六百多亩。①

　　杭州卫所屯田分布于所属各县,地势悬隔,不便稽查,给了主管的胥吏上下其手的空间,故绝军户的屯田被军官占为私田,造成田产多年后已无法查实。尽管明朝廷曾多次下令禁止卫所军官私占屯田,但是效果显然有限。此外佃户占田、豪门大族以下田换上田、遭遇水灾坏田等,都是杭州卫所屯田不能发挥其为在卫军士提供粮饷功用的原因。②

## 二、民户

　　明代初年实行户帖制,所登记的项目首先是户名、住址、应当何差、计家多少口。男子分十岁以下的不成丁,和十岁以上的成丁;女子分已婚的大口,和出嫁的小口。③ 洪武三年(1370),处州青田县四都小黄册登载里甲正户 100 户,人口 232 口,其中男子 158 口,内成丁 112,不成丁 46,妇女 74 口;外役弓兵等户 13 户,44 口,其中男子 31 口,内成丁 17,不成丁 14,妇女 13 口;编排不尽人户 10 户,24 口,其中男子 14 口,内成丁 11,不成丁 3,妇女 10 口。总计 124 户,计人口 300 口。④ 每里人口 300,户均不及 3 人,较朱真一户帖登载一户 4 人,似略少。

　　洪武三年(1370)的户籍登载,在族谱中亦有反映。海宁人周毅,洪武三年借登载户籍的机会,在本县二十二都五图三甲以其父为户名添二户籍,并领到户帖,直至嘉靖倭乱时户帖才遗失。⑤ 黄册制度继承了户帖制度,并加以发展,成为以户口登记为依据进行赋

　　① 戴日强:《万历余杭县志》卷二《屯田》,四库全书存目丛书,齐鲁书社 1997 年。

　　② 陈善:《万历杭州府志》卷三六《军防》,中国方志丛书,成文出版社 1983 年。

　　③ 栾成显:《明代黄册研究》,中国社会科学出版社 2018 年,第 28 页。

　　④ 《洪武三年处州府青田县四都小黄册复原》,孙继民等《新发现古籍纸背黄册文献复原与研究》,中国社会科学出版社 2021 年,第 680 页。

　　⑤ 周鹤庆:《洛塘周氏家乘》,道光七年木活字本,上海图书馆藏。

役征派的社会管理制度。军、民、匠、灶诸籍中，只有民籍允许分户，其条件之一，就是编入正图，立户当差。分户需要经过官府批准，并在里甲组织的监督下进行。[①]

黄册中登记城居人口主要登记职业，嘉靖四十一年（1562）山西汾州南郭西厢第十一图赋役黄册中，记载本厢住户田锁住，其事产为"赁住"，由于没有田产，其职业就为"营生"，其营生为"货郎"。[②]这说明城市居住人口的赋役黄册登载中，应该有一项是其具体的职业，作为税收和应役的依据。这一户帖详细记载了户口，但是产业一项却是空白，栾成显提出户帖详细记载户口而略于产业登记，与这则材料反映的情况是相符的。[③]

明代编订黄册的目的是征发赋役，刘志伟认为赋役征派在本质上不是土地税和人头税，而是在配户当差原理下以丁粮多寡为依据的等级户役。赋役征派的这一性质，并不否定人丁和土地才是最根本的税源，只是税源的确定与掌控是以编户对王朝的人身隶属为基础，在赋役实际征派中则以户为基本对象和派征单位。[④]财政体制的变动引发了赋役制度的变化，万明指出由于明代钞法的深层弊病，永乐至宣德时期（1403—1435），向白银过渡的实物交易出现。至成化、弘治年间，民间社会存在一种自下而上的白银货币化趋势，作为宝钞最强劲对立物的白银，最终不以统治者意志为转移，逐渐占据了主币的地位。[⑤]明代白银货币化造成的赋役制度变化是赋役折银，即赋役的白银化。两者是一个完整的过程，赋役折银与明代

---

① 栾成显：《明代黄册研究》，中国社会科学出版社 2018 年，第 86 页。

② 孙继民等：《新发现古籍纸背黄册文献复原与研究》，中国社会科学出版社 2021 年，第 192 页。

③ 栾成显：《明代黄册研究》，中国社会科学出版社 2018 年，第 22 页。

④ 刘志伟：《从"纳粮当差"到"完纳钱粮"——明清王朝国家转型之一大关键》，《史学月刊》2014 年第 7 期。

⑤ 万明：《明代白银货币化的初步考察》，《中国经济史研究》2003 年第 2 期。

白银货币化密切相关,是白银货币化的重要表现形式。① 在这一过程中,各地官员都尝试以折银雇役方式,取代编户亲身应役。嘉靖初,庞尚鹏在浙江推行均平法,通计各府州县的上供物料与官府行政公费,按折田为丁一律以银征收。在明代白银货币化加速发展的大背景下,均平法实行统一征收均平银后,废除甲首的力役,役以银代,官为雇役,完成了以纳粮当差到纳银不当差的全过程。② 陈春声指出,一条鞭法以折银取代亲身应役制度,在编户齐民与王朝政府之间,更多通过货币方式来联系。这样的变化,反映了朱元璋所建立的"画地为牢"、与百姓亲身应役的安排密切关联的户籍管理制度,发生了根本性的改变,人口空间流动的可能性明显增加。③

正是在一过程中,作为明代人口主要组成的民户,同时也是赋役的主要承担群体,从实在的赋役征发对象,逐步变为赋税单位。民户人丁、财产等原为黄册所登记的主要内容,在新的赋税征发中不再具有重要意义。地方编订户口时因此产生很大余地,官员隐瞒户口,贪墨丁银在明中期以后日益普遍,"今庶民之家,登册者名为官丁,不登册者名为私丁,官丁纳官钱约可三钱,私丁则里胥董其家之人口多寡、财力丰绌而取其资,以备衙门应役之用,亦其势也。有司稽审之时,率视米多寡量设丁口,非实数矣"④。

仁和县曾于万历中进行过一次"减丁"。《万历杭州府志》所载杭属户口数至隆庆六年(1572)止,嘉靖元年(1522)户数七万二千多,口数十万四千余,嘉靖二十年(1541)起户数增至七万四千余,口数增至十二万七千余,至隆庆六年户数未大变,口数锐减至九万一千,减少三万余。据府志,人口数量大减源于嘉靖三十四年(1555)

①　万明:《白银货币化视角下的明代赋役改革(上)》,《学术月刊》2007年第5期。

②　万明:《明代浙江均平法考》,《中国史研究》2013年第2期。

③　陈春声、刘志伟:《贡赋、市场与物质生活——试论十八世纪美洲白银输入与中国社会变迁之关系》,《清华学报》2010年第5期。

④　何乔远:《闽书》卷三九。

以来的倭乱。嘉靖三十五年（1556）、四十五年（1566），由于区总、总书等人的肆意增加，全县增加虚丁一万三千余口，根源实在于"官府务增丁之虚名，而小民受横敛之实祸"。万历三年（1575），在粮长潘禧等人呈告后，得到知县梁鹏的支持，依据历年实征册，减丁一万一千二百，减除的税银"合于银米科则内算派，每丁所加不多"，即摊入实征册中的丁中征收，最终实在人丁为八万六千三口。可见此次调整，并非通过核实户口等方式调查仁和全县人口，而是将虚增的赋税单位数量减少，"况以实丁而输纳，比之虚丁而赔贩者万万不侔也"，于是官民两便，并将数字"纂入会计书册"，作为此后税赋征收的依据。①

由于"丁"成为税赋单位，丁数与税赋挂钩，钱塘县崇祯五年（1632）户三万九千五百七十八，口四万九千五百八十，市民每口额征银二钱二分六厘九毫，乡民每口征银二钱四分二毫，富阳县"至万历十年，户口人丁八千九百二十一丁口五分，内市民一千九十六丁口，每口科银一钱四分，该银一百五十三两四钱四分；乡民六千九百六十四丁口五分，每口科米一升一合八勺，该米八十二石一斗八升一合一勺，银一钱八分，该银一千二百五十三两六钱一分"②。仁和县万历三年（1575）乡市人丁八万六百三口，万历四十年（1612）乡市人丁八万七百口，崇祯五年（1632）乡市人丁八万七百口，③，於潜县万历四十年户口人丁四千七百一十，④仅载口数，户数已经不载。

## 三、灶户

灶户编入里甲，除了里甲正役之外，为明朝廷完成盐课，承担灶

---

① 陈善：《万历杭州府志》卷二八《户口》，中国方志丛书，成文出版社 1983 年。

② 钱晋锡：《康熙富阳县志》卷七《赋役》。

③ 赵世安：《康熙仁和县志》卷七《户口》，中国地方志集成，上海书店出版社 1993 年。

④ 蒋光弼：《嘉庆於潜县志》卷一一《户口》。

户户役的人户，不得改业。灶户的来源主要有三，一是前元遗留灶户，二是徒罪发配，煎盐赎罪，三是括民户为灶。① 如海宁张氏，其十四世张仲山元代以海宁许村场盐课司任职，为旧有灶户，入明后其子张思贤、张保一、张思聪皆隶籍灶户。② 海宁县西路场灶丁部分是明初编金嘉兴、华亭等周边百姓。③ 许川曾自述其家，在明代初年充西路场灶户，又当马头役，甚为烦苦。④ 海宁许氏家族，以许月卿最为知名。许月卿（1479—1557），字台仲，正德十二年（1517）进士，先后任兵科给事中、礼科给事中，嘉靖二十三年（1544）致仕，时年六十六岁。许月卿以灶籍考取进士，其籍贯是海盐鲍郎场，明世宗对其上奏表示认可，遂去其灶籍，为海盐民籍。⑤ 万历四十四年（1616）进士朱泰祯，海宁人，灶籍，其祖上朱光祖，号半轩，明初充鲍郎场灶户。⑥ 有部分士人讳言其曾为灶籍，如弘治十八年（1505）进士邓銎，为灶籍，⑦但其墓志则讳言其事，称其家宋代自海昌迁居仁和。⑧

洪武十三年（1380），两浙都转运盐使吕本奏定灶户盐额。⑨ "丁"作为盐课缴纳的基本单位，并不是一个成年灶籍劳动者。明代通过编造盐册和五年一次的清审制度，对灶丁户口消长、荡地有无进行统计，作为灶丁纳盐课的依据。灶户的盐册，又称为灶册，与民

---

① 刘淼：《明代盐业经济研究》，汕头大学出版社1996年，第110页。

② 《海宁半海张氏宗谱》卷三九《第十四世思贤公传》，1919年修。

③ 刘淼：《明代盐业经济研究》，汕头大学出版社1996年，第113页。

④ 《灵泉许氏重纂家谱》卷八《一樗公遗训》。

⑤ 沈概：《明故征仕郎礼科给事中云村先生许公墓志铭》，《灵泉许氏重纂家谱》卷一一。

⑥ 《海盐朱氏族谱》，光绪十七年刻本，上海图书馆藏。

⑦ 《天一阁藏明代科举录选刊·弘治十八年登科录》。

⑧ 邵经邦：《弘艺录》卷二十《明故文林郎江西庐陵县知县致仕方涯邓公行状》。

⑨ 陈善：《万历杭州府志》卷五《国朝郡事纪》，中国方志丛书，成文出版社1983年。

户黄册性质相同,为灶户丁产册。① 编入灶籍的民户,也有户帖,开列籍贯、丁数。② 与里甲编审中有"里书"类似,盐场中也有"团书"。但是随着灶户逃亡和分化,造成灶户组织的崩溃,原有编审应役的制度也被破坏。③

嘉靖十二年(1533)"巡盐御史每五年一次,委分司官会同有司,亲诣各场将灶丁逐一清审,事故者开除,成丁者金补。俱责令总催并各户呈递亲供开报,不许扶捏隐漏。其各该草荡,亦要逐一清出,照丁均派"④。此后又申严编审,"各场总催,即有司之里甲,每一团编总催十名,以辖重灶,定为版籍。见役曰该年,余曰排年。其间有等豪灶户,有余丁百十,报册十无一二。当清审之期,行令各该分司,各自临场调取黄、灶二册查对人田旧额是否相同,仍逐户细甲面审"⑤,要比较黄册、灶册记录,进行查对。

灶户编入黄册需要承担里甲正役,同时编入灶册,仿照黄册编订,灶册内也有类似里甲的总催等役,因此是一身而承两役。里甲、场灶编役出现冲突时,先民户后灶户。两浙地区,万历十年(1582)规定"凡遇审编里长,除奸灶希图两躲差役,逃出本场境外,置买民田产业,或诡寄他人田土,听有司一体编差外,如全灶里分照旧应役,民灶相杂者,先尽丁田相应民户,灶户丁田比该里民户独多一倍方报充充当"⑥,也就是一里之中,只有灶户的丁田远超其他民户,才会编为里长。

---

① 刘淼:《明代盐业经济研究》,汕头大学出版社1996年,第72页。

② 《牧济尝试录》杂税论。

③ 徐泓:《明代灶户阶层分化与盐业生产形态的变迁》,《圣明极盛之世?明清社会史论集》,联经出版事业公司2021年,第528页。

④ 王圻:《重修两浙鹾志》卷一四,四库全书存目丛书,史部274册,齐鲁书社1997年。

⑤ 杨鹤:《两浙订正鹾规》卷三《编审催灶》,《北京图书馆古籍珍本丛刊》,北京图书馆出版社2000年。

⑥ 杨鹤:《两浙订正鹾规》卷三,《北京图书馆古籍珍本丛刊》,北京图书馆出版社2000年。

洪武二十七年(1394)起,灶丁免杂泛差役,"正统九年每灶户拨余丁二人,免其差役,专一煎盐。弘治二年彭韶上奏,灶户若办全课二十丁、三十丁以上者,俱全户优免,其余全课盐丁,每丁贴与私丁三丁,又正贴每丁除田二十五亩,免其差役,此外多余丁田,俱发有司当差,嘉靖六年,各盐丁全课二十丁、三十丁以上者俱各通行优免,若殷实灶户,止当灶丁数名,亦止照见当丁数贴灶,此外多余丁田俱发有司当差"①。以一个灶丁计,一名正丁,三名帮丁,人均免二十五亩,则一正丁可以免一百亩,其余丁田则需要承担差徭,如可以缴纳二十、三十丁的盐课,则该户内的杂徭全部优免。加之"有司官又以其借口办课为辞,止将银差量派,全无力差,甚至所免之数反倍徙于所纳盐斤,故奸民避重就轻者,往往寄灶户名下,致使民差愈重"②。

明代的灶户组织形成团—灶(埕)—灶户三级,与明代的民户里甲类似。③ 仁和场三十三围,许村场十八围,西路场九围。④ 各场"灶户验丁分场照界取卤,给以铁盘,聚团煎烧",为了防范私自煎盐,万历四年(1576)曾议将"灶丁若干,编立字号,每十名设一伍长,五十名设一保长,每灶十名许立舍一条,聚盘煎烧,每舍给牌一面,悬挂门首"⑤。至万历三十八年(1610),仁和场原额灶户2075户,实有1919户,灶丁3218丁,实有16966丁,许村场1620户,实有470户,灶丁2891丁,实有3593丁;西路场3750户,实有970户,灶丁

① 王圻:《重修两浙鹾志》卷一四,四库全书存目丛书,史部274册,齐鲁书社1997年。

② 庞尚鹏:《百可亭摘稿》卷一《厘宿弊以为赋役疏》。

③ 徐泓:《明代前期的食盐生产组织》,《台大文史哲学报》第24期,1975年。

④ 王圻:《重修两浙鹾志》卷三《盐场界额》,四库全书存目丛书,史部274册,齐鲁书社1997年。

⑤ 王圻:《重修两浙鹾志》卷一四《恤灶》,四库全书存目丛书,史部274册,齐鲁书社1997年。

4868 丁,实有 5373 丁。①

　　三场之中,仁和场灶丁数量变化最大。西路场"洪武初实在办盐灶丁一千五百二十",丁数自嘉靖以后未有变化,为 5373 丁。许村场,洪武初"实在灶丁二千八百九十一,……,嘉靖间实在办盐灶丁三千七十六丁,万历实在办盐灶丁三千八百二十九",仁和场"洪武初年原额灶丁大小三千二百一十八丁,每丁盐价银一两四钱四厘,至嘉靖间已稍增至一万一千七百四十一丁,而盐价减至三钱八分,乃万历间遂增至一万三千九百五丁,而盐价减至三钱三分三厘"②,至杨鹤编订《两浙订正鹾规》的万历三十八年(1610),灶丁数额比万历七年(1579),仅三十多年又增加 3000 丁。尽管灶丁数额在嘉靖以后增长很快,但是盐课的总额却没有增加。

　　灶户依据是否参与煎盐,分为"滨海灶户"和"水乡灶户",前者从事盐业生产,缴纳盐课,后者属周边被编金入灶籍的民户,并不从事盐业生产。仁和场则不同,"仁和、许村水乡灶丁,与滨海灶丁一体煎办,丁田均徭仁、海二县一体查免"③,说明仁和、许村的水乡灶户,虽然不直接从事煎盐,但是以其他折算方式缴纳盐课,因此水乡灶户的杂徭也是依照滨海灶户例进行优免。正是这一特例,使仁和场的水乡灶户可以占盐场周边的草荡作产业,"仁和场水乡、团灶丁一体分荡沥卤办盐,其余各场水乡灶丁例不分荡。成化间,因海患,本荡流移无地栖止,查有东港沙荡堪给各灶,议蒙都御史彭准给世业,遇清不分。立石已久,万历二十年场灶陈怀等因石损,重立,许灶户捶此碑文粘连具告"④。即从成化年间起,仁和场的水乡灶户就

　　① 杨鹤:《两浙订正鹾规》卷三《各场煎办》,《北京图书馆古籍珍本丛刊》,北京图书馆出版社 2000 年。

　　② 陈善:《万历杭州府志》卷三〇《田赋》,中国方志丛书,成文出版社 1983 年。

　　③ 杨鹤:《两浙订正鹾规》卷三,《北京图书馆古籍珍本丛刊》,北京图书馆出版社 2000 年。

　　④ 杨鹤:《两浙订正鹾规》卷三《均分沙荡》,《北京图书馆古籍珍本丛刊》,北京图书馆出版社 2000 年。

可以占有沙荡作为世业，并且立有碑石，作为占有草荡的依据，遇有田产纠纷以此碑为依据。

钱塘江北岸由于潮涌涨坍不定，形成新的沙荡，仁和场水乡灶户的占荡之例，成为一些富裕灶户占有草荡的依据。"仁和场滩荡濒江坍涨不常，自西徂东延袤一百余里，今查课荡七万八千七百六十八亩四分三厘，滩场五千六百六十弓八尺。许村场滩场坍涨不常原无定数，草荡五万四千九百三亩五分，西路场滩场九千五百七弓四尺，原无官给草荡"①。在三场之中仁和场草荡远多于其他两场，除了本身所辖地域较大，自富阳以下沿江岸百里之地，更有人为围垦的原因。万历中"先年坍江田土，向为仁和场灶户煎荡，今有涨阜，膏腴与民田无异"，说明荡地的产出并不比民田低太多。万历年间"仁和县额外新增沙地抵办草荡银二十两六千九分五厘解京"②，或也可从侧面说明仁和场草荡的规模。刘淼指出，正德、嘉靖余荡的开垦政策打破了景泰以来禁垦的限制，进一步使荡地占垦合法化、扩大化，甚至盐政部门也趁机广占荡产，设庄牟利。③ 嘉靖以来仁和场灶丁、草荡的急剧增加正印证了这一变化。

在大量民户因为赋税负担沉重，通过各种方式逃逸国家赋税征派，成为"逃户""隐户"的背景下，杭州府灶户的数量却大幅增加，徭役优免、占有草荡是重要原因。"旧制，每灶丁一人给草荡九亩或八亩，仍免田二十五亩，盖为沙上煎办穷灶设也。自立法以来贫灶无力置田、无田可免，而豪灶生奸，至有一户诡报二十丁，少亦不下十丁者。盖未离襁褓俱已挂名，义男、女婿一概混列，每遇审编丁田均徭，田连阡陌者概得冒免，上司知恤灶，不知所恤者皆豪灶非贫灶也，彼所收草荡租息约余一两，用三七以纳盐价，充然有余。又每遇

①　杨鹤：《两浙订正鹾规》卷三《各场沙荡》，《北京图书馆古籍珍本丛刊》，北京图书馆出版社 2000 年。

②　杨鹤：《两浙订正鹾规》卷三《各县课额》，《北京图书馆古籍珍本丛刊》，北京图书馆出版社 2000 年。

③　刘淼：《明清沿海荡地开发研究》，汕头大学出版社 1996 年，第 69 页。

丁田均徭二次免田五十亩,十丁则免五百亩矣。此灶丁之登间者日众,灶户之买民产者日多,编审之优免日增,而百姓之徭差日重也。……今有司十年大造,户口所增才数十百,而灶户至四倍国初,岂其生息独庶耶,所利厚故所加众也。"①此外,嘉靖倭乱之后,"一二盐场具告灶丁伤耗,许有田之灶,以五十亩准为一丁办纳盐课"②,灶丁许以田折算,也利于有田产之家诡籍。

嘉靖八年(1529)任萧山知县的张选,发现县内豪户借灶、黄两册编审漏洞,诡籍灶籍,优免差役,"本县卤灶之家,在灶册则合丁田为一户,在黄册则分丁田于各年,其合也为差徭,其分也亦为差徭。……本职编审本县十年均徭,有灶户赵旻,册开民田一百七十六亩一分,办盐一十五丁,生员二名。随查西兴场灶册,赵旻以赵昕为户,下有赵旭、赵拱等一十五丁,生员二名,折算俱该优免;及查黄册,赵拱系六甲里长,嘉靖二年均徭有田二百二十二亩,赵旭系八甲里长,嘉靖四年均徭有田二百一十三亩,赵昕系三甲里长,嘉靖九年均徭有田一百六十九亩,赵旻系四甲里长,嘉靖十年均徭四户共民田七百八十余亩。当赵拱均徭之年,册注办盐一十五丁,生员二名,田若干,查对灶册相同,既得通户优免,当赵旭均徭之年,不当复免,然以灶册查之,则盐丁同也,生员同也"③。赵氏家族显是本县豪灶,户内有灶丁十五丁,生员二名。依据嘉靖初灶户优免,完纳二十丁以上合户通免的政策,则合户优免杂徭是计算了生员优免在内。户内赵拱、赵旭、赵昕、赵旻均为里长,在编审均徭册时,都以赵昕为户名的灶户例免差徭,总计免去杂徭民田达到 780 亩。显然这是在杭州府内灶户同样出现的现象,也说明豪民是通过类似方式,免除差徭负担,将其转嫁给其他民户。

杭州的富灶豪民通过诡籍灶户的方式,一方面以灶户身份获得

---

① 陈善:《万历杭州府志》卷三〇《田赋》,中国方志丛书,成文出版社 1983 年。

② 庞尚鹏:《百可亭摘稿》卷一《厘宿弊以为赋役疏》。

③ 张选:《忠谏静思张公遗集》卷二《绍兴府萧山县为出巡事》,明别集从刊第二辑第 51 册,黄山书社 2016 年。

优免,一方面以占有的草荡招佃收租,获得巨大收益,"虽非亲子息,皆登报于籍,多者数十人未已,彼纳课有限,而所分草荡子沙招佃,……是添丁添业地也,何计不为也"①。虽有建议通过"每户免不过数人,必年至十六方始入册,其孩幼及义男、女婿飞洒诡寄者,行委府运堂上廉能官员清查,尽行革去"②,但从盐场灶户的增加看,这一办法并未实施。

西路场则与仁和场大为不同。万历二十五年(1597),西路场徐嘉言等条陈"乞将该场额灶五千三百七十三丁,每丁免田二十五亩,与民一体征银,每亩六厘,共银八百五两九钱,抵减该场灶课,自二十五年为始,并入本县条编徭银"③。徐嘉言等人的呈报,在《剂和悃诚》中有更为细致的记载,"痛念四民惟灶最苦,属场西路极患。各场见户办盐,又有山荡、沙田,利倍于课。西路不分老幼,验丁输课,并无寸土赡煎,课重丁逃,累催赔废,只有均徭旧制,每丁兑田二十五亩。万历十三年间,夏禹绩等呈请:概起徭银,发场抵课,实为贫富均沾,岂料奸生法外,富灶避役,将田诡立民户,积书漏减,发场延久无稽。更兼徭户零星流亡逋欠,虽有优免之名,竟无抵补之实。弊患口深,催灶愈困。恳乞怜准行县,概将额灶五千三百七十三丁,每丁照例计田二十五亩,与民一体征银,总扣灶里条鞭,充数解司,庶前弊顿革,灶命得苏。况以例免之徭银,抵额征之国课,无损于民,有裨于灶"④。

与仁和场不同,西路场出现灶户逃亡,豪灶将田荡诡为民田,这与西路场"原无官给草荡",周边又没有新的沙荡供灶户垦种有很大关系。吴滔认为,西路场的盐课一部分并入州县的条鞭银中照田亩征收,另一部分仍然照老办法随丁派征。课税客体也从单一的灶丁

---

① 陈善:《万历杭州府志》卷三〇《田赋》,中国方志丛书,成文出版社 1983 年。
② 陈善:《万历杭州府志》卷三一《征徭》,中国方志丛书,成文出版社 1983 年。
③ 杨鹤:《两浙订正鹾规》卷三《额课》,《北京图书馆古籍珍本丛刊》,北京图书馆出版社 2000 年。
④ 转引自武新立:《明清稀见史籍叙录》,金陵书画社 1983 年,第 133 页。

改为田亩、灶丁各半,形式上的照丁分给灶地,不得不向以"仓"为基本单元的通融均抵妥协。最终,"仓"代替"丁"作为赋役核算的单位。而这与课税客体由纯粹的丁到田、丁各半的转变,亦不无关联。[1] 蒋宏达研究指出,天顺至弘治年间,石堰场灶户原初的户籍户役制度已经难以维系,官府开始从对户籍人丁的掌控转向对田土的课税。两浙盐课在嘉靖十六年(1537)已实现完全折银征纳,州县差役合并纳银和盐场盐课完全折银之间就存在至少 30 年的时间差。这 30 年余年间的制度差异使得民灶之间徭役负担差距显性化,由此导致州县田亩诡寄入灶的高峰。[2]

## 四、匠籍

匠籍,与灶、军籍同,皆是世袭,洪武三年(1370)诏令"匠归工部"。明代工匠依据所属系统、服役时间、地点和待遇,可分为轮班、住坐、军匠和存留四类,人数在三十多万人,按工作分类则有 230 种。[3] 依据不同的工种,洪武二十六年(1393)起,分别为轮班匠制定不同的服役年限。如木匠、裁缝匠为五年一班,瓦匠、油漆匠等为四年一班,土木匠等为三年一班。至景泰五年(1454)定为四年一班。[4] 住坐匠则附籍于京或附近的宛平、大兴。匠户的勾取亦同军户。刘永华指出,可能从洪武朝(1368—1398)开始,已经存在数位匠户合立一户、共服匠役的情形。他以嘉靖年间一桩应役案为例,指出本案的傅习的高祖傅朝四和倪仁的高祖倪普用,在洪武年间就合充四川布政司织染局机匠一名,在两人于明初充任匠役之时,这一匠籍

---

① 吴滔:《从计丁办课到丁田各半——〈剂和悃诚〉所见西路场之一条鞭法改革》,《史林》2015 年第 6 期。

② 蒋宏达:《"丁"的层累演进——以明清时期的两浙石堰场为例》,《文史》2021 年第 2 辑。

③ 罗丽馨:《明代匠籍人数之考察》,《食货月刊》第 17 辑第 2 期,1988 年。

④ 陈诗启:《明代官手工业的研究》,湖北人民出版社 1958 年,第 72 页。

户头,已包括了来自两姓的人丁。[1] 张恒依据《优免匠役帖文》,指出匠籍的除豁需要匠户申请,皇帝同意豁免,工部下发回原籍,地方官府除豁。[2]

《嘉靖仁和县志》自成化八年(1472)起有分列的匠籍人口记录,成化八年匠户2475户,口12174,成化十八年(1482)为2474户,口数却锐减至2440,疑有文字脱漏。此后弘治五年(1492)、弘治十五年(1502)匠户户数皆在2400多浮动,而口数却皆在千余,[3] 余杭县成化八年匠户户数为215,口数为1748,[4] 於潜县成化八年,匠户户数为77,口数为735。海宁县原额人匠三千七百一名,输班匠一千六百名,南京住坐匠四百九十五名,北京住坐匠三百五名,存留本府织染局匠一千三百名,涉及工种名目繁多,存留于杭州的主要是织罗匠(539名)、打丝匠(192名)、染匠(185名)[5]。杭州是明代重要的丝织品生产地区,除民间生产外,设有织染局,役使人匠在800人左右。[6] 由于自宣德以来逃匠问题日益严重,成化二十年(1484)采取班匠征银的办法,原出银的班匠准予纳银免役。[7]

如杭州叶氏,据其家谱载,洪武二十四年(1391)其家分户,隶于匠籍。至宣德七年(1432)因其家绝嗣,遂除户籍。[8] 於潜县匠户舒仁师,洪武元年(1368)因为乡里矛盾为同里汪潜山指为裁缝匠,洪武四年(1371)开始以其祖父舒荣之名"领匠由勘合当班"。

① 刘永华:《明代匠籍制度下匠户的户籍与应役实态——兼论王朝制度与民众生活的关系》,《厦门大学学报》2014年第2期。

② 张恒:《日本宫内厅书陵部藏〈景泰年间优免俞侍郎家匠役帖文〉》,《历史档案》2022年第4期。

③ 沈朝宣:《嘉靖仁和县志》卷三,中国方志丛书,成文出版社1975年。

④ 戴日强:《万历余杭县志》卷二,四库全书存目丛书,齐鲁书社1997年。

⑤ 董谷:《嘉靖海宁县志》卷二,四库全书存目丛书,齐鲁书社1996年。

⑥ 罗丽馨:《明代匠籍人数之考察》,《食货月刊》第17辑第2期,1988年。

⑦ 罗丽馨:《十六、十七世纪手工业的生产发展》,稻乡出版社1997年,第19页。

⑧ 《新州叶氏家谱》,光绪清光绪三十三年抄本,上海图书馆藏。

舒仁师卒于洪武二十年(1387),其子舒已继续以匠籍当班,洪武三十年(1397)他在南京应役时,去世于南京弓匠坊吕宗友家,由其赘婿叶彦礼运回灵柩安葬。[①] 从舒氏的应役来看,他们属于在南京应役的轮班匠,洪武二十六年(1393)发给勘合的轮班匠有23万人,服役地点集中在南京,浙江一省为3万多人。舒已子舒志善,以二十一都仇存祐之子仇原师代承匠役,永乐十四年(1416)仇原师与二十三都程关保被放回,程关保以贿赂只勾取仇原师为住坐匠。永乐十六年(1418)仇原师被拨至北京内官监为匠,先后于永乐十六年、永乐十九年(1421)两度逃回。永乐十九年在被解往北京时仇原师上告县衙,指自已代舒家应役,以舒家并为匠籍。舒已家兄弟中舒寄师家后亦朋充匠役。隶属于内官监的是住坐匠,则从永乐十六年起舒家已成为附籍的住坐匠。如明宪宗安妃姚氏,为嘉兴人,其祖上姚成一明初勾为匠籍,其子姚聪宣德六年(1431)以匠户轮值,住大兴县贤良坊,[②]其后裔万历十一年(1583)进士姚思仁仍为匠籍。

## 第四节　市镇发展与人口

杭州城内人口规模,明人常有百万之说。陈善以为"杭之城池,虽云高深,然城中百万烝黎,皆仰给在北市河之米",而杨魁以为杭州守城之要,在储米六十万石,为两月之用。[③] 杨魁也以为"积储之方,为杭州最急,城有四十里之围,居有数百万之众","南北二山风气盘结,实城廓之护龙,百万居民坟墓之所在也"。[④] 江西人李鼎认

---

① 舒传心:《唐昌舒氏宗谱》卷三《世系外传》,清光绪三十三年木活字本,犹他族谱学会。

② 《秀水姚氏家乘》,光绪三十四年,犹他族谱学会。

③ 陈善:《万历杭州府志》卷三三《城池》,中国方志丛书,成文出版社1983年。

④ 陈善:《万历杭州府志》卷一九《风俗》,中国方志丛书,成文出版社1983年。

为杭州"神京之首藩,列郡之雄冠,……武林生聚繁茂,益以列郡之期会至者,殊方冒迁至者,奚翅二三百万"①。万历年间,杭城兵变,时任官员称若非南关主事王谦化解,则"杭城百万流血"②。等等。

明代城市人口百万之说,杭州并非孤例,北京作为明代首都亦有此说,但是正如高寿仙指出,上述说法均系印象式的修辞描述,并无统计依据。他在综合各类资料的基础上对明代北京人口进行估算,从永乐定都起达到 70 万人左右,直至天启元年(1621)时约有 100 万人,其中成化十六年(1480)对京城人口的审勘,提供了重要数据。③ 也就是说,北京在明代大部分时期人口也未达到百万规模。明清北京内外城市面积 62 平方公里,④杭州城面积约 15 平方公里,即使包含城外区域,人口也不可能达到百万的规模。何一民据府志中仁和、钱塘两县数据,估算杭州州城成化中有 9 万户,人口约 30 万人,⑤似难成立。

傅衣凌从经济层面总结明清城市特点,"苏杭型城市,虽然也是封建地租集中地,但工商业比重较大,此外还有很多与工商业生产直接相关的新兴市镇"⑥。李伯重进一步发挥认为,明中叶以后苏州城市的四个重要变化,一是城市显著扩大,即城市地域范围与人口的增加,二是城市从府城扩大到城厢及郊区市镇,形成以府城为中心、郊区市镇为卫星城市的特大城市,三是城市发展的动力主要是城市工业,四是经过三个世纪的发展至清中叶城市工业已经居于主导地位。他进一步指出,这种城市发展趋势在江南地区并非孤例,

---

① 李鼎:《李长卿集》卷一九《借箸编·早计第一》,万历四十年刻本,国家图书馆藏。

② 朱国桢:《皇明大事记》卷四一《杭州兵变》,续修四库全书,上海古籍出版社 1995 年。

③ 高寿仙:《明代北京社会经济史研究》,人民出版社 2015 年,第 25—39 页。

④ 徐苹芳:《古代北京的城市规划》,《徐苹芳文集·中国城市考古学论集》,上海古籍出版社 2015 年。

⑤ 何一民:《中国城市史纲》,四川大学出版社 1994 年,第 196 页。

⑥ 傅衣凌:《明清社会经济变迁论》,人民出版社 1989 年版,第 152 页。

杭州的城市发展也近似,即为傅衣凌所总结的"苏杭型"城市。[①] 城市发展的重要标志,赵冈认为主要体现在人口的增加。[②]

非农业人口的增长是明代杭州人口的重要特征之一。

弘治元年(1488),朝鲜人崔溥自杭州北门出,所见"自门外可十余里间,市肆相接,亦与城中一般。行至天妃宫,宫前即德胜坝河。河边画舫绯緪,不可胜数"。[③] 可见自城门向北,沿运河一带都为街市,人口稠密。附郭的钱塘、仁和二县,正德年间仁和县民户有十余万户,"四方商贾聚市阛又十余万户",诸般事务繁多,故"仁和令于天下为最难"。[④] 万历年间的钱塘,"市居者一,山居者一,乡居者二"[⑤]。嘉靖年间杭州城里巷无人居住,以至于草深尺许、狐兔为群,到万历年间,城中已是"民居栉比、鸡犬相闻"。[⑥] 万历时期"衢巷绵亘数十里"[⑦],城区已较嘉靖有进一步扩展,主要延伸方向应是向北,沿大运河绵延。嘉靖三十四年(1555)的倭乱,倭寇先后袭击塘栖镇、杭州城北,造成郡城北厢数万家被焚掠殆尽。[⑧] 城东北部则仍以农田为主,"盖城东北隅庐舍稀少,即令有之,稍迁回引避当无难者,其余三四里者,皆田亩也,或属废寺,或属民间"[⑨]。杭州城东以菜地为主,明时谚语所谓"东菜西水"[⑩]。

---

① 李伯重:《多视角看江南经济史》,商务印书馆 2022 年,第 445—446 页。

② 赵冈:《中国城市发展史论集》,新星出版社 2006 年,第 7 页。

③ 崔溥撰,朴元熇校注:《崔溥漂海录校注》,上海书店出版社 2013 年,第 73 页。

④ 殷云霄:《仁和县知县题名》,《嘉靖仁和县志》卷三《县令题名》。

⑤ 聂心汤:《万历钱塘县志》纪疆,中国方志丛书,成文出版社 1975 年。

⑥ 陈善:《万历杭州府志》卷一九《风俗》,中国方志丛书,成文出版社 1983 年。

⑦ 陈善:《万历杭州府志》卷三四《衢巷》,中国方志丛书,成文出版社 1983 年。

⑧ 陈善:《万历杭州府志》卷七《国朝郡事纪》,中国方志丛书,成文出版社 1983 年。

⑨ 李鼎:《李长卿集》卷一九《借箸编·宜民第三》,万历四十年刻本,国家图书馆藏。

⑩ 吴鼎:《过庭私录》卷一《颜溪记》,四库全书存目丛书,齐鲁书社 1997 年。

　　城市区域扩大的同时,从事手工业的人口数量不断增加。钱塘县"西南如安吉、长寿、定山之南北乡,其民以负薪织履为业,田功不修,灾荒无备"①,说明即便是在山乡,不少人口也是从事非农生产。余杭县"闾巷童稚,皆知服业,百工技艺旧皆外郡之人,今技艺者多出本邑"②。在州城周围,从事丝织业的人口数量相当多。范金民指出,杭州府是江南蚕桑的重点产区,夏税丝从洪武时期的409448两,至隆庆六年(1572)达到674889两,前后增长67%。杭州的丝织业,无论是桑树栽种面积,还是从业人口都相当巨大。③ 张瀚曾经追述其祖上自酿酒转换至丝织业,"每一下机,人争鬻之,计获利当五之一。积两旬,复增一机,后增至二十。商贾所货者,常满户外,尚不能应"④。万历时,在杭州从事商贸的人口不断增长,甚至引发对南北山的坟地的争夺。⑤

　　明代杭州有皮市、米市等,很多城市平民从事此类交易。还有不少人是从事各类手工业生产的,在明代小说中即有反映,如"武林门外清湖闸边,有个做靴的皮匠姓陈名文,混家程氏五娘……走入门里满桥边皮市里买皮"⑥。杭州地区内部的贸易就颇为繁盛。"杭州是浙江省下,天下大码头去处,那两京各省客商都来此兴贩,城中聚集各行做生意的。……粮食俱靠四路发来。那些湖广的米发到这里,除了一路盘桓食用,也有加四五利钱。"⑦"我杭州做生意的高

　　① 陈善:《万历杭州府志》卷二六《沟洫》上,中国方志丛书,成文出版社1983年。

　　② 戴日强:《万历余杭县志》卷二《风俗》,四库全书存目丛书,齐鲁书社1997年。

　　③ 范金民:《江南丝绸史研究》,中国农业出版社1993年,第81页。

　　④ 张瀚:《松窗梦语》卷六《异闻记》,中华书局1985年,第119页。

　　⑤ 陈善:《万历杭州府志》卷一九《风俗》,中国方志丛书,成文出版社1983年。

　　⑥ 冯梦龙:《警世通言》卷三三《乔彦杰一妾破家》,中华书局2009年,第336页。

　　⑦ 金木散人:《鼓掌绝尘》卷一三《耍西湖再起泥菩萨转荆州怒打假神仙》,第150页。

低不等，那有巨万本钱的，或做盐商，或做木客，或开当铺，此是第一等生意，本钱也大，趁钱也稳。其次或贩绡缎，或卉书坊，或锡箔，或机坊，或香扇铺，或卖衣铺。本钱极少恰要数千金，外行人不识其中诀窍，便要折本。"①

杭州城内还有从事赋税缴纳中介的群体。侯鹏指出，苏州城内"积年罢闲吏典、主文、皂隶、刁民、势豪军民人等""无籍之徒"常年雇与乡民替当馆夫，营充门子，支应使客，替当防夫，通同仓攒、斗级包收揽纳税粮。况钟主政苏州时，革去冗役、害民圩老、圩长九千余名，苏州府在籍三十余万户纳粮当差的责任大约就是由这些人实际完成的。② 杭州亦有此类人，万历时"杭民奸宄，莫甚于包揽……良善之民其惧官府若雷霆，避里胥如蛇蝎，畏公差若虎狼"③，给了这些人在官府和百姓之间充当中介的空间。

万历十年（1582）三月至五月间，杭州城先后发生"兵变""民变"，震动江浙地区。民变的直接原因是总甲、火甲之役和间架税，还存在更楼、栅栏的设置和夜禁限制了城内从事手工生产的群体生计，改变雇役使原来以役为业的群体失业等因素。④ 民变的主要组成人员是城内的织工、染工及小商人。民变发起者丁仕卿租住的地方被称为"织工街"，染坊集中的区域是东河一带，菜市桥、章家桥是菜市场。参加者中还有相当数量是租住在城内的手工业者。⑤

正是在手工业者不断增加，接近土著居民人口一半的背景下，

---

① 金木散人：《鼓掌绝尘》卷一三《耍西湖再起泥菩萨转荆州怒打假神仙》，第 150 页。

② 侯鹏：《官民之间：再论周忱改革对江南赋役征收组织的改造及影响》，《中山大学学报》2019 年第 4 期。

③ 陈善：《万历杭州府志》卷一九《风俗》，中国方志丛书，成文出版社 1983 年。

④ 陈学文：《明代一次市民意识的新觉醒——万历十年杭州兵变和民变研究》，《浙江社会科学》1992 年第 2 期。

⑤ 夫马进：《晚明杭州的城市改革与民变》，琳达·约翰逊主编，成一农译，上海人民出版社 2005 年，第 93 页。

杭州城内粮食等物资的供应越来越依赖周边市镇。正统六年（1441），巡按浙江监察御史康荣上奏"杭州府地狭人稠，浮食者多仰给于苏、松等府"[①]。浮食者，应包括城内的手工业者。"逐末为生，市井细民无终日之粮，富室无终月之粮，率有缓急，虽墨翟不能守也"[②]，"严之薪、湖之米聚诸城外，居人无隔宿之储，故不易守"，[③]都是对这一现象的描述。"嘉靖乙卯，倭奴剽掠城下，湖墅市河之积，半为盗资，半为煨尽，城闭仅六日耳，而攘夺纷纷，几至内溃。"[④]一旦破坏了城市供应，杭州城内就几乎发生内乱。

市镇人口的增长，是明代杭州人口的重要特征之二。

傅衣凌指出，明代商贸活动的快速发展，与明代商品作物种植的专门化与地域分工有一定联系。[⑤]以杭州府为例，府城及其所属各县在成化年间（1465—1487）已出现了一些著名的农村农贸集市（见表6-3），如仁和县境内的临平镇，是海宁和仁和县上塘一带乡民从事蚕丝贸易之处；塘栖镇，是仁和、德清两县乡民从事蚕丝贸易最集中的地方；旧嘉会门市，其地在候潮门外，当时浙西一带从水路运来的货物多聚停在那里。又如钱塘县境内的浙江市，其地在杭州城南的钱塘江边，从福建来的货物及来往商旅大多泊于此地。如范村市，因为紧邻航道，随着商贸活动发展，明中期已成为巨镇。[⑥]在海宁、余杭等县，成化年间也已有一些规模不等的农贸集市。明清时期杭州府属专业市镇，海宁有一个棉货专业市镇，府城、仁和、海宁

---

① 《英宗实录》卷七六，正统六年二月戊辰。

② 沈长卿：《沈氏弋说》卷六《庞公造福大略》，四库禁毁丛刊本。

③ 王士性：《广志绎》卷四《浙江》，浙江古籍出版社2013年，第294页。

④ 李鼎：《李长卿集》卷一九《借箸编·早计第一》，万历四十年刻本，国家图书馆藏。

⑤ 傅衣凌：《明代江南市民经济试探》，上海人民出版社1957年，第7页。

⑥ 夏时正：《成化杭州府志》卷三《市镇》，四库全书存目丛书，齐鲁书社1996年。

共有丝货专业市镇六个,钱塘、昌化共有米粮专业市镇三个。①

塘栖镇,明代为德清、杭州仁和两县分辖。元末张士诚自伍临港开河至北新桥,塘栖至杭州的水路航道至此打通,运河亦称为"新开河"。正统年间,巡抚周忱为方便转漕运,修筑自北新桥起至德清的塘岸,陆路交通至此亦大为方便,"塘栖始为南北往来之孔道"②。而自德清等地转运的粮食,亦自塘栖存储,再转卖入城中。作为航运重要孔道,加之各地贸易经由此地,塘栖镇人口逐渐聚集。据明末沈谦记载,"临平一镇也,僻在杭郡之东,地不满十里,户不满万人"③。以海宁县各镇而言,"硖石最饶庶,袁花次之,长安又次之,郭店为下,转塘、黄冈特村墟数厘而已"④。其中硖石镇辖四里,长安镇辖二里。⑤ 袁花镇当时聚居的大族有许氏、祝氏等,如许氏在明中期有"田数千亩,居室千楹,就食者六百指"⑥。

表6-3 明时期杭州府各市场

| 属县 | 市场 | 产业特色 | 备注 |
| --- | --- | --- | --- |
| 城外 | 临平市镇 | 蚕丝贸易 | |
| | 旧嘉会门 | 货物居停 | |
| | 塘栖市镇 | 与德清蚕丝贩易 | |
| | 沙田市 | | 成化志无载 |
| | 夹城巷市 | | 成化志无载 |

① 刘石吉:《明清时代江南的专业市场》,《食货月刊》第8卷第6—8期,1978年。

② 王同:《塘栖志》卷一《图说》,中国地方志集成乡镇志专辑。

③ 沈谦著,杨叶点校:《临平记》,浙江古籍出版社2019年,第364页。

④ 谈迁:《海昌外志》乡镇,四库全书存目丛书,齐鲁书社1997年。

⑤ 谈迁:《海昌外志》乡镇,四库全书存目丛书,齐鲁书社1997年。

⑥ 张宁:《方洲集》卷二四《许一樗墓志铭》,四库全书本。

| 属县 | 市场 | 产业特色 | 备注 |
|---|---|---|---|
| | 宝庆桥市 | | 成化志无载 |
| | 德胜桥市 | | 成化志无载 |
| | 石灰坝市 | | 成化志无载 |
| | 江涨桥市 | | 成化志无载 |
| | 北新桥市 | | 成化志无载 |
| | 浙江市 | | 成化志无载 |
| | 范村市 | 商贸巨镇 | |
| | 北郭湖州市 | 南北货物多集于此 | |
| | 西溪市 | | |
| 海宁 | 县市 | | |
| | 郭店市 | | |
| | 硖石市 | | |
| | 长安市 | 商贾往来，舟航辐辏 | |
| | 袁花市 | | 成化志无载 |
| | 转塘市 | | 成化志无载 |
| | 黄岗市 | | 成化志无载 |
| 余杭 | 县市 | | |
| | 瓶窑镇 | | 成化志无载 |
| | 石濑市 | | |
| | 闲林市 | | |
| | 双溪镇 | | 成化志无载 |
| | 长乐镇 | | 成化志无载 |

续　表

| 属县 | 市场 | 产业特色 | 备注 |
|---|---|---|---|
| 临安 | 东市 | | |
| | 西市 | | |
| | 青山镇 | | 成化志无载 |
| | 鹤山镇 | | 成化志无载 |
| | 下管镇 | | 成化志无载 |
| | 横板溪镇 | | 成化志无载 |
| | 西墅镇 | | 成化志无载 |
| | 黄潭镇 | | 成化志无载 |
| 富阳 | 县市 | | |
| | 汤家埠 | | 成化志无载 |
| | 荡口埠 | | 成化志无载 |
| | 灵椿埠 | | 成化志无载 |
| | 渔里山埠 | | 成化志无载 |
| | 洋婆场 | | 成化志无载 |
| 新城 | 县市 | | |
| | 渌川镇 | | 成化志无载 |
| | 松溪镇 | | 成化志无载 |
| | 山溪镇 | | 成化志无载 |
| | 洞桥镇 | | 成化志无载 |
| 於潜 | 县市 | | |
| 昌化 | 县市 | | |
| | 河桥镇 | | 成化志无载 |
| | 巡检司镇 | | |

资料来源:《成化杭州府志》《万历杭州府志》。

市镇兴起,是南宋以后江南地区社会经济发展的一个重要变化。"市因商贾辏集而成,镇必经前代设官而立"①,很多市镇的兴起主要是依靠商贸聚集形成。乡村人口向市镇及城市中流动,逐渐集中城镇的现象,应该是近代江南城市化的重要特征之一。②"杭城北,湖州市南,浙江驿咸延袤十里,井屋鳞次烟火数十万家,非独城中居民也,又如宁绍人什七在外,不知何以生齿繁多如此,而河北郡邑乃有数十里无聚落,即一邑之众尚不及杭城南北市驿之半者,岂天运地脉旋转有时盛衰不能相一耶。"③

然正如包伟民指出的,专业市镇的理论范式在强化市镇农村经济专业化趋势认识的同时,造成了夸大、泛化江南市镇专业化生产的弊病。江南市镇的土地主体仍然是耕地,限于资本投入和风险,真正从事桑蚕业的人口比例不会太高。而且即便是像乌镇这样的专业市镇,其产业也是呈现多元,而非单一的蚕丝贸易。④作为中间市场的江南市镇多数具有贸易集散中心和商品供给中心两种功能,这两种功能互相依赖,很大程度上维系一个中间市场的市镇的商业繁荣,更多需要依靠其对周围农村地区"保障供给"的商业功能。在杭州周边发展和兴起的市镇,除了从事商贸的人口增长外,也会伴随农业人口的增长。

也有一些市镇由于功能、交通转变等原因,逐渐衰落。如由于明代卫所设置,改变周边水运交通,澉浦所城彻底失去了区域经济网络中的节点地位。

---

①　邵晋涵:《乾隆杭州府志》卷五《市镇》,续修四库全书,上海古籍出版社1995年。

②　刘石吉:《明清时代江南市镇研究》,中国社会科学出版社1987年,第123页。

③　王士性:《广志绎》卷四。

④　包伟民、陈晓燕:《"专业市镇"与江南市镇研究范式再认识》,熊月之、童秉真主编《明清以来江南社会文化论集》,上海社会科学院出版社2004年,第83—84页。

当然,估算市镇人口十分困难,正如刘石吉指出的,依靠明清方志的人口记载重建确切的中国传统市镇人口根本没有可能,而进一步以市镇人口作为中国历史上"都市化"的指标,则几等于做梦。① 尽管如此,通过市镇数量的增加,还是可以看出杭州市镇人口增加的特点。

# 第五节　影响人口的因素

## 一、灾害疫病

明代杭州城市人口增加,加上周边市镇的发展,人口密度加大,在面对瘟疫灾害时,往往造成很大的人口损失。洪武五年(1372)五月,朝廷下诏于天下郡县建孤老院,以孤老残疾不能自存者入院,官府依例赡养。每口每月可支取米三斗、柴三十斤,冬夏布各一匹。洪武七年(1374)的规定更为细致,规定五岁以上、十四岁以下为小口,以上为大口。若一家两口,均为大口则米五斗,柴六十斤,冬夏布各六丈;一大一小则为米四斗、柴五十斤,冬夏布各五丈。若一家三口,三口皆大则米七斗五升,柴九十斤,冬夏布各九丈;两大一小,米六斗五升、柴八十斤,冬夏布各八丈;一大两小米五斗五升、柴七十斤、冬夏布各七丈。② 杭州府于元代贡院旧址建房四百间,以"元亨利贞"为号,每号一百间,仁和、钱塘两县分摊费用。正德五年(1510)养济院孤老计有345名,嘉靖二十七年(1548)除386名孤老外,还有军籍孤老一名。③

但是正如学者指出,明代的官方赈灾能力极为低下,很大程度上需要民间自行组织的赈济来救荒,但是民间救荒的问题也是显而

①　刘石吉:《明清时代江南市镇研究》,中国社会科学出版社1987年,第128页。

②　沈朝宣:《嘉靖仁和县志》卷七《恤政》,中国方志丛书,成文出版社1975年。

③　沈朝宣:《嘉靖仁和县志》卷七《恤政》,中国方志丛书,成文出版社1975年。

易见的。明人陈龙正曾就嘉善一县的赈济提出"独赈一区"的建议,他认为以嘉善而言,一县遇灾,需赈济者将达到十万人,以每人两个月四斗的口粮计算,需粮近四万石,"虽巨室世家,孰能办此?"而且还会导致周边灾民蜂拥而至,不少人会倒毙途中,使救人善举转为求名而害人的虚伪。①

陈龙正曾积极组织地方赈济,他提出地方赈济应当区分官方和民间,因为官方一纸命令足以动员全体,而民间组织赈济需要视力之所及。② 他认为赈济首先应当核实地方人口,明确贫户数量,并区分贫户为三等,以贫户为赈济的主要对象。日常应当认真调查核实贫户的实际数量、居民分布,除依靠本乡大户外,还应走访调查以求实态。灾年所查出的户籍数量,真实反映了实际的户口数量。③

杭州濒海,域内河流纵横,水患特别是海侵频发。洪武十年(1377)春三月,钱塘、仁和、余杭三县遭水灾,朝廷下诏赈济,受灾人户,户给米一石。④ 永乐九年(1411)海决,潮水涌入,地方官救济不时,造成百姓因灾流离失所者 6700 余户,冲毁民田 1900 余顷,"事闻,遣保定侯孟英等力役苏湖九郡,赀累巨万,积十有三载,其患始息"。洪熙元年(1425),周干等巡视江浙八府,发现杭州仁和县、海宁县因灾漂没田地,自永乐十二年(1414)起的十多年时间,仍旧在征收田税务。此次涉及的是永乐十二年的风潮,仁和县十九都、二十都没于海。⑤ 成化十三年(1477),海宁潮水成灾,冲毁大片民居、

---

① 陈龙正:《几亭外书》卷四《独赈一区之故》,续修四库全书,上海古籍出版社 1995 年。

② 陈龙正:《几亭外书》卷四《独赈一区之故》,续修四库全书,上海古籍出版社 1995 年。

③ 陈龙正:《几亭外书》卷四《徼户散粮》,续修四库全书,上海古籍出版社 1995 年。

④ 陈善:《万历杭州府志》卷五《国朝郡事纪》上,中国方志丛书,成文出版社 1983 年。

⑤ 陈善:《万历杭州府志》卷五,中国方志丛书,成文出版社 1983 年。

祠庙,地方官除修复堤防外,还发动富民赈济,并发放药品防止瘟疫在灾后流行。而堤防恢复累积耗时七月,动用民夫12000多人。①

海宁县,景泰五年(1454)大雪,弘治十八年(1505)九月十一日地震,正德十二年(1517)八月十九日地震,嘉靖元年(1522)春夏大水,成化十三年海决逼城,嘉靖九年(1530)海决逼城。② 董慧,"景泰甲戌饥荒捐谷四百石,成化癸巳,海溢,捐谷六百石。丁酉大饥,又输谷千石",后又输谷千石为荒备,修葺文庙、桥道。③ 甲戌(1574),春正月,杭州大雪,鸟雀俱死。④ 万历十六年(1588)"春大雨,六月旱,瘟疫盛行,骸骨不及收者满山谷⑤。丁酉(1597),二月二十一日,清明湖市大火,仁和县烧2900家,钱塘县烧1200家。⑥ 万历十六年饥荒,米价达一两八钱,余杭人董钦发米三千石赈济。⑦ 昌化县民许德祥为当地赈济地方的大户,正统年间朝廷劝捐富户,许家即率先捐谷四百石给义仓,倡议其他富户捐谷,其后许氏又捐谷千石。永乐十一年(1413),朝廷赈济仁和、嘉兴两县饥民三万三千余口。⑧ 宣德六年(1431),於潜县奏贫民五百余户缺食。⑨ 崇祯四年(1631),海宁县民祝以豳上书,言崇祯元年(1628)海潮"漂溺人民七万"。⑩

灾年的米价腾贵是导致人口减少的重要原因。以明末嘉善为例,"今春每斗百二十钱尤为异常,闻乡民贫者买食豆渣、酒糟,杂以

① 张宁:《重筑障海塘记》,《嘉靖海宁县志》卷九《诗文》
② 董谷:《嘉靖海宁县志》卷九《祥异》,四库全书存目丛书,齐鲁书社1996年。
③ 董谷:《嘉靖海宁县志》卷八《人物志》,四库全书存目丛书,齐鲁书社1996年。
④ 孙之騄:《二申野录》卷二,四库全书存目丛书,齐鲁书社1996年。
⑤ 孙之騄:《二申野录》卷五,四库全书存目丛书,齐鲁书社1996年。
⑥ 孙之騄:《二申野录》卷五,四库全书存目丛书,齐鲁书社1996年。
⑦ 戴日强:《万历余杭县志》卷六《孝义》,四库全书存目丛书,齐鲁书社1997年。
⑧ 《太宗实录》卷一二四,永乐十一年八月甲辰。
⑨ 《宣宗实录》卷八四,宣德六年十一月丙子。
⑩ 《崇祯长编》卷四五,崇祯四年四月丙午。

草根度命"①。而与城市相比,乡村的抗灾能力则要差很多。"惟农最劳,惟农最贫,居乡者大抵农夫,居城市者大抵工商贾,又宦仆、衙役十居其三,故凶年转徙沟壑乡民为多,饿死于城市者不一二见,惟卖菜者流最无本业,亦须赈农乏暇然后及之。"②"崇祯庚辰秋,山东、河南、山西、畿南人食木皮,至冬人相食。辛巳,江南、北皆竞弃子女、售器具,流殍塞路,少妇不直千钱。市饼饵辄袖之,否则见夺。斗米三钱。杭州诸生某家三四人,度不支,质米肉杂以砒霜,啖讫俱死。"③

明代疫病种类有百种,疫病流行颇为猛烈。永乐六年(1408)江西抚州、福建邵武等地瘟疫流行,死亡七万八千余人,永乐八年(1410)邵武瘟疫造成大量人口死亡,死绝户达一万二千户。瘟疫也在浙江地区造成严重损失。正统九年(1444),绍兴、宁波、台州瘟疫流行,至次年已死亡多达三万余人。④ 农民最易感染的五大寄生虫是血吸虫病、疟疾、丝虫病、黑热病、钩虫病。李玉尚指出,随着明清以来江南地区人口的增加、商品经济的高度发达、城镇的繁荣以及大城市的兴起,蔬菜种植越来越重要,这种农业结构变化加剧了钩虫病的流行,并使得钩虫病在城乡之间流动变成可能。⑤ 仁和县寿安坊市"百工技艺、蔬果鱼肉,百凡食用之物,皆于此聚",庆春桥尚有菜市,⑥一定程度内成为疫病流行的重点区域。明清以来江浙桑树品种以湖桑和火桑为主,桑树低矮且密植,为钩虫卵的孵化提供了

①　陈龙正:《几亭外书》卷四《附张挂买米告示》,续修四库全书,上海古籍出版社1995年。

②　陈龙正:《几亭外书》卷四《煮粥散粮辨》,续修四库全书,上海古籍出版社1995年。

③　谈迁著,罗仲辉、胡明校点校:《枣林杂俎》智集《荒惨》,中华书局2000年,第64页。

④　刘伯骥:《中国医学史》,下册,华冈出版部1974年,第416—417页。

⑤　李玉尚:《明初以降江南农业结构转变与疾病变迁:以钩虫病为中心》,刘翠溶主编《自然与人为互动:环境史研究的视角》,联经出版事业公司2008年,第474页。

⑥　沈朝宣:《嘉靖仁和县志》卷一《市镇》,中国方志丛书,成文出版社1975年。

极好条件。明代地方虽有惠民局作为官方医疗机构,但是官方医学教育却呈现衰败迹象,不少医生缺乏必要的医学素养。很多医生系举业无成,才转向岐黄之道。海宁的惠民局与县所设医学共处一地,惠民局的废败必然导致官设医学的废败,突出反映了明中央政府不重视地方医生资源。[1] 因此在应对瘟疫等流行病时,作用也相对有限。

## 二、倭乱

明代的倭乱,以嘉靖三十一年(1552)为界,可分为前后两个时期。前期倭寇的主要组成为日本西陲的武士、浪人及失去日常生活之凭依者。嘉靖三十年代的倭乱则主要由王直、徐海等人引起。[2] 明嘉靖年间,倭寇攻掠城镇,造成东南地区百姓大量伤亡,很多城镇因之破败,社会日益残破。

"嘉靖三十三年,岛夷七百人据尖山四十余日,死者不可胜计,三十四年,岛夷三千余焚夹石镇,死者七百余人,三十五年再侵。"[3] 嘉靖三十三年(1554)四月倭寇犯海宁,"海宁大姓多罹其害"[4]。嘉靖三十四年(1555)六月,倭寇犯嘉善,嘉善知县邓植弃城逃走,倭寇入城大肆杀掠,更进犯德清,杀裨将梁鹗。[5] 嘉靖三十四年,倭寇侵仁和县,塘栖镇民逃亡仁和县内以避,提学副使阮鹗开武林门,令左入辎重,右入妇女、儿童,此后再令男子入城,以防奸细,前后四五日,入城百姓多达几十万人。[6] 倭寇一度接近杭州州城,"乙卯吾郡

① 梁其姿:《宋元明地方医疗资源初探》,张国刚主编《中国社会历史评论》卷三,中华书局 2001 年,第 213 页。

② 郑樑生:《明代倭乱对江南地区人口造成的影响》,《中日关系史研究论集》十,台湾文史哲出版社 2000 年,第 132 页。

③ 董谷:《嘉靖海宁县志》卷九《祥异》,四库全书存目丛书,齐鲁书社 1996 年。

④ 采九德:《倭变事略》卷二,嘉靖三十三年四月十二条,盐邑志林本。

⑤ 王士祺:《皇明驭倭录》卷六,嘉靖三十四年,续修四库全书,上海古籍出版社 1995 年。

⑥ 陈善:《万历杭州府志》卷七《国朝郡事纪》下,中国方志丛书,成文出版社 1983 年。

北厢数万家焚掠殆尽"①。嘉靖年间杭州的寇乱情况,可见表6-4:

**表6-4　嘉靖年间杭州寇乱情况**

| 寇掠年月 | 被寇城镇 |
| --- | --- |
| 嘉靖三十二年(1553)四月 | 海宁乍浦 |
| 嘉靖三十三年(1554)四月 | 海宁乍浦 |
| 嘉靖三十三年(1554)八月 | 杭州 |
| 嘉靖三十四年(1555)一月 | 海宁乍浦 |
| 嘉靖三十四年(1555)六月 | 杭州 |
| 嘉靖三十四年(1555)七月 | 杭州 |

资料来源:郑樑生《明嘉靖间寇乱与东南沿海地区的残破》,《中日关系史研究》第七辑,台湾文史哲出版社2000年,第189—196页。

方九叙在《麓西杂言》论及建城防寇的作用。他指出,倭寇为患时,王忬曾商议为塘栖镇建城以防倭,所费官府出半,富户出半。但是当时富户不愿出资,遂从中阻挠,使建城之议最终不了了之。塘栖遭倭寇劫掠,富户损失几倍于建城之费。更为重要的是,杭城所需米粮多屯于塘栖镇,"每岁数十万石,塘栖有城可守,杭城不虞艰食"②。嘉靖年间的倭乱,造成杭州包括属县的城市结构变化。如富阳县,其城墙原毁,嘉靖三十五年(1556)县令桂轸主持修筑,广六里,周回一千丈;余杭县城亦是在嘉靖三十五年修筑;临安县也在嘉靖三十四年修建土城以防倭寇;新城县在同年在县令范永龄主持下建城。③

---

①　陈善:《万历杭州府志》卷七《国朝郡事纪》上,中国方志丛书,成文出版社1983年。

②　《万历杭州府志》卷三三《城池》,中国方志丛书,成文出版社1983年。

③　《万历杭州府志》卷三三《城池》,中国方志丛书,成文出版社1983年。

# 第七章　清时期

南明弘光朝廷覆灭不久，监国于杭州的潞王朱常淓，得知清军逼近杭州，在浙江巡抚张秉贞、总兵陈洪范等的鼓动下，不顾礼部尚书黄道周等的劝阻，于顺治二年(1645)六月十一日主动打开杭州城门向攻浙的清八旗首领勒克德浑、博洛投降。明军退往钱塘江南岸的浙东地区。[①] 清廷于当年设浙江巡抚，驻于杭州，在浙江的行政机构初步建立。

清代杭州府与明代同，下辖钱塘(府治所在)、仁和、海宁、余杭、富阳、临安、於潜、昌化、新城诸县。海宁于乾隆三十八年(1773)复升为州。

## 第一节　户籍制度与杭州人口数据

以赋税征收为目的的人口登记、统计与实际人口完全脱节，始于明代中期。清代初期仍继承明代的军、民、匠、灶四种户籍，但是于顺治二年宣布废除明代的"民以籍分"，唯有灶籍仍规定世代以治盐为业，这是因为盐业关乎"军国要需"，清初朝廷依然将灶籍和灶丁编审看得十分重要，灶籍制度得到保留。[②]

---

① 叶建华：《浙江通史》清代卷上，浙江人民出版社 2005 年，第 11 页。

② 李晓龙：《盐政运作与户籍制度的演变——以清代广东盐场灶户为中心》，《广东社会科学》2013 年第 2 期。

顺治五年(1648)，户部下令进行人丁清审，依照年十六以上成丁入册、六十以上年老开除的原则，由里甲进行清审。清审的目的是征收丁银等，没有涉及土地财产。顺治十一年(1654)，清政府对清审做了进一步规定，规定清审的年限间隔为三年或五年，各省于顺治十二年(1655)清查人丁、土地，以后每十年清查土地、人丁，造册呈部。清廷没有固守明代的黄册制度，顺治十三年(1656)即对清审制度进行调整，将人丁清审与黄册制度合一，编审内容上，既查土地也查人丁；编审年限上，以五年为间隔进行清审，编审册籍上，停造人丁册，汇造《编审黄册》。①

清审人丁是为了税赋的征发，自明代中期以来，特别是一条鞭法实行以后，赋税人丁与实际人口之间日益脱离。以里为单位编成的清审册籍中，每个户丁名下都登记丁银及"地""粮"数额。丁是一个经济单位，可以由几个实际的成年丁组成。②

从杭州地方志记载可知，顺治十年(1653)杭州地区进行了第一次人丁编审，此后在康熙三年(1664)、康熙十年(1671)等年进行过编审。成书于康熙二十五年(1686)的《杭州府志》在《凡例》中明确："户口赋役，志中最大关系，虽版籍可考，极易淆讹……今志悉详《全书》。"《全书》即顺治十四年(1657)颁行的《浙江赋役全书》。

薛理禹则在比较浙江地区清代赋役资料后指出，浙江各州县原额人丁的来源是相当多样的，并不局限于明万历间与清顺治初，早可溯及明中期的弘治、隆庆年间，晚则落实于康熙前期，前后跨度达二百余年。而载于《康熙杭州府志》的户口数据，9个州县中来源于明代的有7个。③ 因此清廷编审的依据，主要是前朝的原额。

仁和县的人丁原额，顺治时依据万历时的《赋役全书》，"八万七

---

① 陈桦：《清代人丁编审制度初探》，《清史研究集》第6辑，中国人民大学清史研究所编，光明日报出版社1988年。

② 潘喆、唐世儒：《获鹿县编审册初步研究》，《清史研究集》第2辑，中国人民大学清史研究所编，中国人民大学出版社1982年。

③ 薛理禹：《浙江原额人丁考》，《浙江社会科学》2009年第12期。

百口,内市民八千七百四十二口,乡民七万一千九百五十八口……至康熙二年一丁不增一丁不减者也"①。康熙三年(1664)编审时,时任仁和知县范永茂在清查县内人丁时,增加三千七百一十六丁,共增税银七百九十一两五钱八厘。新增人丁及税被编入《赋役全书》,至缴纳丁粮时,县民萧有名等不断上告,认为虚增人丁平白增加本县的赋税。康熙五年(1666)到任的知县丁世淳已对新增丁口进行清查,"新增三千七百一十六丁,内派在城民图九里新增四百四十四丁,军地七所新增三千二百七十二丁,续将民图搜补外,实派军地七所二千四百三十一丁,其所报新丁内,有应成丁者二百一十九丁,既纳民里,又纳军里者六百九十一丁,孤老无告者二百六十丁,幼弱怀抱者一十九丁,废□死毙者四十二丁,异乡浮居、原籍当丁者五百一十三丁,故绝无补者九十八丁,流移远去者二百三丁,僧尼焚修者二十九丁,有姓无人者三百五十七丁"②,在新增的3000多丁中,仅有200多丁是属于应该增入。对于虚增的人丁及其税额,"俟编审之时,将该县三百六十里人丁,严行清编,则在城、在镇、在乡,必有多余之丁,然后将军地七所虚丁二千二百一十二名,竟行开除,务使各里人丁各还旧额"。"各还旧额"是清丁的主要目标。

康熙十年(1671),为清除这些虚丁,遵照"遗漏者按丁编征,虚加者概行除豁"原则,对已经清查出的虚丁除豁,却再度出现"借口免丁名色,每所科索银四五十两,每一户勒输一年之丁银作为公费,方许开除丁名,列单传催,公然指派,不意省会之地,狐鼠横行",时任浙闽总督刘兆麟不得不再度严令禁止。③ 经过这次清丁,至康熙二十年(1681),仁和县原额人丁"八万四千四百一十六丁,内市民人

---

① 赵世安:《康熙仁和县志》卷七《户口》,中国地方志集成,上海书店出版社1993年。

② 赵世安:《康熙仁和县志》卷七《户口》,中国地方志集成,上海书店出版社1993年。

③ 刘兆麒:《总制浙闽文檄》卷六《严饬仁和清丁》,《官箴书集成》第2册,黄山书社1997年。

丁一万二千四百五十八口，每口征银三钱一分三厘，该银二千六百五十三两五钱五分四厘一；乡民人丁七万一千九百五十八口，每口征银二钱二分五厘，该银一万六千一百九十两五钱五分，每口征米一升八合二勺，该米一千三百零九石六斗三升五合六勺"。

袁一相曾于顺治十七年（1660）至康熙六年（1667）任浙江布政使，他撰有《清丁条议》，在回顾历代人口极盛时期，叙述明代浙江自洪武不断衰减的人口数字后，他认为清丁的依据应是土地，"有产则有丁，其无产有丁者，俗名赤脚光丁，凡有产有丁者，虽有逃亡事故而地亩自在，则丁随产办，无赔累之苦矣"，有土地为依据，则赋税有所凭据。追索人丁则不免劳民伤财，"即如省会之民，湖墅之去江干计数十里，原在湖墅者忽徙江干，应纳丁银不过钱许，而往催一次，脚力饮食足抵一丁之银，倘往催不应，势不得不赔纳矣，即如仁和前令，将在城七所增报三千七百余丁，而值年赔纳有至一二百丁者职此故也"。康熙增丁中逃移等丁数多达数百，现年里长等催税不免奔波劳苦，有些无法催征，只能填赔。"今康熙十年编审，不过编次里役耳，至人丁之数，各县自有原额，须照依前款以产为据，或父亡而子继，或兄亡而弟补，或产业尽卖与人，亦应随产当丁，务期各县不亏原额"，人丁编审的目的，不是为了增加应税人口，而是基于对里役的编审，通过"随产当丁"达到"不亏原额"的目的。他明确反对以烟户册作为赋税征发的册籍，"此令一行，不肖之吏借此科今日报一丁，明日脱一丁，尽饱官役之腹，或将赤脚光丁悉登于册，而赔累之害无穷期矣"。可见烟户册只记载人丁，不登记产业，无法作为赋税的依据。

由于人丁是依据土地等计算，在编审时有"照人起丁""照粮起丁""照田起丁"等方式，薛理禹指出，杭州所属9县中，仁和、钱塘两县是"照人起丁"，三县是"照粮起丁"，三县是"照田地起丁"。[①]"照粮起丁"与"照田地起丁"的实质性区别在于："照粮起丁"的州县，只

---

① 　薛理禹：《清代人丁研究》，社会科学文献出版社2014年，第112—114页。

要是纳税土地,无论田、地、山、荡(塘),都需摊征丁银;"照田(地)起丁"的州县,仅田(地)摊征丁银,其余山、荡(塘)、屋基等不需摊征丁银。[①] 编审原则也会调整,如仁和县原为"照人起丁",至康熙中期以后,"近年编审以土田为主,凡三千亩为一里,故计土田而不计户口"[②]。

顺治十年(1653),余杭县编审人丁为"一万九千三百九十八丁",至康熙二十一年(1682)编审"二万一千六百一十四丁,内上丁八千一百六十九丁,中丁七千四百九十八丁,下丁五千九百四十七丁",上丁"每口征银一钱八分五厘,征米二升一合六勺",中丁"每口征银一钱一分,征米二升一合六勺",下丁"每口征银八分,征米二升一合六勺",这个丁口折算是依据"每田十五亩派上丁一口,每田八亩九分二厘派中丁一口,每田六亩四分九厘派下丁一口"。嘉庆年间编成的余杭方志,康熙至乾隆四十一年(1776)的户口记录中,仅有户数,没有口数。[③] 而康熙志所载的人丁数字,是依据顺治十年原额折算后的征收数字,嘉庆志所载的历年余杭县户数,也应是经过折算后应税的丁数,并非户口数。

与编审人丁相伴随展开的,是通过将役均摊到一定数量的土地,实现对里甲正役等的调整,同时革除各种通过催收粮银获益的群体。这项以赋税调整为目的的改革,使明代以来的编制登记户口的里甲组织彻底失去户口登记的功能。

明末在嘉兴等地区,就已开始针对里甲正役,实行"以田编里"。海盐县将县内土地,除原额优免外,以每田三千二百亩编为一里,总计编为一百六十一里。[④] 通过均里,将里甲正役的负担依据田产进

---

① 薛理禹:《清代人丁研究》,社会科学文献出版社 2014 年,第 118 页。

② 赵世安:《康熙仁和县志》卷七《户口》,中国地方志集成,上海书店出版社 1993 年。

③ 张吉安:《嘉庆余杭县志》卷一三《户口》,中国地方志集成,上海书店出版社 2011 年。

④ 蒋兆成:《明清杭嘉湖社会经济研究》,杭州大学出版社 1994 年,第 166 页。

行均摊，"里"已经不再是"里甲"的含义。

入清以后，赋役负担不均仍旧是浙江地方官员力图解决的问题。顺治十八年(1661)，针对江南地区的差役不均问题，户科给事中柯耸上《编审厘弊疏》，提出："及今大造之时，必期田尽落甲，役必照田。务将本区之田均入本区十甲。倘本区田多，则派入下区，按田起役。……更闻杭州各邑，有以生员包充册书。官法既所不加，舞文亦复何忌？此次急请敕行新抚臣，将秀水歇家、杭州生员应充者，严檄革除。至各县册书，止许本里公报诚实无过、精于推算者，专管推收书算等事。是革蠹除奸之本也。"①其重点在将赋役均摊入土地，将包揽税收的歇家、生员等群体革除，避免他们借助各种制度漏洞牟利。

康熙元年(1662)，浙江地区开始实行均田均里，即依据一定比例以田编里。康熙十年(1671)实行并图减役，直接以田三千亩编为十甲，省去"里"的设置。但是在杭州地区，实行并不顺畅。"如减图并里，各属已经编定，但初意原为省减田亩之徭役，使里民田均而力合，其旧额地丁银粮数目毫无亏损，若误认为减削版图则非矣……今二县申文，暗串乡总保甲四字，司府不察而并及焉，是欲金报乡约、责备保长，别立一样名色，以代粮现杂役之派，以遂官役诈扰之私，所当严加禁饬。……本部院拟将编定三千亩为一里之都图，于每都下编注天地一二等字号，按此字号止令落甲催纳钱粮，不许派及地方杂务。……杭州府仁、钱二县一体遵照施行。"②仁和、钱塘两县初期实行减图并里时，并未真正将辖区内土地依据每田三千亩编十甲，而是企图以保甲等涉及地方治安的民户组织代替减并图里，时任闽浙总督的刘兆麒对此严加申斥。

在督抚的推动下，均田均里在浙江逐步实施。钱塘县"始并一

① 《皇朝经世文编》卷三〇《户政》五《赋役二》，岳麓书社2004年，第721页。

② 刘兆麒：《总制浙闽文檄》卷六《酌议都图字号》，《官箴书集成》第2册，黄山书社1997年。

百六十里为一百三十五里,共去里二十五里"①。富阳县"各图人民以近附近,自寻亲识,均平配搭,止将在图之产、土著之民,挨次编派成图,所以产无漏粮,人无漏役,……柴山八十亩折作一丁,茅山一百一十亩折作一丁,光山一百三十亩折作一丁,通共减折山则产丁三千一十二丁三分零之数,各里赋役相均,悉除偏累"②。田三千亩编为十甲,是明代"照田编里"的继续,它打破了原有的里甲组织方式。明代的里甲制度是以人户为中心,"照田编里"则是以土地为中心,以应税土地编成里。

实行均田均里的同时,浙江开始推行"落甲自运"。"应征田地条银粮米,每年查照赤历,将科则、银米数目刊给易知长单(易知由单),分发各甲人户,凡遇征纳日期,听各户照限自行完纳,如人户能依期按数完槛上厫者,该管粮房即时注明坐簿,给票归农,不得留难"③,将缴纳银粮的责任落实到各甲,以避免现年粮长等承担过重的催征责任,也防止包揽税收的里书等人借陋规需索。

但是"均田均里""落甲自运"并没有实现革除粮长、现年里长等重役的目标。康熙二十二年(1683),"或有仍立粮(长)、见(年)之名者,或有巧改役首、单头名色者,种种不一。粮未开征,先有坐催到里,以催纳预征为名,需索船钱酒饭见面常例差使诸费",为此官府"除颁布两单外,再照编审事宜,刊刻本户自运简明小单,挨家分给,务使一目了然"。④ 可见百姓自行输纳,仍无法实现取代各种包揽群体的目标。加上"浙俗粮册并无的姓的名,或子孙分晰,承用诡名,

① 吴允嘉:《康熙钱塘县志》卷六《徭役》,中国地方志集成,上海书店出版社 2011 年。

② 蒋敬时:《光绪富阳县志》卷一二《赋役》,中国地方志集成,上海书店出版社 2011 年。

③ 刘兆麒:《总制浙闽文檄》卷六《实行落甲催征》,《官箴书集成》第 2 册,黄山书社 1997 年。

④ 赵世安:《康熙仁和县志》卷八《徭役》,中国地方志集成,上海书店出版社 1993 年。

至辗转授受，又联合数姓报作一户，因而互相推诿，并不知为何人。或投托豪户名下代纳，任其侵蚀，无从稽考。……于是滚单不能挨送，不得不用一熟识根柢之人，令其查造传催。伊等既操其权，遂致从中舞弊"，解决之法"若果按保甲之实户，问田产之坐落，以田产之的名，编行粮之图甲，挨庄顺叙，户户可稽，则钱粮何从诡寄，抗欠何难追比乎?"①也就是依据现居住村落，将人户和土地编定册籍，此法被称作"顺庄法"。顺庄法于康熙末年(1722)或雍正六年(1728)首先在浙江推行。

顺庄法规定，各坊图总保应缮造保甲顺庄清册，务必将各图内居民，按保甲实户，挨户顺编，不许参差跳越。册内要开明粮户真实姓名、住址和田地山荡的数量、坐落以及各项额征钱粮银米。倘粮户有田连数图完办税粮的，应将所有别图田地尽行归并户下。以前所有原图十甲尽行革除，不许再借均里均役为名。②

顺庄法实行以后，杭州府所属各县的顺编庄数差异较大，钱塘县"原设版图一百三十五里，今编顺庄六百七庄"，仁和县"原设版图二百四十八里，今编顺庄三百八庄"，③富阳县"原设版图二十八都图，七十二里，今编顺庄七十五庄"，临安县"原设版图三十二里，今编顺庄七十二庄"，於潜县"原设版图一十二乡，今编顺庄七十八庄"，昌化县"原设版图一十都里，今编顺庄一百一十四庄"，新城县"原设版图一十五乡一十五里，今编顺庄一百二十五庄"，④海宁、余杭两县庄与图一致。

侯鹏指出，在取消十甲轮役后，人户以额定税亩数编成的甲为

① 徐鼎:《请稽保甲以便征输疏》,《皇朝经世文编》卷二九《户政》四《赋役》一,岳麓书社 2004 年,第 669 页。

② 蒋兆成:《明清杭嘉湖社会经济研究》,杭州大学出版社 1994 年,第 176 页。

③ 邵晋涵:《乾隆杭州府志》卷四六《赋税》,续修四库全书,上海古籍出版社 1995 年。

④ 邵晋涵:《乾隆杭州府志》卷四七《赋税》,续修四库全书,上海古籍出版社 1995 年。

单位按亩自输,效果不尽如人意。特别在浙西地区,不论是户名还是税亩,作为原有里甲体系下"役"的支配手段,都显得过于"抽象",将保甲人户实际居住的村落作为控制手段就成为很自然的选择。因此,顺庄法可以看作催征组织朝地域化方向转变的结果。他以杭州临安县为例,说明原来里甲组织承担的催税、人户登记等功能,被以实际居住的村落编成的保甲所取代。[①] 蒋兆成认为,自顺庄法实施以后,明代以来在赋役制度方面一直推行的里甲编审制度和里甲催征粮银制度,最终被废除了。之后,保甲制代替了里甲制,以总保(或村庄)为基层单位实行挨户顺编赋税册籍和挨户催征粮银。[②] 至雍正六年(1728)浙江实行顺庄法,城乡的保甲成为人户登记的组织,由保甲登记的保甲清册,成为人口登记的主要册籍。

浙江地区的保甲组织应是清初就已存在,是出于治安目的编成的民户组织。顺治十八年(1661)至康熙三年(1664)任浙江巡抚的朱昌祚,曾发布公文,要求所属各地认真编订保甲,"凡十家为一甲,甲立一长,悬一总牌,开十家姓名、丁口、籍贯、艺业,有外来亲戚,及与附居者作何生理,开于本户之下,每家悬一小牌于门首,亦照前细列丁、口、籍、业。如甲内有出外经营,及移去别里者,必注明日期,见迁何处,其迁移新来甲内者,亦必注何处移来。每朔望日,甲长具呈交与该里坊总,转报官司,注册稽考……该管应捕各官,躬率坊里,即日挨户清编,限五日内将编过保甲姓名造册"[③],编立保甲的目的就是防范盗匪。此后朱昌祚对嘉兴、湖州二府编立保甲的玩忽态度甚为不满,"凡遇上司清查保甲,不过委官查点,科敛使费,取讨烟居册籍,回复遵依一纸便了事。至若奸宄如何查核,盗窝如何芟除,隐丁漏户如何稽查,地方利弊作何兴除,总皆置之不问",他要求两地"州县印捕各官,务各躬亲分派市镇村庄,逐一查点保甲",否则

① 侯鹏:《清代浙江顺庄法研究》,《中国经济史研究》2017年第4期。
② 蒋兆成:《明清杭嘉湖社会经济研究》,杭州大学出版社1994年,第177页。
③ 朱昌祚:《抚浙檄草》卷一《结甲竖栅以清盗源》,康熙三年刻本。

"定以纵盗题参,绝不姑息".① 尽管有稽查隐丁漏户的要求,保甲的主要目的还是缉拿盗匪。

值得注意的是,嘉兴、湖州两地官员应付清查保甲所用的册籍是"烟居册籍",应即是"烟户册"。

刘道胜指出,所谓"烟户"系指特定区域无分高下贵贱,无论本贯客居的"诸色人户",有别于明代至清初黄册以及编审册中与赋役相关联的赋役丁户。所谓"循环册",是指经由官府给发格式册籍,由保甲职役"责成挨户编填",每年如有"迁徙、生故、婚嫁、增减等项,于册内某户之旁添注涂改"。这种即时更改的内容上达后,无疑成为保甲册不断更新的依据。② 这里涉及的主要是晚清时期的烟户册,这一时期保甲已经取代里甲成为地方基层组织,从清初浙江保甲的情况分析,此时的烟户册与保甲册,应该还是两种册籍。烟户册主要用于登记人口。

栾成显依据休宁县康熙四十年(1701)保甲烟户册实物,认为保甲烟户册登载一保之内的民户,每户首列户长姓名、年岁、籍贯、住处及生理等各项内容,下载"亲丁男"子各人情况,其次录有"同居"人户即附户的各人丁详细情况,再次载有该户下所有妇女合计口数,最后还列有家人(仆婢)雇工人口栏目。从人口统计来说,依据保甲烟户册统计的数字,当是接近历史实际的。③ 从浙江地方保甲实践观察,至少在康熙初年,烟户册与保甲册尚未合一。直至康熙十年(1671)前后,开始实行均田均里,打破原有里甲组织之后,保甲组织的功能才逐渐从缉查盗匪等,逐步扩充到人口的日常登记造册。康熙十一年(1672),仁和、钱塘二县"新定都里改注天地等号,拈出乡总保甲分任事宜……凡属碑征银丁条粮内诸项册籍,应在天

---

① 朱昌祚:《抚浙檄草》卷一《再饬稽查保甲》,康熙三年刻本。

② 刘道胜:《清末保甲编制与村族社会治理——基于光绪年间徽州三种保甲册的考察》,《安徽师范大学学报》2015年第5期。

③ 栾成显:《〈康熙休宁县保甲烟户册〉研究》,《西南师范大学学报》2006年第6期。

地等号承任,其一应地方各件公务,应在坐地都图,乡总保甲分列应任事宜"①。应是在此之后,烟户册与保甲册逐步合一,构成清代人口登记最接近实际的册籍。

孙海泉在比较清代获鹿县的编审册与保甲册的异同后指出,里甲与保甲这两种清代地方基层组织在清代虽然经历了先后交替的演变过程,保甲制在雍乾之交取代了里甲制,但乾隆朝以后的保甲制也发生了很大变化,使得清中期以后保甲实际上已不再是原来意义上的保甲。通过获鹿县的保甲烟户册与编审册的对比,可以看出保甲编户的严密性,编审册除了开列丁银、田粮以及粮田新收、实在等数目外,完全反映不出每"户"和每"户丁"的家庭情况。保甲烟户册则与此完全不同,具有反映短期人口变化的功能。②

从杭州的人口登记来观察,以赋税征发为目的的人丁编审,以治安组成保甲进行的人口登记,以登记特定区域内各类人口的烟户登记,分别形成了清审册、保甲册、烟户册,这三类册籍应在一定时期并行。清审册主要以钱粮征收为主要内容,不能呈现人口的状况,烟户册与保甲册登载内容近似,随着清初的改革,保甲组织逐步取代里甲,保甲册与烟户册逐步合一。乾隆三十七年(1772)后,人丁编审停止,保甲烟户册应是人口登记的最重要册籍。

乾隆二十六年(1761),杭州地区遭受水灾,次年按照户口赈济。其中钱塘县"极贫灾民共计一万七千八百八十户,男妇大口二万六千五百七十九口,小口四千七百七十八口,……。次贫灾民一万五千三百三十八户,男妇大口二万五千三十五口,小口四千八百八十八口",仁和县"极贫灾民二万一千八百六十六户,男妇大口三万六千八百四十一口,小口一万五百五十三口……次贫灾民九千七百八十七户,男妇大口一万三千七百五十口小口五千三百九十三口",钱

---

① 赵世安:《康熙仁和县志》卷七《户口》,中国地方志集成,上海书店出版社 1993 年。

② 孙海泉:《清代中叶直隶地区乡村管理体制——兼论清代国家与基层社会的关系》,《中国社会科学》2003 年第 3 期。

塘县灾民总计 61280 人,仁和县人灾民总计 66537 人,两县合计赈济的灾民人数近 13 万。① 受灾人口的统计应是依据已经编成的保甲烟户册。

道光三年(1823)五月中下旬之交,淳安县大雨,发生洪灾。地方官核实灾情,"分携烟户保甲旧册,历四乡以次稽察。……旋即会同踏灾各员复核烟户保甲底册,并虑灾民不悉应给抚恤口粮、坍房修费银数,揭示通衢,俾各周知。一、抚恤口粮,定例准给一月。大口每名给米一斗五升,折给银一钱八分;小口每名给米七升五合,折给银九分。原为力作贫农,被水艰苦者,而设其胥役兵丁及经营工贾有手艺之人,不在此列"②。说明地方上是以保甲烟户册为依据,统计受灾人口,计算赈济粮银数目的。保甲烟户册是最接近实际状况的人口登记数字。

杭属地方志中也有部分以"烟户"登载的人口数字,如海宁州,光绪十八年(1892)"户七万九百八十四,男女大小三十三万六百九十三",数据来源为"本州保甲烟户清乡各册"。③ 富阳县,光绪二十三年(1897)"烟户三万一千二十六户,共男女一十六万七千五百三十二丁口"。从"丁口"统计可知,这一数字似乎并非自保甲烟户册而来,"汪前邑侯饬办之册,当时所开报者皆实数也,惜尚有未办之庄村,以予所闻则有大源之外八庄,罗山之灵桥镇,砥柱之汪村、周川等皆未开报,以外不知者其数尚多"④,可见这一数据缺漏甚多。府志中的户口总数,多未明确是否由保甲烟户册统计而来。

① 邵晋涵:《乾隆杭州府志》卷五一《恤政》,续修四库全书,上海古籍出版社 1995 年。

② 王元基辑,郝秉键点校:《淳安荒政纪略》,中国荒政书集成,天津古籍出版社 2010 年,第 3075 页。

③ 吴庆坻:《民国杭州府志》卷五七《户口》,中国地方志集成,上海书店出版社 1993 年。

④ 蒋敬时:《光绪富阳县志》卷一二《户口》,中国地方志集成,上海书店出版社 2011 年。

除了编审丁数、烟户外，乾隆时期的杭州方志出现了明显区别于编审的人口数据，其来源是"民数册"。民数册的人口登记数，比之雍正九年(1731)的人丁编审数，差异明显，见表7-1。

表 7-1 《乾隆杭州府志》所载清雍正、乾隆年间杭州户口数

| 县 | 雍正九年(1731) | 乾隆四十九年(1784) |
|---|---|---|
| 钱塘 | 丁数 58098<br>编审 | 户数 112705<br>口数 309881<br>本县民数册 |
| 仁和 | 丁数 94844<br>编审 | 户数 103209<br>口数 555297<br>本县民数册 |
| 海宁州 | 丁数 99448<br>编审 | 户数 85680<br>口数 571934<br>本州民数册 |
| 富阳 | 丁数 11302<br>编审 | 户数 34360<br>口数 137119<br>本县民数册 |
| 余杭 | 丁数 23203<br>编审 | 户数 33535<br>口数 132474<br>本县民数册 |
| 临安 | 丁数 21816<br>编审 | 户数 20808<br>口数 75071<br>本县民数册 |
| 於潜 | 丁口 5137<br>编审 | 户数 20481<br>口数 86427<br>本县民数册 |
| 新城 | 丁数 5449<br>编审 | 户数 20180<br>口数 108956<br>本县民数册 |

续 表

| 县 | 雍正九年(1731) | 乾隆四十九年(1784) |
|---|---|---|
| 昌化 | 丁口 2733<br>编审 | 户数 24985<br>口数 98853<br>本县民数册 |
| 合计 | 丁数 320203<br>编审 | 户数 445943<br>口数 2075212<br>民数册 |

资料来源:《乾隆杭州府志》。

侯杨方依据清宫内阁档案梳理清乾隆时期的民数汇报制度,指出乾隆五年(1740)十一月,民数汇报制度建立,至乾隆七年(1742)年底,除盛京、云南两地外,其他各地都陆续将民数汇报户部。这是利用原有的户籍管理制度——保甲制对户籍人口进行统计,民数只是将当年保甲登记的人口数减去流寓人口。由于奏报误差,令乾隆无法容忍,要求认真查报,否则给予处分。乾隆四十年(1775),各省民数都有增加,浙江省的奏报从三十九年(1774)的 17448122 口,至四十年达到 19008143 口,增数竟达到 156 万之多。他进一步以《江西民数、谷数折》所载"编审之年令照编审造报,其不值编审之年照烟户门牌数目造报",指出"编审"即指"编审人丁",并不包括老幼、残废、仆丁等项,而门牌"则无论老幼、男妇、残废、仆丁等项"全部包括。[①]

张鑫敏梳理乾隆朝各省民数奏报的实际操作,指出各地在统计民数时所执行的方案并不一致,有"编审与保甲因时制宜""悉照保甲"两种实施方案,"民数"实为不同数字的汇总,作为分项的这些数字从来源到性质颇为多元,不仅有趋于定额的人丁数,还有基于户

---

① 侯杨方:《乾隆时期民数汇报及评估》,《历史研究》2008 年第 3 期。

数的编造数字,对以民数为基础进行的人口估算应高度警惕。[①]

浙江地区具体是以何种方式编成"民数册",尚不明确,不过依托保甲则是无疑义的。依托保甲编成的保甲烟户册,较之编审册无疑更接近人口实际状况。因此,乾隆四十九年(1784)编成的民数册,应是接近杭州府人口实际规模的。

除来源于民数奏报系统的乾隆四十九年户数外,《嘉庆大清一统志》中还记载有户口数字:"原额人丁三十二万二千三,今滋生男妇大小三百一十八万九千八百三十八口,计五十万六千四百七十户,又屯运男妇六千九百四十口,计一千四百六十四户。"[②]这一数据的时间是嘉庆二十五年(1820)。[③] 这一数据比之乾隆四十九年口数增加超过 100 万人,总数增加三分之一。

曹树基依据户均人口,对杭州府人口进行推算,他认为乾隆四十九年杭州府数据漏载相当严重。《嘉庆大清一统志》载嘉庆二十五年杭州府的人口总数为 319.7 万。与乾隆四十九年的数据比较,他更愿意相信嘉庆二十五年的数据是正确的。《民国杭州府志》卷57《户口》记载了嘉庆、道光、咸丰各时期杭属各县人口数。这批户口数所在的时点并不一致,不能进行统一的时点分析。从各县数据的分析来看,乾隆四十九年到嘉庆、道光年间,人口的年平均增长率或高或低,但都没有超过 5.8‰。假如以地方志系统的数据进行分析,清代中期杭州府人口年平均增长率仍然只有 4‰左右。以嘉庆二十五年数据为基准并依此速度回溯,乾隆四十一年(1776),杭州府人口约为 268.2 万。[④]

---

① 张鑫敏:《乾隆朝民数汇报的制度设计及运行》,《中国史研究》2022 年第 1 期。

② 《道光大清一统志》卷二八三《杭州府》户口,国家图书馆藏。

③ 梁方仲:《中国历代户口、田地、田赋统计》,《梁方仲文集》,中华书局 2008 年,第 376 页。

④ 曹树基:《中国人口史》第五卷《清时期》,复旦大学出版社 2001 年,第 107 页。

　　张鑫敏、侯杨方比较清代三版《大清一统志》有关江南地区"原额人丁"的记载,梳理出其与乾隆《江南通志》的关系,指出江南"原额人丁"数字从省志到一统志的编辑过程,充斥着很多技术性的错误,包括数字传抄出错、小数点后数据的删除、不合逻辑的合并等。其中《嘉庆大清一统志》中江南"原额人丁"来源有五:(1)顺治年间(包括初年和十四年)"原额人丁";(2)康熙五十年(1711)"实在人丁";(3)雍正十三年(1735)"当差人丁"(或加上"寄庄人丁");(4)雍正十三年"实在人丁"加上同年"滋生人丁"或"滋生屯丁";(5)雍正十三年"实在人丁"。[①] 从江南地区的数据可见,《嘉庆大清一统志》的数据来源是较为复杂的,是否可以据此数据核定其他记载,尚需要更丰富的资料进行比较。《嘉庆余杭县志》记载了自嘉庆元年(1796)起至嘉庆十二年(1807)每年的人口数字,但是波动极小,最大波动出现在嘉庆十年(1805)到嘉庆十一年(1806),人口增加 528 口,其余年份,波动多在百余。[②] 由于编审已经停止,如果民数奏报是依据保甲烟户册,则嘉庆年间余杭的数据不是来自这个系统,而只是循例略做加减。而昌化县道光二年(1822)"户口三万一千一百一十一,口十七万一百六十一",与乾隆四十九年(1784)一样,来自"民册实数"。[③]

　　综上,来源于保甲烟户册的人口数据,接近清代杭州府的人口规模,也就是杭州府在乾隆中期的总人口应超过 200 万。

　　关于清代编审中"丁"的性质,何炳棣总结认为清代的丁,并不是 16 至 60 岁的成年男性人口,顺治八年(1651)虽然继续编订黄册,

---

　　① 张鑫敏、侯杨方:《〈大清一统志〉中"原额人丁"的来源——以江南为例》,《清史研究》2010 年第 1 期。

　　② 张吉安:《嘉庆余杭县志》卷一三《户口》,中国地方志集成,上海书店出版社 2011 年。

　　③ 王兆杏:《道光昌化县志》卷五《户赋志》,中国方志丛书,成文出版社 1983 年。

但是其功用并不是统计人口,而是作为税收单位。① 这一著名论断被进一步发挥为"可以结束的讨论"。② 随着研究的进一步深入,学者指出"丁"的含义及其演变更为复杂。关于"丁"仅是纳税单位,陈桦认为,不同地区对人丁有不同的认识和概念。③ 薛理禹认为,丁银的派征仍建立在人丁编审制度下,国家的人身控制未发生根本改变。由此引发的一些社会问题,直到清代中期摊丁入亩普遍推行后,才根本解决。即使在此之后,丁仍旧在特定情况下指涉成年男子。④ 蒋宏达则以明清时期石堰场为例,指出"丁"经历了从明初亲身服役的煎盐人役,明中期以后的盐课输纳单位,到清中叶的土地登记名称和实际土地代称的层累演进。⑤

# 第二节　城镇人口与移民

## 一、城镇人口的继续发展

杭州作为清代江浙商贸中心,"闽商海贾,吴楚燕齐秦晋百货之交集"⑥,工商业地位日益重要。自给性的粮食生产与商品性的经济作物养殖业相结合的多种经营,已成为杭州府周边农业经济结构的

---

① 何炳棣著,葛剑雄译:《明初以降人口及其相关问题 1368—1953》,生活·读书·新知三联书店 2000 年,第 41 页。

② 曹树基:《中国人口史》第五卷《清时期》,复旦大学出版社 2001 年,第 51 页。

③ 陈桦:《语言与历史:清代"人丁"概念的异变》,《清史研究》2006 年 4 期。

④ 薛理禹:《清代人丁研究》,社会科学文献出版社 2014 年,第 37 页。

⑤ 蒋宏达:《"丁"的层累演进——以明清时期的两浙石堰场为例》,《文史》2021 年 2 期。

⑥ 吴允嘉:《康熙钱塘县志》卷三《里市》,中国地方志集成,上海书店出版社 2011 年。

主要内容与形式。[①] 前代积累的工商业成就已使清代杭州城市手工业、商业自成体系。伴随工商业发展,杭州从事商业活动的人口越来越多,故乾隆时乃有"杭民半多商贾"之谚。[②]

随着手工业的继续发展,杭州城周围聚集的手工业者继续增加。杭州织造局在明末仅有织机 460 张,经过清初的发展,到顺治末年已增至 770 张。此后由于民间丝织业发展,官府有时直接向民间征收丝织品,故官局织机有所减少,但雍正初还有 750 张,乾隆时也尚有 600 张。至乾隆十年(1745)尚有机匠 1800 名,摇纺、染匠、挑花匠等 530 名,共 2330 名。[③] 清初杭州东城一带,"数万千家之男女"操丝织业,"机杼之声,比户相闻"。[④] 杭州绸缎"织纤工巧,转而之燕,之齐,之秦,之晋,之楚,蜀,滇,黔,闽,粤,衣被几遍天下"[⑤]。清代杭州还有很多茧行,从事蚕茧的营销,清末杭州地区每年出产蚕茧 14 万担,产量居浙江第一,出口量亦位居第一,[⑥]这些都需要大量茧行从事运销。与丝织业关联的劳动人口数量较大。织棉产业在清代发展起来,"钱塘滨江沙地数十年来遍莳棉花,其获颇稔,今远通商贾,为杭州土物矣",仁和县"乡之男妇皆治绵布,多出笕桥一带"。[⑦]

杭州自左宗棠任浙江巡抚起筹办官办洋务工业企业,逐渐带动杭州的近代商办工业。开创近代实业的著名人物有庞济元、丁丙等人。1889 年,庞济元、丁丙、王震元等筹集股本 40 万两,从国外购得

---

①　蒋兆成:《明清杭嘉湖社会经济研究》,杭州大学出版社 1994 年,第 71 页。

②　邵晋涵:《乾隆杭州府志》卷五二《风俗》,续修四库全书,上海古籍出版社 1995 年。

③　《浙江通史·清代卷》上册,浙江人民出版社 2004 年,第 244 页。

④　厉锷:《东城杂记》卷下《织成十景图》。

⑤　杭世骏:《吴闻钱江会馆碑记》,苏州历史博物馆等《明清苏州工商业碑刻集》,江苏人民出版社 1981 年,第 19 页。

⑥　范金民:《江南丝绸史研究》,农业出版社 1993 年,第 100 页。

⑦　邵晋涵:《乾隆杭州府志》卷五三《物产》,续修四库全书,上海古籍出版社 1995 年。

纺纱机,在杭州拱宸桥开设杭州通益公纱厂,1899年该厂年产纱300万磅。[①] 但是近代丝绸工业未能形成规模,从事生产的工人数量也相当有限。

杭州富阳因盛产竹子,成为当时的造纸业基地。富阳所产纸最为优良,产品有元纸、草纸等。钱塘、余杭、临安等地则有油纸、棉纸、黄烧纸等。杭州出产纸张远销各地,据章学诚记载,湖北地区的纸张多来自杭州等地。[②]

由于杭州人笃信佛教,锡箔为日常佛事、祭祀所用,因此锡箔业自明代以来就十分发达。至清代锡箔生产量多品优以杭州为最,销往全国各地,"金锡非杭产,而金箔锡箔之作悉出于杭"[③]。生产地主要分布于贡院、孩儿巷、万安桥西一带,"三鼓则万手雷动",制造锡箔者不下万户。清人范祖述说:"杭州之锡箔一行,不知养活几万万人。"锡箔纸分发至城外千家万户加工而成,"十城门外每日均有纸担出城,要分至数十里之外,凤山、武林二门晚间纸担聚于城下,不齐不关城门"。[④]

钟毓龙曾述,在咸丰十一年(1861)太平军攻破杭州城时,城内"与太平军抗者,凡四类:一曰民团,一曰机匠,一曰箔匠,一曰铸钱匠。民团者纠集市肆店铺之壮丁而为之。机、箔、铸钱三匠是否即包括于其中,不可知,然民团固尝随请军出击。匠于城破之后,纠集数千人,夺回太平军所掠之财物……惟有箔匠,当时有锡箔太子之号,于城破后曾谋抵抗,以丰乐桥街为第一道防线、盐桥街为第二道防线,故《庸闲斋笔记》遂有锡箔匠数万人群起击敌之说,然核其情

---

① 汪敬虞:《中国近代工业史资料》第2辑,生活·读书·新知三联书店1961年,第690页。

② 叶建华:《浙江通史·清代卷》上册,浙江人民出版社2004年版,第257页。

③ 龚嘉俊:《光绪杭州府志》卷八一《物产》,中国方志丛书,成文出版社1983年。

④ 范祖述:《杭俗遗风》,武林掌故丛编本。

事,当时但与旗营声势相倚,遥为牵掣,而实未尝激战"①。箔匠、机匠在城破之时能组织数千至万人,其数量可见一斑。

除了居住人口的日渐稠密之外,葬地紧张也是杭州城市人口集聚的标志之一。早在康熙初年,刘兆麟曾看到"浙省会城五方杂处,往多外籍侨寓之人,生则寄食他乡,死则弃棺郭外,更有本地土著之民,苦于贫穷,孤独身后,无人殓理,以致年深日久,暴露荒郊"②,为此他曾连续捐资设置义冢。葬地紧张让一些无赖得以借机牟利,乾隆十年(1745)"查得杭城西湖南北两山,上至闸口梵村,下至半山白马坑一带,管坟山虎私砍荫木,偷窃石块,拆毁攒屋,掘棺平冢,盗卖坟山坟地,以及霸占包做任意勒索",所谓"山虎",即是"管坟恶棍"。③至咸丰四年(1854),仁和高凤墀为妥善处理暴露于山中的棺椁,"于钱塘治下扇二图,购地千余亩,以葬邑之不能葬者。前后所施棺木以万计,所收葬暴露棺骸以十数万计,其葬法合五棺为一冢④。显然,葬地紧张导致的价格上涨应是这些棺木不能安葬的重要原因。

杭州周边市镇在清代继续发展,如硖石、长安既是丝、棉织业的手工业市镇,又是粮食加工、贩销的工商业市镇,⑤有相当数量的非农业人口;塘栖镇"居民稠密,不数里间,烟火几有万家。家无不饶富,名族亦有十余"⑥。富阳西北乡民团在战时损失严重,因此成为客民较多的区域。⑦

①　钟毓龙:《说杭州》增订本,浙江人民出版社1983年,第362页。

②　刘兆麟:《总制浙闽》卷三《添置义冢地永行收瘗棺骸》,官箴书集成。

③　《仁钱二县争控坟山案件坐落省城者理事同知专管》,《治浙成规》,官箴书集成。

④　万青藜:《存仁场记》,《乐善录》卷二。

⑤　陈学文:《明清时期硖石、长安二市镇的社会经济结构——兼论江南米市发展的意义》,《浙江学刊》1992年第5期。

⑥　《光绪塘栖志》卷一,杭州运河文献集成,杭州出版社2009年。

⑦　吴庆坻:《民国杭州府志》卷一二二《名宦》,中国地方志集成,上海书店出版社1993年。

## 二、移民

作为东南名城,杭州对外来人口有很强吸引力,其中以从事商贸活动的为多。与杭州地区经济往来密切的地区是杭州移民的重要来源地,尤其是徽州地区,自明代就是杭州移民的重要来源。

王振忠从交通角度指出,从徽州出发经过歙县,沿新安江顺水而下,首先到达的码头就是杭州。在清末民初杭州出现"新安惟善集六安材会"这样主要是面向徽馆的慈善组织。在像杭州这样的繁华都市中,新安惟善堂作为面向全体徽州人的一个慈善机构,其职责表现为为同乡排忧解难,让他们生有所业,死有所归。由于人数众多,徽州会馆或新安惟善堂之下,有的行业还形成了内部相对独立的慈善设施。① 由于杭州独特的地理位置,新安惟善堂成为连接江南各地徽州善堂与家乡的中转站。②

徽州商人在杭人数之多还可以从浙江商籍看出,顺治十六年(1659)即定商籍,定额取五十名,"应考童生多者六七百,少亦不下五六百人。盖缘浙江行盐引地有一百二十余处,皆系徽商开设;一县之内,销引者至数十家,即准其寄籍杭州,此配销商人之子弟也。又或祖父行盐,数传而后支分派别或尚修世业,或驯至式微,家既消长不齐,亦随时顶买,而居杭既久,安土重迁"③。

因为商贸等活动形成的移民,规模并不会太大,也不会在短期内改变当地的人口构成,清代大规模的移民发生在太平天国战事结束以后。

---

① 王振忠:《清代、民国时期江浙一带的徽馆研究——以扬州、杭州和上海为例》,熊月之、熊秉真主编《明清以来江南社会与文化论集》,上海社会科学院出版社 2004 年。

② 张小坡:《清代江南与徽州之间的运棺网络及其协作机制——以善堂为中心》,《清华大学学报》2018 年第 5 期。

③ 《宫中档乾隆朝奏折》四十五辑,四十三年十一月初十,《奏报厘清浙江商籍酌定入学中式额数折》。

　　战前余杭、富阳、临安等县皆有棚民在山地种植番薯等。福建、广东等地棚民在余杭"翻忧陵谷多开垦，遍种番薯山上头"①，一些地区因为棚民开荒种植，造成水土流失等问题，但是棚民常有流动，如余杭"向有他府客民或租垦田亩，或开掘冬笋，去住不常，甚至有春来冬去者，又有甲年多来，乙年少来之异"②，并未形成稳定的定居人口。

　　太平天国战事造成的严重人口损失，令杭州各县招民复垦，部分棚民因此定居下来。於潜县战后"不得已有招垦之举，除阳宅、坟山仍归原主外，田亩许人承领，于是渐有客民自江西、安徽稻建，土著不过十之一二"③。临安县"同治三年劝招开垦，客民四集，自此休养生聚二十余年，始有丁口土客四万余人"④。余杭县，光绪二十四年(1898)办团练保甲，土著"一万五千一百三十一户，男女大小六万八千七百二十四口"，客民不但有总数，还明确其来源，"绍兴三百零九户，一万四千三百三十六口；宁波二百零三户，四千三百二十一口；温州八百四十一户，二千九百八十三口；台州三百三十一户，一千三百二十四口；湖州十六户，六十九口，本府各县二百四十九户，九百四十三口，江西三十六户，一百四十七口，江南三百四十一户，一千三百九十一口……共计七千四百十四户，男女大小二万八千四百九十九口"，客民占比相当高。

　　①　张吉安：《嘉庆余杭县志》卷三八《物产·布帛之属》，中国地方志集成，上海书店出版社 2011 年。

　　②　吴庆坻：《民国杭州府志》五三《户口》，中国地方志集成，上海书店出版社 1993 年。

　　③　程兼善：《光绪於潜县志》卷九《风俗志》，中国地方志集成，上海书店出版社 2011 年。

　　④　董运昌：《宣统临安县志》卷二《户口》，中国地方志集成，上海书店出版社 1993 年。

# 第三节　杭州八旗驻防

杭州是清代八旗驻防较早的地区,之所以选择杭州,定宜庄指出,一是包括杭州在内的三个地区都是区域性战略要地,其次杭州是调遣粮饷的重镇,继福王小朝廷之覆灭,唐王小朝廷踵起而亡,满洲统治者不得不以重兵坐镇杭州以资震慑。杭州八旗驻防始于顺治二年(1645),兵额因时因势不同而屡有增减。顺治十五年(1658)始定 4000 余人,康熙十三年(1674)因耿藩之变,兵数骤增,事平复旧。[①]

杭州驻防八旗满洲、汉军同驻,层层布置,以满洲兵丁控制汉军兵丁,再以汉军兵丁控制绿营兵,[②]顺治二年,驻防兵初设 4550 名,匠役 149 名,顺治九年(1652)拨杭州驻防兵 500 人赴福建。顺治十五年(1658)拨保定、德州等四城驻防兵 1000 人改驻杭州。此后康熙、乾隆年间多次来往调拨。[③] 顺治十五年 4000 人,康熙二十三年(1684)7000 人,[④]康熙时期是兵员驻扎最多的时期。雍正六年(1728)八月,杭州将军鄂弥达上奏,建议在乍浦等地设置水师,于是次年从驻防杭州的满、蒙兵丁内选余丁 426 名,加以康熙六十年(1721)裁撤的 1000 名内开除未尽之 374 名,共 800 名,组成水师左营。雍正八年(1730)又调江宁驻防兵丁 800 名移驻乍浦,组成水师右营,设置副都统 1 员以统领之。[⑤] 杭州驻防水陆并存的格局形成。杭州、乍浦两地满、蒙、汉总计兵额在 5600 人左右。

---

① 定宜庄:《清代八旗驻防研究》,辽宁民族出版社 2003 年,第 25 页。

② 定宜庄:《清代八旗驻防研究》,辽宁民族出版社 2003 年,第 37 页。

③ 张大昌:《杭州八旗驻防营志略》卷一五《经制志政》,续修四库全书,上海古籍出版社 1995 年。

④ 马如龙:《康熙杭州府志》卷一五《兵防》。

⑤ 定宜庄:《清代八旗驻防研究》,辽宁民族出版社 2003 年,第 37 页。

驻防旗兵并非长久驻扎不变,而是会不时调换驻防地点。康熙十九年(1680),福州驻扎旗兵一千人移驻杭州,而"其亲戚、及未披甲、已退甲、闲丁甚多"①。雍正五年(1727)十二月初七日"查得,闲散满洲六百五十余人,可得壮丁近五百人。杭州原有一千六百满洲兵丁,于康熙五十八年由部来文,增补披甲千名,以补赴云南之兵丁。于康熙六十年,由部来文将增补之千名披甲内,酌情出缺消减四百八十余人,尚有五百一十余人未消减"②。

随着驻防机制建立,相应官制也逐步完善。顺治十七年(1660),定八旗官职汉称,固山额真汉字称都统,梅勒章京为副都统,夹喇章京为参领,牛录为佐领,昂邦章京则为总管。设杭州总管一员,副都统二员,满洲都统一员,副都统二人,管辖汉军,听总管节制。康熙二年(1663),杭州总管为将军,此后设满洲将军一员,副都统二员,八旗每旗协领一员,佐领四员,防御一员,骁骑校四员,左翼汉军副都统二员,四旗每旗协领一员,参领一员,防御五员骁骑校五员。③

顺治五年(1648),清廷决定在杭州设立驻兵营房。顺治七年(1650),"以八旗驻防固山额真所统旗兵与民杂处日久,颇有龃龉者,特命礼工二部会议择地令驻防兵营另立一处。事干巡抚萧启元,谋度十余日,始定城西隅筑城以居","计圈仁和县界东西图,南北图,及右卫中所屯地,共征地二百四十亩零,基地五百二十亩四分零,荡七亩零,屯地一百十七亩零;又圈钱塘南北图西壁坊及前卫屯地,共征地二亩四分,基地二百二十亩六分零,屯地二十七亩二分零,统计营内地一千一百四亩五分"。此外,还圈占"城外四旗地三百二十五亩五分城脚基地十八亩四分一厘三毫零,共地一千四百三

<hr>

① 《清圣祖实录》卷九一,康熙十九年七月辛卯。

② 《雍正朝满文朱批奏折全译》,《杭州将军鄂弥达奏报由驻防兵丁选补水兵折》,雍正五年十二月初七日,黄山书社1998年。

③ 张大昌:《杭州八旗驻防营志略》卷一五《经制志政》,续修四库全书,上海古籍出版社1995年。

十六亩四分一厘三毫"。① 至康熙八年（1669），杭州旗营界址确定。任桂淳认为，康熙皇帝和乾隆皇帝为了欣赏西湖的湖光山色曾六次来到这里，每次都下榻杭州驻防衙署，在此检阅军队，演习骑射。一直到乾隆二十八年（1763），许多汉军旗人出旗为民，他们像非旗人一样再也不能住在驻防区内了，才使满人的住处宽敞起来。从此以后，杭州驻防才成了一个独立的、自成体系的城营。② 满城设置有官署、军器、住所等，满城的建立结束了此前圈占民居造成的滋扰，建立了一个相对封闭、与汉人区隔的小型社会。

清初，为了加强对旗人人丁的控制，清廷建立了三年一比丁的严格人口登记制度，覆盖整个旗人群体。登记时每户旗人家庭都需要提交两种户口册籍：人丁册和家谱图。人丁册不仅记录户主本支，即祖上三代、妻子、儿子及孙子的情况，还会收入户主的侄儿、族侄、族弟、族叔、族堂祖及其家属的详细情况，凭借这样的人丁册，几乎可以掌握整个家族人丁的信息。③ 相对民户的人丁清审、烟户保甲册等人口登记，旗人的登记要更为严格，这与清代严格控制旗籍有关。

旗丁是专职军人，由国家供养，不允许从事农业，生活来源就是粮饷。饷包括饷银、岁米、马乾等。驻防领催、前锋每名每年饷银 36两，马甲每名 24 两，炮手 24 两，匠役和步甲 12 两。驻防八旗中绝大多数马甲的饷银各地数量一样。④ 岁米、马乾俱有定制，只是在发放时，或折为银。

杭州驻防八旗的军丁原额（含乍浦），乾隆二十八年（1763）之前为 5600 多人，这并非杭州驻防八旗的总人口。驻防兵丁往往不是

---

① 张大昌：《杭州八旗驻防营志略》卷一五《经制志政》，续修四库全书，上海古籍出版社 1995 年。

② 任桂淳：《清代八旗驻防兴衰史》，生活・读书・新知三联书店 1993年，第 17 页。

③ 邱源媛：《清代旗人户口册的整理与研究》，《历史档案》2016 年第 3 期。

④ 定宜庄：《清代八旗驻防研究》，辽宁民族出版社 2003 年，第 195 页。

单个人,而是一个家庭。乾隆时期杭州驻防汉军,一丁之下口数少的有三四口至七八口,口数多的有八九口甚至二十余口,只依靠一个马甲的钱粮维持,少有一户中有两个马甲,甚至还有一户十数口,仅依靠一步甲每月一两银、五斗米谋生者。[①] 一户人口多至二十余口,即以平均三四口估计,则总人口应超过 2 万人。

除家内人口外,旗丁还有相当数量的依附人口,包括奴仆等。奴仆是为旗丁担负养马等劳役的人口,没有独立的户籍,入清后驻防的奴仆主要由两类构成,一是在驻防地置买的民人,二是发遣为奴的罪犯。[②] 这部分数量相当巨大,约占八旗总人口的三分之一。[③] 乾隆初驻防西安的八旗额兵 8600 余,占有的奴仆竟然达到 80000人。[④] 杭州驻防占有的奴仆数量也不会太低,雍正末年,杭州驻防中披甲的奴仆开户和另计档案、养子和他们的子孙共计 1700 余人。[⑤] 如清代著名画家恽寿平,明末时被掠买,为汉军正蓝旗将领陈锦收为养子,后陈锦在福建作战时,被家丁杀害,恽寿平在灵隐寺方丈谛晖帮助下脱离旗人家庭。[⑥]

乾隆二十八年(1763)之前,驻防八旗官兵及其家庭,加上依附的奴仆等人口,总计可能在 3 万人左右,当然这仅属推测。

八旗人口的快速增长,使得对其的供养逐渐成为清政府的沉重负担,杭州驻防也是如此。

杭州驻防八旗的供养问题在雍正年间就已出现,雍正十一年(1733),将军阿里衮奏:"杭州汉军现在闲散余丁共一千六百余人,养赡不敷,请按汉军四旗余丁繁众之家,挑选材技兼长者三百名,造册咨送督抚,拨入本城标下食粮操演,如四旗内遇有甲兵领催缺出,

---

① 定宜庄:《清代八旗驻防研究》,辽宁民族出版社 2003 年,第 226 页。

② 定宜庄:《清代八旗驻防研究》,辽宁民族出版社 2003 年,第 254 页。

③ 杜家骥:《清代八旗奴仆制考析》,《南开史学》1991 年第 1 期。

④ 定宜庄:《清代八旗驻防研究》,辽宁民族出版社 2003 年,第 256 页。

⑤ 定宜庄:《清代八旗驻防研究》,辽宁民族出版社 2003 年,第 219 页。

⑥ 陈江明:《清代杭州八旗驻防史话》,杭州出版社 2015 年,第 104 页。

掣回拔补,仍于余丁内挑送标营以足三百之数。"①即是将汉军八旗内余丁转为绿营。乾隆十一年(1746),杭州将军萨勒哈岱、乍浦副都统额勒登等奏,自雍正十一年均分余丁后,十四年来十六佐领内"共增出二百四十余名,其中丁多旗分有十名至三十余名者,丁少旗分有止一二名至十名"②。

自乾隆七年(1742)起,清廷开始将八旗内的非满洲成分清除出去,史称此举为"出旗为民"。定宜庄强调,漠西准噶尔蒙古被平后,导致全国军事形势又发生一大变局,此时清廷在汉地的统治已经稳定,入关之初重东南轻西北的格局已被彻底打破,清廷的经营重心已转移到长城以北和西部的广袤地区,汉军出旗为民措施的实施时间正与此举相终始,不应单纯从供养角度去理解。③

在军事重心变化、供养成为负担的背景下,乾隆二十八年(1763)驻防杭州的八旗开始"裁汰杭州汉军官兵,除副都统一员回京外,其额设汉军协领四员,参领四员,防御二十员,骁骑校二十员,内愿出旗为民者,准其告退,其余或以旗员补用",裁撤汉军"共计一千九百三户,内领催二百名,马兵一千四百名,步兵二百五十名,匠兵三十七名,炮手十六名"。④ 乾隆二十八年统计,杭州汉军旗出旗补为绿营,每年停支粮五万三千一百石,⑤单纯从减少供应而言,汉军出旗起到了作用。从满营中裁汰的汉军,就丧失了生活来源,如黄履中字德培,汉军人,被裁汰后以卖画为生;王东冷,汉军人,被裁

---

① 《清世宗实录》卷一三二,雍正十一年六月甲寅,

② 《清高宗实录》卷二七二,乾隆十一年八月己巳。

③ 定宜庄:《清代八旗驻防研究》,辽宁民族出版社2003年,第110页。

④ 邵晋涵:《乾隆杭州府志》卷三五《兵制》,续修四库全书,上海古籍出版社1995年。

⑤ 张大昌:《杭州八旗驻防营志略》卷一六,续修四库全书,上海古籍出版社1995年。

汰后教棋卖字。① 一部分人转而务农。

但是,驻防旗人的生计问题仍未解决。在旗兵中还出现以幼丁充食钱粮之事。乾隆三十三年(1768)奏报,"杭州马兵一千六百名,内并无幼丁充食钱粮之人,无从裁汰,乍浦水师营兵一千六百名,内查有左营镶白旗满洲哈兰泰佐领下幼小披甲七十一,年十四岁镶红旗满洲生格佐领下幼小披甲穆通阿,年十五岁,邬珍,年十四岁,共三名,尊奉革退但乍浦并无养育兵缺,今此三名幼小俱系单分钱粮每家口三四名不等,并无依赖"②。乾隆五十三年(1788),杭州将军宝琳上奏,以乍浦兵丁滋生众多,生计不无拮据,请每月赏银一百两,于贫苦闲散总选择身体强健者一百人,每月给银一两,挑拨甲兵。③

定庄宜指出,"八旗生计"问题的严重,说明八旗制度的历史作用即将完结并成为社会发展的桎梏,但是满洲统治者却没有顺势对这一制度进行彻底变革,反而采取汉军、开户人出旗等措施,维持满族的特权地位,导致驻防武力急剧衰退,使清廷对地方的控制力大为削弱,引起更深刻的统治危机。④

清代杭州驻防旗人在杭州经历了从清初的占领者,到清中期的定居者,到清末的革命排斥对象的身份转变过程。驻防旗人的地方化使其对杭州逐渐产生归属感,⑤这一变化主要是从乾隆中期开始的。

旧例,杭州驻防旗兵三年一送骨骸回都。康熙二十三年

---

① 徐一士著,孙安邦点校:《杭州旗营掌故》,《一士类稿》,山西古籍出版社 1996 年,第 227 页。

② 《宫中档乾隆朝奏折》第三十三辑,《奏报浙江满营并无幼丁充食钱粮事》,乾隆三十三年十二月,台北故宫博物院 1982 年。

③ 张大昌:《杭州八旗驻防营驻防志略》卷八《分驻志谟》。

④ 定宜庄:《清代八旗驻防研究》,辽宁民族出版社 2003 年,第 243 页。

⑤ 汪利平:《杭州旗人和他们的汉人邻居:一个清代城市中民族关系的个案》,《中国社会科学》2007 年第 6 期。

(1684),议定杭州等地驻防八旗老病致仕退甲,及已故家口,并令回京,以防渐染汉习,骑射生疏。① 同时禁止驻防官兵在当地置办产业,死后不准设立坟茔,直至乾隆初年。② 乾隆二十一年(1756),谕令准许旗兵在驻防地方置产,设立茔地,归旗制度被彻底打破。此前,乾隆十七年(1752)杭州旗营已经拨地设"义茔"作为无力营葬旗兵公葬之地。乍浦义茔在乾隆二十五年(1760)由副都统英泰设置。③

嘉庆九年(1804),副都统本智为乍浦增置义冢土地,之前所置的五十亩地已没有空隙,"置冢以至于今历岁五十,每岁葬者或数十,且盈百焉,地虽广不能容",以至于"贫弱者或赁城东民屋攒骸骨,号骨殖房"④,对"是营者皆安土勿迁徙,男女以时嫁娶,咸依其居"的乍浦满营官兵及其家而言,置办墓地已成沉重负担。值得注意的是,此时驻防的旗人,已有"安土重迁"的观念。

潘洪钢研究指出,在归旗制度下,驻防八旗的人口总体上仍隶属在京原旗。雍正八年(1730),清廷出台了八旗驻防的户口"均齐"政策,不计其京旗旧籍,以所在地方均齐人丁,由此形成了一套逐渐脱离京旗的户口册籍,推动了驻防旗人的土著化。乾隆二十五年(1760),杭州将军奏请将所属杭州、乍浦两处兵丁、闲散实施均齐,将八旗满洲现入丁册之闲散人等六百一十九名,按翼均齐。左翼每佐领下应分二十四五名,一旗共应七十五六名。各地驻防八旗已形成与京旗不同的另一套户口清册,并以新册作为在当地补授官员、挑补兵额的依据。⑤

逐步在杭州置办产业、安置坟茔,又在人口册籍上形成了脱离

① 《清圣祖实录》卷一一五,康熙二十三年四月庚子。

② 定宜庄:《清代八旗驻防研究》,辽宁民族出版社 2003 年,第 193 页。

③ 张大昌:《杭州八旗驻防营志略》卷一九,续修四库全书,上海古籍出版社 1995 年。

④ 《满洲营续置义冢碑记》,张大昌《杭州八旗驻防营志略》卷一九《祠宇志典》。

⑤ 潘洪钢:《清代八旗驻防户口均齐制度述论》,《满学研究》2022 年第 5 辑。

京旗的独立系统,使杭州的驻防八旗逐渐土著化。二百余年的驻防与民族交流,旗人族群受到当地文化的影响,而当地社会文化与民俗的演变,也受到旗人社会的深刻影响,这就是旗民关系的本质。①同治以后挑补入杭州的福建旗人将在闽的信仰与祭祀也带到了杭州,形成浓郁的福建地方特色。②

咸丰十年(1860)、十一年(1861)太平军两度攻入杭州,十一年满城被攻破。咸丰年间,男妇户口 9000 余,城破后死难 8000 多人,③杭、乍两地满营死难总计 16000 余人。

清廷克复杭州后,逐步恢复杭州满城的驻防兵员。同治九年(1870),奏调福州驻防 500 余人;光绪元年(1875),奏调德州驻防官兵 100 余人,荆州驻防 300 余人;光绪三年(1877)奏调青州驻防 200 余人,所携余丁,一律挑选;光绪四年(1878)奏设洋枪队 800 人,光绪六年(1880)调成都驻防闲散,"先行拨成都闲散一百名带蜡杆来杭补充缺额,伏差成都驻防额设前锋领催马甲一千六百名,迄今二百余年,生齿日繁,先计男女丁口已一万四千多名,丁浮于粮,于八旗闲散内挑选年力精强五百名分拨江宁……兹计拨闲散一百名连携带眷口,不下三四百人,到杭后每日按户计口发给赡养所"④。至光绪九年(1883)造册,户丁共计 5330 员。⑤ 同治十一年(1872),"杭州满营内当辛酉沦陷,遍地尸骸,河内井中皆满。克复后虽已浚河淘井,究竟受伤过重,余毒尚存,自前岁由闽迁浙旗丁五六百人陆续死已大半",推测是因水土不服所致。⑥ 至宣统年间,驻防旗人人口达到 8645 人。

---

①　潘洪钢:《清代八旗驻防族群的社会变迁》,人民出版社 2018 年,第 334 页。

②　潘洪钢:《清代八旗驻防族群的社会变迁》,人民出版社 2018 年,第 91 页。

③　王廷鼎:《杭防营志》卷二《兵额》。

④　1881 年 6 月 25 日,光绪七年五月二十九日《将军恒等奏咨会商办理情形折子》。

⑤　张大昌:《杭州八旗驻防营志略》卷一五《经制志政》,续修四库全书,上海古籍出版社 1995 年。

⑥　《申报》1872 年 6 月 20 日。

清末新政，杭州、乍浦两防旗人议设自治会，但"查自治章程第十一条人口满十万始得分区，杭防人口不满一万，应否照该佐领所请于城自治会外另设区"①。光绪二十八年（1902），镶蓝旗协领博第苏、镶红旗协领文会先后创办高等小学、初等小学，各学堂均不收学费，并依照学部章程自初等小学升至高等小学，至宣统二年（1910）学生数也从最初数十名增至一百多名。②

辛亥革命成功后，满人赖以维生的粮米断绝，"杭州驻防自民军光复后，饷糈全停，生计断绝，致穷苦旗丁饥寒交迫"③，"杭州光复后驻防旗丁，军政府因财政困难，阴历十一月分旗丁每名仅给两元，以致贫苦旗民无所得食，前日，钱塘门内荆州帮某马甲竟将一子两女缢毙，然后夫妻悬梁"④。此前，虽创办有八旗工艺学堂，但是"所制洋烛、毛巾等费工需时，毫无成绩"⑤。而在此前，一些驻防旗人已经自行谋生，"杭州驻防满洲镶蓝旗人郎老裕向在沪上开设衣庄"⑥，"有很大一部贫苦的旗人都逃到上泗乡去落户务农，现在上泗区有很多人家原来是旗人"⑦。

1914年有约200户旗人被安置到孝女路一带200间简易平房居住，另有约千人自行散居市内或迁居外乡，1929年满族、蒙古族住户迁入百井坊巷。民国时期满、蒙外迁较多，不少人瞒报民族成分，因此人口减少。⑧

---

①《申报》1910年5月25日。

②《杭州将军等奏杭防办学协领已逾五年请奖折》，《政治官报》1910年第1031期。

③《申报》1911年11月27日。

④《杭州旗人之苦况》，《申报》1912年1月31日。

⑤《申报》1908年4月15日。

⑥《申报》1900年8月1日。

⑦ 张廷栋：《杭州旗防营与旗人生活》，全国政协文史资料委员会：《文史资料存稿选编》晚清北洋上，中国文史出版社2002年，第1册，第300页。

⑧《杭州民族宗教志》，杭州出版社2010年，第57—58页。

# 第三节　影响人口的因素

## 一、战乱

战乱是影响杭州地区人口的重要因素，在清代尤为突出。

明清易代时期，杭州城虽未经历大规模战事，但是周边地区仍受到战事波及。顺治二年（1645），清兵攻入海宁，男女老幼遭屠戮者数以千计。仁和县乡绅总兵虎彪屯营天目，往来安溪、径山、瓶窑，所统五六千人战死。崇仁伯王唐俊与挂平原将军印、中军都督府左都督仁武伯姚志卓，各起兵于余杭、瓶窑之间。[①] 海盐淳风里，因为兵乱，先后中进士的曹履泰、曹元方父子自任官地返回乡里，不久因为战乱，两人再度变异姓名、抛弃家产又逃往福建。曹元方后迁居到硖石镇。[②]

太平军两度攻破杭州城造成了杭州人口的空前损失。咸丰十年（1860）春，太平军进攻杭州，攻破杭州城后，进攻满城不克，清军援军在张玉良率领下抵杭，太平军遂于三月二日撤走。咸丰十一年（1861）八月，太平军再度进攻杭州，十一月对杭州形成合围。至十二月一日，满城被攻破。造成人口损失的原因主要有两方面：一方面是战争本身造成的伤亡，清军、太平军均有屠戮平民，另一方面是战争导致社会秩序崩溃。

杭州被围后，原有城市供应被切断，造成城内缺粮。"自九月二十五日围城，城内兵民十余万，食无所出。杭城素借客米充食，上则萧山之临浦镇，下则海宁之长安镇，行栈栉比，其他处市镇亦有贩运

① 钟毓龙：《说杭州》增订本，浙江人民出版社1983年，第357页。
② 汪琬：《尧峰文抄》卷一二《前吏部验封司郎中曹公墓志铭》，四部丛刊本。

来城,源源接济,不致缺乏,历来如斯。"①据许瑶光记:"十一月初,城中粮尽,升米两银,尚无购处。集议借捐,胡元博主之,杭民允从,得钱十万余贯,亦苦而急公矣。饥民满街市,哀号不绝,浮萍蕉叶不可得,新旧皮笼亦拆煮而食,僵毙相继,其后死者或割先死者肉食而延其残喘。……核保甲籍,居民计六十余万,半已饿死,时严寒,被驱被掳,死者复相继。"②陈其元在编查保甲时,"初时杭城有八十万人,此时存仅及其半。闻甲子年二次收复,则仅存八万人"③。由于战乱死亡、逃散的人口数量巨大。

同治三年(1864),清军克复杭州。据谭献所作碑记,此次太平军退出杭州之后,遗骸之可数者有五万具,殆专指其暴露而完整者,其他投井者、沉河者、已稿葬者、零星者及有亲属收敛者,当皆不在内。④

不但州城战况惨烈,周边各县亦无不波及。咸丰十年(1860)七月二十五日至七月二十九日,余杭收集尸体男性2000余具,女性700余具。⑤"二十七日,杭州溃勇数千至(海宁),掠质库,余告镇军,镇军遣兵击之去。"⑥海宁长安镇,前遭福勇劫掠,不久"贼大至烧掠,所领兵勇因择财物,各无战志……被烧房屋十之七,沿乡数里尽伤残,被掳千余,死难被杀万余,鱼池积尸,两岸皆平,前后所陷市

---

① 何溓:《书庚辛之变》,《太平天国史料汇编》,凤凰出版社2018年,第9629页。

② 许瑶光:《谈浙》,《谈咸丰十一年十一月廿八日杭州复陷十二月初一日满城亦陷》,《太平天国史料汇编》,凤凰出版社2018年,第9477页。

③ 陈其元:《庸闲老人自叙》,《太平天国史料汇编》,凤凰出版社2018年,第9560页。

④ 钟毓龙:《说杭州》增订本,浙江人民出版社1983年,第365页。

⑤ 许传霖:《民国海宁州志稿》卷六《恤政》,中国地方志集成,上海书店出版社2011年。

⑥ 陈其元:《庸闲老人自叙》,《太平天国史料汇编》,凤凰出版社2018年,第9558页。

镇,惟此为最惨"①。"张玉良援金华不力,二十日退至兰溪。兰溪民团愤其平日之掳掠,又以为不救金而回兰,詈之且遏之,欲其返队金华。团与兵斗,张兵败乃逃归严州,而兰溪遂于四月廿三日失守。五月初三,张玉良率兵由严州进兰溪,欲报民团之仇,纵部曲掳民财,团民杀之,遂下令肆杀,老弱妇女无一得免者,既杀其人,又纵火焚其屋,七十里皆灰烬。"②富阳为杭州锁钥,为清军、太平军来往必经之地,当地编练民团,其西北两庄民团屡次与太平军作战,"贼衔恨至深,一村庐屋,焚毁殆尽,村民并戮,亦无一遗者"。富阳县战乱之前"户口四十余万,江南各乡尚存十之二三,西北两区,迭为战场,村落俱为焦土"③。新城县是另一积极编练民团的地区,"咸丰己未以前,户口已逾十万,洎同治癸亥编查,遗黎仅存一万二千有奇,什衰八九矣。其间邂逅被戕、死于饥、死于疫者居三之二,自庚申迄壬戌,首尾三年,乡人断胫洞腹、前仆后继,与强寇力战死者,其数实在万人以上"④。临安县"邑当寇乱未经,户口二十万余",战后"同治初年,兵燹之余,招集流亡仅存丁口八九千人"⑤,於潜县"庚申之劫遗黎七百,寇平后田亩荒芜,公私灰烬"⑥。

咸丰十年(1860)以来的战事,造成杭州府人口急剧减少,死亡、逃散人口应超过百万,至宣统调查人口时,总计132万人,仅达到乾隆末期人口的六成多,可见历时数年的战事所造成的损失之大。

① 袁花冯氏:《花溪日记》卷上,中华书局2013年,第166页。
② 许瑶光:《谈浙》,《谈严州四次失守及兰溪富阳事略》,《太平天国史料汇编》,凤凰出版社2018年,第9484页。
③ 蒋敬时:《光绪富阳县志》卷六《咸同间绅民殉难题名表》,中国地方志集成,上海书店出版社2011年。
④ 史锡永:《民国新登县志》卷一四《咸同殉难表》,中国地方志集成,上海书店出版社2011年。
⑤ 董运昌:《宣统临安县志》卷二《户口》,中国地方志集成,上海书店出版社1993年。
⑥ 程兼善:《光绪於潜县志》卷九《风俗志》,中国地方志集成,上海书店出版社2011年。

## 二、疫病与灾害

康熙十年(1671)杭州大疫,总督刘兆麟设药局于佑圣观。乾隆十二年(1747)杭州发生瘟疫,吴滨汉与兄弟俱死,仅其妻子钟氏变卖家产安排葬事。[①] 道光元年(1821),富阳大疫。道光、咸丰年间,杭州发生天花传染,流行期间每日死亡儿童达到百人。[②]

太平天国战事结束后,杭州府内接连流行疫病。临安县"同治元年夏秋疫,时大兵之后,继以大疫,死亡枕藉,邑民几无孑遗",次年,富阳县大疫。[③] 此疫据说是因为"贼平之后屋庐灰烬,遍地尸骸,秽恶之气酿为大疫"。光绪二十八年(1902)六、七月期间,杭州城内及周围地区霍乱流行,死者据报道有1万人。[④]

余新忠指出,同治初年大疫实始自咸丰十年(1860),同治元年(1862)达到高潮,同治三年(1864),随着战争的结束而渐趋平息,这次瘟疫基本随着战场的出现和转移而引发、传播。疫情很可能由霍乱导致。[⑤] 他统计,杭州可以确认为真霍乱的时间还有道光十七年(1837)八、九月间,道光二十四年(1844)五月间,光绪二十五年(1899)。[⑥] 霍乱的致病、流行,与生活用水息息相关,市河的污染导

---

① 吴庆坻:《民国杭州府志》卷一六五《列女》,中国地方志集成,上海书店出版社1993年。

② 余新忠:《清代江南的瘟疫与社会》,北京师范大学出版社2014年,第73页。

③ 吴庆坻:《民国杭州府志》卷八五《祥异》,中国地方志集成,上海书店出版社1993年。

④ 《杭州关十年报告(1902—1911)》,中华人民共和国杭州海关译编《近代浙江通商口岸经济社会概况——浙海关、瓯海关、杭州关贸易报告集成》,浙江人民出版社2002年,第705—706页。

⑤ 余新忠:《咸同之际江南瘟疫探略——兼论战争与瘟疫之关系》,《近代史研究》2002年第5期。

⑥ 余新忠:《清代江南的瘟疫与社会》,北京师范大学出版社2014年,第82页。

致霍乱在包括杭州在内的江南城市流行。①

　　除了疫病之外,水旱灾害也不时发生,灾情较重时,常伴有人口损失,在历年灾害中,康熙元年(1662)春浙江地区饥荒,顺治十一年(1654)大旱灾,乾隆五十年(1785)江浙秋旱成灾,西湖几乎干涸。咸丰六年(1856),杭州府所属各县先遭受水灾,之后水又旱成灾,②官府不得不采取赈济措施。

　　清代杭州城市防火仍然是一个重要问题,由于人口密度大,主要建筑用材为木材,加上相关产业容易诱发,火灾经常见诸记载,其严重者则引发伤亡。康熙五年(1666)十二月杭城大火,一昼夜延烧七里,烧毁民居一万四千四百余家。③康熙十年(1671)五月二十四日大火。康熙十二年(1673)九月,杭州发生火灾,火借风势,延烧十余里,烧毁民居七千余间,东城几乎被烧尽。嘉庆二十一年(1816)七月,清河坊火延三四里,烧毁民居数千家,布市巷、打铜巷不幸罹难的百姓甚多。道光二十二年(1842)六月,竹竿巷口民居火延烧一千余家,两日始熄。

# 第四节　近代警政的初步建立与户口调查

　　清代承担治安职能的是半军半警的绿营,及团练、保甲。随着绿营积弊日深,团练、保甲徒具虚名,至晚清时期社会治安管理已是百弊丛生。随着洋务运动的展开,以改良派知识分子为代表,要求

---

　　①　李玉尚:《清末以来江南城市的生活用水与霍乱》,《社会科学》2010年第1期。

　　②　吴庆坻:《民国杭州府志》卷八五《祥异》,中国地方志集成,上海书店出版社1993年。

　　③　马如龙:《康熙杭州府志》卷一《祥异》。

以警察制度取代绿营,以实现维护社会治安、强化人口管理的目的。[①] 近代的警察制度,之所以区别于清末的保甲、团练,是因为警察制度"不仅是国家内政的重要一环,不仅有全国性的一致组织,而且也有一个全盘的指挥系统"[②],效率更为突出,而且除了安保责任外,还发挥卫生、消防、交通方面的社会职能。

虽然康有为早在1898年上书时就曾建议举办巡捕,也就是仿效上海租界的工部局建立警务制度,但是戊戌变法新政中却没有警政相关的内容,仅有湖南在黄遵宪的策划下试办警务。光绪二十四年(1898)六月,官绅合办、具有近代警务机构特征的湖南保卫局正式建立。巡查(即警察)在巡查长的督率节制和巡查吏的具体指挥下,主要承担下列职责:一是缉捕盗贼,维护社会治安。二是管理街道,整顿卫生,收存遗失物品,保障社会公益。三是消防救火。巡查遇有火灾,应立即驰报局中,由局中派役驰请火龙各会前往救火。四是清查户口,掌握管界内的地区和居民情况。[③] 在有关户籍管理的《保卫总局清查户籍章程》中,提出"清查户籍为本局第一要义,必须认真清查,确载册籍,庶使本局一切去民害、检非违、索罪犯之事易于尽职、一切员绅吏役人等易于办事",清查分局分段进行,先每户悬挂门牌,再分上中下三等户自行认填,户籍分不同职业及其特点进行登记,对烟馆、客栈等除登记主雇及眷属外,容留人亦需依式登记。对境内流荡无赖、可疑之人则另编户籍,由巡查随时稽查。巡查若在清查过程中索取钱物,则立即革职惩办。[④] 这一章程,集中体现了"去民害、检非违、索罪犯"的目的,而自主自愿填写的方式,

---

① 韩延龙、苏亦工:《中国近代警察史》,社会科学文献出版社2000年,第13页。

② 王家俭:《清末民初我国警察制度现代化的历程(一九〇一——一九二八)》,台湾商务印书馆1984年,第14页。

③ 熊月之:《西制东渐——近代制度的嬗变》,长春出版社2005年,第86页。

④ 《湘报》第146号,光绪二十四年(1898)七月。

也与此前以征税为目的的保甲调查有很大区别。

尽管维新变法失败后,湖南保卫局遭到裁撤,但是建立近代警政制度已成为朝野共识。张之洞提出以日本警察制度为模板,自京师逐步扩展至各省,建立警察系统。在一些地方大员、驻外使节和知识分子的要求下,光绪二十七年(1901)清廷谕令各省,裁汰绿营,改练巡警营。光绪二十八年(1902),袁世凯先后在保定、天津设立警察局和警务学堂,并制定《天津四乡巡警章程》。① 后袁世凯奏定警务章程,清廷下令各省仿效"直隶章程"。袁世凯举办天津警政"开办之初,先从清查户口入手,酌定禁令,务去民害",其章程第四条查户口,要求在划分区域内不论土客均需每户登记注册,注明家长姓名、年岁几何、是何生业、有无地亩房屋等。其户口管理条例相对湖南保卫局略显粗略。

早在光绪二十二年(1896)杭州即有巡警出现,杭州拱宸桥日租界内即有巡捕,设有警察局,但仅限租界内。② 1902 年,《杭州白话报》即报道官方将设立警察。③ 但迟至光绪二十九年(1903)闰五月,巡抚翁曾桂将抚院常备亲军营改为警察军,并在杭州长庆寺设立巡警局,④为浙江设立警察之始。至光绪三十二年(1906)三月,浙江督抚在所上有关巡警事务折子中表示,虽然"巡警为保全治安要政,当此民气嚣张、党匪思逞,非遍设巡警,难安内治",且巡警经费需出自裁省的绿营兵饷银,但"原奏系分裁撤、改编两层……浙省初涉警务,未能遍及城乡,是墩铺汛防,藩篱未可尽撤,审时度势,碍难遽行全裁撤",只是计划裁撤兵额的一半,即 6974 人,腾出饷银二十一万

---

① 《直隶总督袁奏拟定天津四乡间巡警章程折》,《东方杂志》1905 年第 2 卷第 10 期。

② 吴庆坻:《民国杭州府志》卷一七六《巡警》,中国地方志集成,上海书店出版社 1993 年。

③ 《杭州白话报》1902 年第 18 期。

④ 丁耀南:《浙江警察志略》,宁波警察月刊社 1947 年。

余两。① 反映出浙江的地方官在推行警政方面相对袁世凯、岑春煊显得较为迟缓。浙江地区的警政,至增韫任浙江巡抚始有起色。增韫任直隶布政使时参与直隶警政的创办,并任警务处督办,故对警政有较为深刻的认识。② 他整顿浙江的警政制度,设立警务处,统揽全省警务;将警察总局改为省城巡警总局,专办杭州巡警事务等。③ 并改办高等巡警学堂,培养警务人员,以期"充当巡警之官吏,无非谙习警学之人材"④。宣统元年(1909),浙江始设巡警道,增韫奏以杨士燮署巡警道。⑤

从湖南保卫局开始,推进警政的官员就强调警察与绿营不是简单的名称转换,而是以接受一定训练和教育的人员组成警察主体,但浙江警察主体系自防军转来,"所需巡勇由常备军改充"⑥,普遍素质较差,甚至巡查事务"该勇等未曾熟习"⑦,且保留绿营习气,"各军不知警章,往往向赌场索取规费"⑧。

考察浙江近代警政的建立,其进程晚于北京、直隶等地区;杭州虽在浙江最早建立警察机构,但主要限城内;以绿营兵为主体的巡警队伍,距离近代警政的要求也有一定距离。

清末的人口调查是作为预备立宪的一项基础工作展开的,具体调查原则依据光绪三十四年(1908)年底民政部颁布的《户口调查章程》。此次人口调查省级承担主要责任的是巡警道,在已建立地方

---

① 《闽督松等奏裁减浙省绿营兵额改编巡警折》,《政治官报》1907 年第 93 期。

② 王家俭:《清末民初我国警察制度现代化的历程(一九〇一——一九二八)》,台湾商务印书馆 1984 年,第 67 页。

③ 《浙抚奏筹办巡警情形折》,《政治官报》1909 年第 531 期。

④ 《浙抚奏改设高等巡警学堂片》,《政治官报》1909 年第 548 期。

⑤ 《浙抚奏增设巡警道请以嘉兴守杨士燮试署折》,《政治官报》1909 年第 534 期。

⑥ 《申报》1903 年 7 月 6 日。

⑦ 《申报》1903 年 6 月 27 日。

⑧ 《申报》1905 年 3 月 6 日。

自治的区域主要由地方绅董进行,未能建立地方自治的区域由巡警道所属巡警和公正绅董进行。户口调查采取先查户数,再查口数。户数调查以编订门牌为主要工作,编订户数成册后,再据此填写"查口票"。查口票发给户主,填写户内"姓名、年岁、职业、籍贯、住所"。户主十日内填妥交户口调查员,调查员汇总后形成"口册",并随时进行抽查。口册、户册就是一定区域内人口的汇总,作为人口变动的依据。① 时间计划自宣统元年(1909)起,至宣统五年(1913)止,但辛亥革命爆发,此项调查因此终止。对此次调查,何炳棣持完全否定态度,②但侯杨方认为依据官方性——由政府发布命令统一组织进行;全国性——包括全国所有国民;逐人进行——按人个别进行填报;同时进行——以一个特定时间为标准进行调查;系统处理——将调查资料编成统一的表格,此次调查具备了近代人口普查的主要特征。③

　　笔者所见资料,晚清浙江地区的人口调查,也是始于预备立宪时,作为逐年筹备事宜清单中列的第一年应办事项,为此出版了对民政部《户口调查章程》的释义。释义除对部颁章程作逐条解释外,认为"中国巡警方在萌芽之际,人民耳目尚未辨明其性质,设使挨户细查,无知愚民,不免有误会阻挠之举,况劣绅莠民,无地蔑有倘乘此多方捏造,谣惑人心,非第多生冲突,有妨调查之进行,尤恐惊扰愚民,反因此而不能详密",并提醒"如今江西等省已有因调查户口匪徒造谣生事",应在调查中注意。④

---

　　① 王士达:《清民政部户口调查》,原载《社会科学杂志》1933年第3卷第3期,收入《中国近代史论丛》第二辑第2册,正中书局1958年,第99页。

　　② 何炳棣:《1368—1953中国人口研究》,上海古籍出版社1989年,第71—78页。

　　③ 侯杨方:《宣统年间的人口调查——兼评米红等人论文及其他有关研究》,《历史研究》1998年第6期。

　　④ 《户口调查章程释义》。

　　显然对于抽税抽丁的疑虑,是产生反对人口调查风潮的主因,①地方官除了强调要晓谕地方,说明调查目的外,都希望以士绅参与的方式来打消民众疑虑。"清查户口为实行保安防患之本,杭垣户口以十万计,历年清查多不得其实,其故皆由官民情意未洽,故办理诸多棘手。兹拟借重缙绅,按段公举稽查员两位,仿照南北洋章程,先就各户编列号牌,钉于门首,次再按户清查丁口,照部颁格式分别填注,一月查毕,汇送敝局。以后按年,皆由警务人员实行清查,庶居民知用意所在,不至多方讳饰。"②宣统三年(1911)杭州属县於潜,因清查户口讹传,酿成暴动。③

　　但是杭州地方自治的状况,使得此次户口调查实践面临较多困难。首先,户口调查是建立自治的基础,"凡居住于区域内,无论何等户口,均须编订门牌,填查口票,所谓终结者,即手续终了之谓,如调查户口,门牌一律编订,查口票一律填明,则户与口均得确数",但调查所要依靠的自治团体,却是应在户口调查基础上建立的,"则细玩筹备清单所定次序,正待调查户口清楚,方可办理自治,决不能自治团体成立后方着手调查。故就事实上论……势不能借用自治公所所划分之区域及自治团体所举定之职员必须遴派本地绅董及暂行另划区域矣"④。

　　由于地方自治尚未建立,浙江地方官在人口调查上采取了特殊的办法。"本处拟通饬各厅州县暂将遵照上年藩司通饬光绪三十三年民政部颁定调查户口册式调查时所得约数,除总数详报藩司衙门外,一面仍将该厅州县底册分别城镇乡报明本处,至迟于本年年内报齐,即据以为假定区域及议员额数之标准",在此基础上成立地方自治机构后,再遵照《户口调查章程》依靠地方自治机构完成实际人

---

① 《调查户口风潮续志》,《申报》1909 年 7 月 28 日。
② 王丰镐:《王省山观察丁未年警察日记》,十月二十八日。
③ 《於潜乡民暴动善后办法》,《申报》1912 年 12 月 2 日。
④ 《户口调查章程释义》。

口调查。①

　　但是各地仍然进展迟缓。光绪三十四年（1908），陆军部颁布《陆军部新定测绘章程》，②为绘制全国地图向浙江发出地理调查表，要求将包括户口等项调查清楚，③但是杭州所属各县在半年后仍未上报。为此"拟将此项调查由绅董暨巡警分担责任"，至人口一项"若因一时调查不易应由分董约计填报统交统计处汇总"④，实际已无力完成入户调查的要求。而乐清地方官仍习惯将调查委与地保等，造成"无识愚民，捕风捉影，时有抽丁之谣，以故各户隐晦不敢直报，遗漏甚多"⑤。

　　而杭州所属的桐庐县，警局"二绅董各分党派，因举甲则乙攻，举乙则甲攻，是以迄今未公举巡董；总分局巡警率皆防营性质，识字者仅半数，服装各异，均不合格"，淳安县"总局巡警仅四名，较之从前额数，减少四分之三"⑥，连开展人口调查的机构都尚未健全。

　　即使是杭州所属上报的表单，也存在各种错误。如富阳"查表内正南区共十四庄，照各庄人口数合计应得四万三千二百二十四人，乃表内仅填四万二千二百二十四人，少填一千人"⑦，淳安县"查阅人口表仅填全县及坊乡人口总数，于图庄下未填人口分数，不遵照前札后开各问题备具说帖，究竟该县城镇乡区域如何假定自处无

　　① 《地方自治筹办处禀遵饬筹议办理城镇乡地方自治大概情形》，《浙江官报》1909 年第 1 期。

　　② 《陆军部新定测绘章程》，《东方杂志》1908 年第 11 期。

　　③ 《申报》1909 年 10 月 3 日。

　　④ 《杭州府卓札各州县速将村镇户口依式填送文》，《浙江官报》1909 年第 9 期。

　　⑤ 《札乐清县据该县西乡吴熙周等函称分任调查户口以期详确由》，《浙江地方自治筹办处文报》1910 年 4 月 3 日。

　　⑥ 《浙江官报》1909 年第 10 期。

　　⑦ 《地方自治筹办处批富阳县申送人口数表并说明书由》，《浙江官报》1910 年第 5 期。

从查核,殊属玩率"①,桐庐县"并不遵照本处所发表式填写,殊不合查,是项表格前由本处据该县六月初三所送之固有区域纲目制就,于本年九月二十三日专札发填各该区域内人口约数……迄今逾限已久,该县之咎已属难辞,而又不将本处所发表式填送,徒以札催之故,以一纸模糊不堪之户口统计表申送前来,以敷衍塞责,视上行公牍为具文,浮沉于书吏之手不加检点,实属玩视新政"②。

从杭州地区的宣统户口调查可以看出,尽管民政部颁布了相对完善的章程,确定了户口调查的基本原则和方法,调查的目的也是以其作为立宪和地方自治的基础,而非以征税和抽兵为目的。但是在具体实践中,由于杭州地区户籍调查与地方自治先后顺序不清,导致官绅合作的户口调查很难深入开展。而入户调查所耗费的人力物力巨大,本次调查到底多大程度实现了逐户逐人的普遍调查令人怀疑。尽管采用了异于以往的调查方式,出现了近代人口调查的某些特征,但是否就是近代化的人口调查,就浙江地区而言有待进一步讨论。

综上所述,杭州作为浙江首府,虽然在浙江范围内较早建立了近代化的警察制度,但是这一制度还没有完成转变。警员的来源和素质,未能完全洗脱绿营旧习,这也导致杭州的警察制度不能很快负担起具有社会治安管理意义的警察职能。因此,当人口调查作为预备立宪的基础工作在这一区域开展时,民众的疑虑和自身素质的障碍,以及自治组织的不完善,使宣统年间的人口调查出现了诸多的问题,距离真正意义上的近代人口调查尚有距离。

---

① 《批淳安县申送人口表由》,《浙江地方自治筹办处文报》1909 年 12 月 17 日。

② 《批桐庐县禀呈人口表一纸》,《浙江地方自治筹办处文报》1909 年 12 月 10 日。

### 表7-2 宣统二年(1910)杭州人口数

| 区域 | | 人口数(口) | 备注 |
|---|---|---|---|
| 杭州 | 仁钱城 | 182075 | |
| | 仁钱湖墅乡 | 41348 | |
| | 仁钱江干乡 | 13871 | |
| | 西湖乡 | 10319 | |
| | 上四乡 | 31754 | |
| | 调露乡 | 12116 | |
| | 钦履乡 | 22929 | |
| | 瓶窑乡 | 45496 | |
| | 西镇 | 53175 | |
| | 五都镇 | 51697 | |
| | 临平乡 | 45623 | |
| | 乔司乡 | 20518 | |
| | 皋亭乡 | 6495 | |
| | 皋塘乡 | 35353 | |
| | 会堡乡 | 21465 | |
| | 合计 | 594234 | |
| 海宁 | 海宁城 | 36087 | |
| | 硖石镇 | 75307 | |
| | 袁花镇 | 76853 | 钱塘人口 98316 |
| | 长安乡 | 40259 | 仁和人口 75114 |
| | 许村乡 | 13945 | 驻防 8645 |
| | 元东乡 | 34709 | |
| | 郭周乡 | 18820 | |

续 表

| 区域 | | 人口数（口） | 备注 |
|---|---|---|---|
| | 斜川乡 | 10221 | |
| | 合 计 | 306201 | |
| 富阳 | 富阳城 | 6752 | |
| | 惠政乡 | 8763 | |
| | 亲贤乡 | 6680 | |
| | 阆苑乡 | 3224 | |
| | 剡源乡 | 11195 | |
| | 长春乡 | 5115 | |
| | 醴泉乡 | 4326 | |
| | 渔鲤乡 | 11078 | |
| | 东洲乡 | 7740 | |
| | 亲仁乡 | 12009 | |
| | 青云乡 | 9154 | |
| | 同乐乡 | 10096 | |
| | 景山乡 | 35683 | |
| | 合 计 | 131815 | |
| 余杭 | 余杭城 | 12104 | |
| | 安乐乡 | 32087 | |
| | 招钦乡 | 11468 | |
| | 同化乡 | 10366 | |
| | 常孝乡 | 14779 | |
| | 长乐乡 | 11790 | |
| | 合 计 | 92594 | |

| 区域 | | 人口数（口） | 备注 |
|---|---|---|---|
| 临安 | 临安城 | 6969 | |
| | 安南乡 | 3090 | |
| | 谷灵乡 | 4235 | |
| | 新奉乡 | 8362 | |
| | 庆凤乡 | 8558 | |
| | 金永乡 | 14114 | |
| | 高庆乡 | 5547 | |
| | 合计 | 50875 | |
| 於潜 | 於潜城 | 6916 | |
| | 藻溪乡 | 4227 | |
| | 紫溪乡 | 10869 | |
| | 太阳乡 | 5838 | |
| | 泗洲乡 | 13720 | |
| | 合计 | 41570 | |
| 新城 | 新城城 | 32101 | |
| | 岭西乡 | 10528 | |
| | 合计 | 42629 | |
| 昌化 | 昌化城 | 10423 | |
| | 昌南乡 | 14380 | |
| | 昌西乡 | 21742 | |
| | 昌北乡 | 13617 | |
| | 合计 | 60162 | |
| 总计 | | 1320080 | |

资料来源：《民国杭州府志》。

# 第八章 民国时期

1911 年 11 月 5 日杭州光复的凯歌声中,浙江军政府成立,浙江历史进入了新时期。从 1911 年 11 月杭州光复到 1927 年 2 月北伐军攻占杭州,月底克复全境,浙江历史经历了浙人治浙和北洋军人统治浙江两个阶段。1927 年南京国民政府建立到 1949 年国民党政权垮台,是国民党主政时期。其间 1938 年至 1945 年日寇占领杭州,组织了汪伪杭州市政府。

1912 年杭州府撤销,作为政区的杭州府宣告结束,[①]以原钱塘、仁和县地并置杭县。1927 年 5 月,划杭县所属城区等地设杭州市。民国时期是杭州人口发展的重要转变时期。

## 第一节 户口登记制度

1912 年民国建立后,浙江地区即着手开始大规模人口调查。1912 年浙江发布了《民政司拟订浙江省会第一次调查户口规则》,在进行调查前的文告中,明确调查主要目的是治安,"省垣人烟稠密,良莠不齐,应令各派出所,按段调查户口,登注入册,以次装钉门牌,编列字号,遇有形迹可疑之人,奸宄窝留之所,庶便稽查,而易侦获"[②]。在此次经由浙江省民政司拟定的杭州(杭县)的调查规则中,

---

① 《都督令各司知照杭分府等九属已呈报取销分府文》,《浙江公报》1912年第 120 期。

② 《民政司呈拟具调查户口规则并表式门牌样式请察核公布文》,《浙江公报》1912 年第 306 期。

调查主旨第一条中明确"本规则以调查居民人数身分异动,并访察其行为及现状为主旨",执行调查的是警察系统,"调查户口事务以省会警察局长分局长为监督。……调查户口,以现在各派出所所辖区域为区域,由该管警官督率长警办理"。

调查的警员要将区域内的住户分为三类,"甲号,户主有资产职业认为身分正确者;乙号,甲号、丙号以外者;丙号,户主曾受官刑,或不务正业,及其他认为性行不良者",还需要区别主户、附户,"其一住宅同居二户以上者,应以最先移住之户为正户,余为附户;若二户同时移住,即以人口较多者为正户,附户门牌另列号数,并标明附户字样",官署局所、外国领事馆、兵营、监狱及医院等不在调查之列。

进行本次户口调查的同时,建立由警察系统负责填报的日常人口管理机制。"户口异动簿,派出所及分驻所各置一本,凡遇店民有出生、死亡、婚嫁、迁徙等事即分别登记,并将户口调查册分别添注抹销。"①

户口调查表"由局长遵照颁定表式刊发各该管警官,交由担任调查长警,按户发给一张,令其填写,于三日内缴到,三日不缴由长警收取",入户调查的警官需要有调查执照,调查办法中规定:"第二十条:调查之各长警,无论定期临时,均须由各该管警官发给执行调查执照,无执照者不得擅入人家。"即本次调查的执行,是由杭州警察系统进行入户的登记调查。登记原则规定:

　　一、凡父母以上及伯叔父母以上,均填入尊属格内。

　　二、凡兄弟妻妾子孙、兄弟子孙之妻妾、兄弟之子孙及其妻妾均填入亲属格内。

　　三、其余无论亲戚朋友人等凡系同居均填入同居格。

　　四、婢仆人等填入佣工格内。

　　五、填注时于尊属亲属与户主之称调关系,应分别填入姓

---

① 《民政司拟订浙江省会第一次调查户口规则(未完)》,《浙江公报》1912年第306期。

名格内。

六、姓名格内妇女不便填写者,妇人得以姓氏、女子得以长次等字代之。

七、填注时惟户主虽当外出,仍应填注,并应将所在之处注明,此外尊属亲属若现非同住,或外出者,毋庸填注。

八、凡人口众多之户不能填注一表得分填数表。

九、正附户别栏内及甲乙丙号别栏内,由担任调查长警逐一填载。

十、此项填载列刊印调查表背面。①

**省会警察局第(几)派出所第(几)分驻所户口调查表**

| 共计男名女口 | 丁口 | | | | | | | | 户 | | |
|---|---|---|---|---|---|---|---|---|---|---|---|
| | 雇工 | | 同居 | | 亲属 | | 尊属 | | 户主 | 事项/类别 | 正附户别 |
| | 女 | 男 | 女 | 男 | 女 | 男 | 女 | 男 | | 姓名 | 门牌号数 |
| | | | | | | | | | | 年龄 | 甲乙丙数 |
| | | | | | | | | | | 职业 | 房屋 |
| | | | | | | | | | | 籍贯 | 自产或赁居 / 住户铺户空户 / 同居或独居 / 间数 / 坐落街巷 |
| | | | | | | | | | | 附记 | |

通过调查,警察局需要向浙江省民政司提交的人口统计表册共

---

① 《民政司拟订浙江省会第一次调查户口规则(续)》,《浙江公报》1912年第307期。

有十种:《户数统计表》《口数统计表》《铺户、住户、空户别统计表》《甲乙丙号户别统计表》《年龄统计表》《职业别统计表》《籍贯别统计表》《出生死亡月报表》《婚嫁月报表》《迁徙月报表》,涉及人口登记、日常人口管理等方面。

依据上述调查内容、表册类别,可以看出作为民国时期杭州城区的第一次户口调查,此次调查是针对常住人口的登记,依据居住地登记年龄、职业,作为日常性的人口变动登记。本次调查的内容相对简略,类别较少。调查依靠的是晚清以来已经建立的杭州城市警察系统,原属杭州府的各县可能并未进行类似的人口登记、统计。由于此次调查计划拟定的时间是1912年12月,估计调查实施的时间可能在年底或次年年初。

在杭州实施第一人口调查的同时,国民政府也在展开全国性的户口调查。

夏卫东依据1920年编成的《浙江人口之部》对此次全国性调查的内容进行了复原,从复原的"民元户口调查方案"内容观察,其统计的类别非常详细,如年龄是每隔五岁进行统计,职业分类多达16项,死亡类别中分为病死和自杀,病死列有八种传染病,自杀类别列有13项类别等,[1]这与晚清及其之前的人口统计应有较大区别,与1912年杭州城区的户口调查设计也差别巨大。可以看出,包含详细分类的全国性调查,目标是人口统计,而非出于治安需要的人口登记、统计。侯杨方认为1916年浙江地区普查数据偏高,浙江全境比宣统年间调查人口多出500多万人。[2]

表8-1　1916年杭州户口数

| 县 | 户数 | 口数 | | | 宣统统计口数 |
|---|---|---|---|---|---|
| | | 男 | 女 | 总计 | |
| 杭县 | 140186 | 366221 | 317916 | 684137 | 594234 |

---

① 夏卫东:《民国时期浙江户政与人口调查》,中国社会科学出版社2011年,第59页。

② 侯杨方:《中国人口史·民国卷》,复旦大学出版社2001年,第182页。

**续 表**

| 县 | 户数 | 口数 | | | 宣统统计口数 |
|---|---|---|---|---|---|
| | | 男 | 女 | 总计 | |
| 海宁 | 73311 | 209396 | 188949 | 398345 | 306201 |
| 富阳 | 32823 | 98216 | 79470 | 177686 | 131815 |
| 余杭 | 27096 | 59070 | 49777 | 108847 | 92594 |
| 临安 | 11872 | 25369 | 22913 | 58282 | 50875 |
| 於潜 | 9817 | 20418 | 21466 | 41833 | 41570 |
| 新登 | 10004 | 24504 | 23003 | 47507 | 42629 |
| 昌化 | 14135 | 38781 | 36770 | 75560 | 60162 |
| 总计 | 319244 | 841975 | 740246 | 1592197 | 1320080 |

资料来源:《内务统计 民国五年分浙江人口之部》,1920年。

由于1912年杭州城区的调查没有相关数据,1916年的数据只能和宣统户口调查进行比较(表8-1)。通过与宣统年间户口调查进行比较,1916年比之前超出27万多人,出现最大波动的是杭县、海宁、富阳三地,杭县增加近9万人,海宁增加超过9万人,富阳增加4万多人,上述三地增加24万多人,其余地区均在数千人左右。可见如果出现数字登载、统计的重大错误,主要应出现在上述三地。

民国初年的人口数据,《杭县志稿》的编纂者也抱有怀疑,"昔失则疏,今失则滥,姑据统计表调查册备书之,盖丁册定额而后,调查户口一举,有司奉为具文,增减填写任意而已","杭县人口,民元至民六大约沿袭清季仁钱两县表册,保持六十九万相近人数,七年而后竟增至一百万以外,殆署所学校之扩建,商场工厂之新兴,使杭县骤然繁荣欤?然就今之市县人口并计亦仅八十余万,似当时编查户口犹仍清季之非疏即滥耶?故本县户口调查准确,当自十六年市县分立为始"①。

表8-2　1912—1948年间杭县人口数

| 年份 | 男 | 女 | 总计 | 备注 |
|---|---|---|---|---|
| 1912 | 363354 | 316933 | 680287 | |
| 1913 | 365369 | 317915 | 683283 | |
| 1914 | 365820 | 318164 | 683984 | |
| 1915 | 366423 | 318268 | 684691 | |
| 1916 | 366221 | 317916 | 684137 | |
| 1917 | 368516 | 320679 | 689195 | |
| 1918 | 465000 | 563500 | 1028500 | |
| 1919 | 490240 | 564041 | 1054281 | |
| 1924 | 566578 | 448100 | 1014678 | |
| 1928 | 214425 | 175926 | 390351 | 1927年城区设杭州市,市县分立 |
| 1931 | 215800 | 174572 | 390372 | |
| 1932 | 216194 | 177207 | 393401 | |
| 1935 | 219041 | 180893 | 399934 | |
| 1936 | 221314 | 181329 | 402643 | |
| 1944 | 205019 | 167575 | 372594 | |
| 1945 | 179185 | 154536 | 333721 | |
| 1947 | 188679 | 162157 | 350836 | |
| 1948 | 191084 | 166399 | 357347 | |

　　杭州的杭县,1913年与1914年总人口之差为701人,1915年与1914年总人口之差为707人,1916年比1915年人口也仅减少554

---

　　①　汪坚青:《杭县志稿》卷五《户口》。

人(见表 8-2)。这种均匀的变化,显然有人为的因素。这说明,始于1912 年的全国人口调查,尽管有相对完善的调查内容设计,但是在实际执行中的差异,可能导致人口数字不能反映真实人口状况。1918 年人口陡然增长至 102 万人,且女性人口总数超过男性近 10 万人,如非抄录有误,统计错误,则难以解释。尽管志书编撰者认为,自 1927 年以后杭县户口的统计较为准确,但是 1928 年至 1931 年,整个杭县的人口仅增长 21 人,恐怕是并非户口调查统计形成的数据。

　　杭州地区是如何实施 1912 年的全国性人口统计的,笔者尚未找到相关材料。考虑到杭州城区进行了第一次的人口调查,是否会在当年或不久之后即开始进行另一次人口调查,且相关统计内容远较之前为复杂,杭州城区的警察系统能否完成的确令人生疑。

　　1915 年,北京国民政府颁布《县治户口编查规则》和《警察厅户口调查规则》,两个编查规则分别针对京师及各省会、商埠以及设有警察厅的地方和其他地区。夏卫东对两个调查规则进行了细致比较,其主要差异在编查方式和调查人员设置方面,如《警察厅户口调查规则》中调查区域划分"依警区定之,但得酌分地段分别调查",调查人员设置为"调查监督(警察总监或警察厅长担任)、调查长(每区一员,以警察署长担任)、调查员(无定额,由调查监督视事务繁简核定,以各警区属员担任)",《县治户口编查规则》则规定,"普通户以十户为一牌,十牌为一甲,各依牌甲号数按户订立门牌",调查人员"区置编查长一人,受县知事指挥;甲置甲长一人,负责编查本甲户口;牌设牌长一人,编查本牌户口。编查长由县知县委任,设有警察地方以警区长区或区员充任,设有保卫团地方以保卫团团部总或保董充任",[①]前者依靠警察系统,后者主要通过地方的保甲组织。

　　从编查规则观察,其与 1912 年浙江省自行拟定的户口调查规则比较,有一些变化,如取消了附户,"凡户不分正附,一家住数户

---

　　①　夏卫东:《民国时期浙江户政与人口调查》,中国社会科学出版社 2011年,第 65—67 页。

者,以数户计,同父兄弟分爨而仍同居者,以一户计。异居者以各户计,外姻或同族相依过度及友朋只身寄居者以一户计",在人口登记中增加了年龄分段,"年满六岁至十三岁之学童","年届二十岁至四十岁之壮丁",增加宗教信仰、教育程度的统计,以及"盲哑疯癫及其他废疾"等,还增加了产业的调查。①

　　浙江省在 1915 年 9 月即颁布了《县治编查户口暨警察厅调查户口书类程序并附说明书》,②但 10 月浙江省依据各县上报的调查时间就在 4 个月至 10 个月不等。③ 至 1917 年,浙江已经明确调查完成的时间,"准由各省区长官酌量地方情形自定"④。可见在省内各地,户口编查很难执行下去。这一状况从 1917 年海盐县呈报的户口调查筹备或可见一斑。海盐县一开始"因遵奉通饬听候部定期限,是以尚未举行",也就是一开始并没有按照 1915 年的北京国民政府、浙江省的要求进行筹备,开始实施后"自划分区域以迄,汇造县表种种,手续至繁",可能才发现原有的调查方式、人员已无法应付,才开始从编制调查人员入手,"以盐邑全县户数约共四万七千户计之,应置牌长四千七百人,甲长四百七十人,编查长之设置,须视区数而定,兹就旧自治城镇乡六区地域,按户口之多寡因地势之便利划区一十有四,各设编查长一人,正在集绅讨论遴选适宜人才,一俟各区编查长选定,委任后即以次责成",也就是自 1915 年 9 月浙江颁布调查规则后一年多的时间,海盐县却连编查长的人选尚未确认,以下的甲、牌等层级也未安排。⑤

--------

① 《警察厅户口调查规则》,《浙江警务丛报》1917 年第五期。

② 《浙江公报》1915 年第 1280 期。

③ 《巡按使咨陈内务部请酌定县治户口编查期限由》,《浙江公报》1915 年第 1325 期。

④ 《令各道道尹、警务处:准内务部咨行编查户口期限准由各省自定由》,《浙江公报》1917 年第 1986 期。

⑤ 《呈省长、道尹呈报筹备编查户口情形文》,《浙江海盐县署公报》1917 年第 4 期。

　　夏卫东指出,1915 年,全国局势动荡不安,由于袁世凯加速复辟帝制,孙中山发表《讨袁宣言》,国民党人开始了"护国运动"。1916 年,段祺瑞上台。此后,中央政府就一直处于名存实亡的地步。浙江省并没有执行 1916 年的全国户口调查。[1] 可以想见,在杭州地区,除了省城内有相对成熟的警政,可以依照相关规则进行户口调查,其他地区的始于 1915 年的户口调查,很可能如海盐一样,尚停留在筹备阶段。

　　从 1912 年民国建立起,杭州城区就基本确立了以警察系统进行户口调查,依据居住地进行户口登记的制度,并在 1912 年进行了省会的户口调查。

　　1927 年 2 月北伐军进入杭州。4 月 28 日国民党中央政治会议浙江省分会第三次会议通过筹办杭州市市政厅案,并推定省务委员兼秘书长邵元冲担任杭州市市政厅厅长。邵元冲被任命为市政厅厅长后,即起草杭州市暂行条例,仿照广州市于厅内设总务科及财政、工务、公安、教育、公用、卫生六局,划杭县所属城区及西湖之全部,东南沿海塘至钱塘江边闸口一带,西至天竺云栖,北至笕桥及湖墅拱宸桥为杭州市市区范围。[2]

　　1927 年杭州城区设市,此年之后至 1934 年的人口统计数据(表 8-3),所据为中国实业志等的统计,1935 年的数据则依据浙江省情。[3]

表 8-3　1927—1934 杭州城区人口数

| 年份 | 人口数 | 逐年增加率<br>(以 1927 年为准) | 备注 |
|---|---|---|---|
| 1927 年 10 月 | 380031 | 100 | 据浙省府调查本市全市人口为 426916 人 |
| 1928 年 12 月 | 451147 | 118 | |

---

[1]　夏卫东:《民国时期浙江户政与人口调查》,中国社会科学出版社 2011 年,第 72 页。

[2]　《杭州市政府十周年纪念特刊》。

[3]　干人俊:《杭州市新志稿》卷一《户口》。

续　表

| 年份 | 人口数 | 逐年增加率<br>（以 1927 年为准） | 备注 |
|------|--------|------------------------------|------|
| 1929 年 12 月 | 474228 | 125 | |
| 1930 年 12 月 | 506920 | 133 | |
| 1931 年 12 月 | 523569 | 137 | |
| 1932 年 6 月 | 529862 | 139 | |
| 1933 年 6 月 | 524012 | 138 | 男 315306<br>女 208706 |
| 1934 年 | 490187 | | 男 285549<br>女 204593 |

1928 年秋，南京国民政府以"军事结束，训政开始"，内政部以"所有施政之标准，端赖户口统计为根据"，制定户口调查办法及表式，通行全国。实际采用的调查办法，最初是 1915 年拟定的《县治户口编查规则》和《警察厅户口调查规则》，首先令江浙皖三省进行调查，"旋又将拟定之调查报告规则调查表式四种统计表三种"经过核准后，通令各省办理。[①] "截至十九年底，调查完竣仅有江苏、浙江、安徽、山西、辽宁、陕西、湖北、湖南、新疆、绥远、察哈尔、黑龙江等十三省。估计人口 47478 万人。"[②]

杭州此次调查的人口统计见表 8-4：

表 8-4　1928 年杭州人口统计

| 市县 | 户数 | 人口总数 | 20 岁以下人数 | 21 至 40 岁人数 | 41 岁以上人数 | 外出人数 |
|------|------|----------|-------------|---------------|-------------|----------|
| 杭州市 | 83954 | 男 257456<br>女 169460 | 男 99513<br>女 69339 | 男 97449<br>女 55859 | 男 60494<br>女 44262 | 男 3163<br>女 277 |

① 内政部统计司编：《民国十七年各省市户口调查统计报告》，1931 年，第 1 页。
② 内政部统计司编：《民国十七年各省市户口调查统计报告》，1931 年，弁言。

续　表

| 市县 | 户数 | 人口总数 | 20岁以下人数 | 21至40岁人数 | 41岁以上人数 | 外出人数 |
|---|---|---|---|---|---|---|
| 杭县 | 82712 | 男 217164<br>女 178854 | 男 93144<br>女 75218 | 男 74447<br>女 57203 | 男 49573<br>女 46433 | 男 2418<br>女 515 |
| 海宁 | 77454 | 男 193697<br>女 162040 | 男 82734<br>女 64160 | 男 69665<br>女 54495 | 男 41298<br>女 43439 | 男 14731<br>女 1440 |
| 富阳 | 42239 | 男 114853<br>女 90823 | 男 45587<br>女 35137 | 男 40885<br>女 30664 | 男 28381<br>女 25022 | 男 3468<br>女 1303 |
| 余杭 | 39451 | 男 71931<br>女 54016 | 男 28326<br>女 21744 | 男 25269<br>女 17115 | 男 18336<br>女 15157 | 男 766<br>女 未详 |
| 临安 | 17639 | 男 51807<br>女 34317 | 男 20334<br>女 14604 | 男 18333<br>女 11142 | 男 13140<br>女 8571 | 男 2688<br>女 378 |
| 於潜 | 12719 | 男 35032<br>女 24616 | 男 13385<br>女 10476 | 男 13314<br>女 9102 | 男 8333<br>女 5083 | 男 539<br>女 11 |
| 新登 | 12436 | 男 34615<br>女 25545 | 男 14112<br>女 11101 | 男 11865<br>女 8313 | 男 8638<br>女 6131 | 男 1259<br>女 140 |
| 昌化 | 17897 | 男 42961<br>女 35107 | 男 16162<br>女 13828 | 男 15764<br>女 11938 | 男 10935<br>女 9341 | 男 745<br>女 68 |

浙江省内第一期调查户口办法具体程序是：

第一条　本期调查户口以本年(1928年)六月为开始期,八月三十一日前,为报告到省期,由市县政府依照期限,酌定各市县调查进行次序,及全境查竣日期,督率警察并机关及调查人员办理之。前项市县调查进行次序及全境查竣日期,须于确定后呈报省政民政厅备案。

第二条　本期调查户口以市县政府各级警察局署所为调查机关,以各地乡警、里正、牌甲或村耆为调查人员,其系统如:

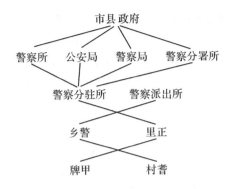

第三条　调查之程序

　　一　由市县政府行知该管警察局所或分署所,转饬分驻所或派出所,传集该管乡警或里正,说明调查事项,发交调查表,限令划分地段,责成该管牌甲或村耆按户调查。

　　二　牌甲或村耆,于接收调查表后,须于市县政府所定期限内,向该管地段依照表定各栏事项,直接按户调查,填注齐全,并照造全表一份,由该管乡警或里正汇编庄图调查表二份。①

　　浙江省在此次调查前,本已"订定《户籍条例》及施行细则,及各种户籍表式,俟各县村里委员会成立后即可通饬办理",但是因为接到蒋介石的电令,及内政部的户口调查命令,随即按照地方实际发布户籍调查办法八条,表式五种,至八月底各地的调查表先后汇总。② 浙江省之所以能在三个月完成,与已经订立地方性户口条例有关。

　　杭州市政府于 1930 年 8 月 6 日奉浙江省政府令颁布《市组织法》。该制度经依照该法第 139 条规定,"市政府于本法施行后三个月内,依第五条之规定,分划其市为若干区坊闾邻,并分别呈报上级机关",当即拟定《杭州市筹备改编区坊闾邻委员会》,具体管理办法为《杭州市筹备改编区坊闾邻须知》,其中规定:

---

　　①　《各省市户口调查统计报告》,民国史料丛刊 763 册,大象出版社 2009年,第 31 页。

　　②　《浙江第一期调查户口之经过》,《浙江民政年刊》1929 年,第 388 页。

1.除有特殊情形外,邻以五户,间以五邻,坊以二十间,区以十坊。

2.凡政党机关及学校团体、场厂、商店并慈善机关公开处所,均以户论,机关团体等以主管人为户主,寺庙庵观以任住持为户主。

3.一门住数户者,当以数户计,其有父兄弟,虽分而仍同居者,以一户计,异居者以各户计,外姻或同族相依过度及友朋只身寄居者,以一户计。店铺以每招牌为一户,无招牌者以住户计。前店后家如系家店同住者,以一户计。不同者以两户计。

4.如遇一街巷内,超过五户,在七户内者,得以特殊情形,编为一邻,不及五户,仅四户亦如之,三户与毗邻之户,合编一邻。

5.凡编间、编坊、编区情形,依照上项之规,总以整个便利,能关联相统属为主。

各区街村筹备会以全市户口甫经公安局调查完竣,未免手续及经营起见,不再派员调查户口,仅是"经呈准调阅各区警署户口底册,以作编造住户邻间清册之参考,并调查各市县与村落之固有名称境界及时围界址,以为分划街村之根据"。至 10 月各区街村筹备会将分划街村情形,并绘具图说,呈报市政府转呈民政厅备案,计全市分为二十二村里(表 8-5)。[①]

**表 8-5　1930 年划定的杭州各村里区划**

| 区名 | 村里 | | | | | |
|------|------|------|------|------|------|------|
| 城区 | 东南街 | 西南街 | 中东街 | 中西街 | 东北街 | 西北街 |
| 西湖 | 灵庆街 | 南山村 | 北山村 | | | |
| 江干 | 南星街 | 闸口街 | | | | |
| 湖墅 | 城北街 | 墅北街 | 芳林村 | 芳元村 | | |
| 皋塘 | 东皋村 | 临皋村 | 北沙村 | 笕桥村 | | |
| 会堡 | 清泰村 | 望江村 | 定海村 | | | |

各村里的户口统计见表 8-6:

---

① 《杭州市政府筹办地方自治经过》,1930 年。

表8-6 1930年杭州各村里户口统计

| 区别 | 城区 | | | | | | 西湖 | | 江干 | | | 湖墅 | | | | 皋塘 | | | | 会堡 | | |
|---|---|---|---|---|---|---|---|---|---|---|---|---|---|---|---|---|---|---|---|---|---|---|
| 村里 | 东南里 | 西南里 | 中东里 | 中西里 | 东北里 | 西北里 | 南山村 | 北山村 | 灵庆村 | 闸口里 | 南星里 | 芳林村 | 芳元村 | 城北里 | 墅北里 | 北沙村 | 东皋里 | 临皋里 | 觅皋里 | 清泰村 | 望江村 | 定海村 |
| 间数 | 148 | 103 | 135 | 63 | 115 | 130 | 21 | 16 | 22 | 40 | 57 | 8 | 7 | 50 | 76 | 31 | 81 | 61 | 39 | 17 | 30 | 20 |
| 邻数 | 740 | 515 | 675 | 315 | 575 | 605 | 105 | 79 | 109 | 206 | 283 | 44 | 37 | 251 | 381 | 155 | 325 | 306 | 195 | 86 | 150 | 100 |
| 住户总数 | 11084 | 7806 | 9985 | 4703 | 8522 | 10223 | 1181 | 858 | 1235 | 3380 | 2810 | 616 | 551 | 4018 | 5953 | 1710 | 3926 | 3889 | 2393 | 1118 | 1525 | 1252 |
| 公告确定日期 | 11.19 11.26 | 11.27 12.4 | 12.21 12.28 | 11.30 12.7 | 12.13 12.20 | 12.12 12.19 | 12.17 12.20 | 11.30 12.7 | 11.28 12.5 | 11.5 12.12 | 11.5 12.12 | 11.30 12.7 | 11.30 12.7 | 11.30 12.7 | 11.30 12.7 | 11.28 1.4 | 11.28 1.4 | 11.28 1.4 | 11.28 1.4 | 11.30 12.7 | 11.30 12.7 | 11.30 12.7 |
| 全区住户总数 | 52323 | | | | | | 3274 | | 6190 | | | 11138 | | | | 11918 | | | | 3895 | | |

此次统计,全市总计 88738 户,6237 邻,1270 间,选民 268769。村里制,后又改为改乡村制,再变为乡镇制。

1932 年,浙江颁布《二十一年度复查户口办法》,规定"二十一年度调查户口由各县乡镇公所就二十年分户口调查表督率间邻复查之",其中"户有增加或复查补正者,另以调查表纸填注补,其仅户主变动,或原户消灭者,均于原调查表上栏外加以登注,并将消灭之户以红线划去之","口有变动或复查补正者,均于原调查表上栏外加以登注,其每口之事项有变更者,就各该事项旁注之",户口编送乡镇公所汇总,"乡镇公所于复查完举后,应依复查结果编送,该乡镇二十一年度户口统计表连同原调查表,送由区公所抽查后加造该区户口统计表,连同原调查表送县抽查汇编,县户口统计表呈送民政厅"。杭州市"户口复查由杭州市政府,省会公安局,会同督率坊公所各区署依照本办法办理之"[①]。1932 年的统计数据,或即地方志所载,杭州市的人口为 529862。

《户籍法》是国民政府颁布的第一个户籍法律。此前,浙江省曾颁布具有过渡性质的地方性户籍制度,即《浙江省户籍条例》及其实施细则,但是这一制度并未在全省全面落实。[②] 至 1931 年,国民政府颁布了《户籍法》。夏卫东指出,1933 年浙江省为了填补《户籍法》实行前的人口变更登记的空白,发布了《浙江省人事登记暂行规程》,并在人事登记期限、编造统计季报年报、管理登记簿册等方面做了更为细致的规定。[③] 1932 年,杭州市公安局已经每月发布人口变动统计(表 8-7)。

---

① 《浙江省二十一年度复查户口办法》,《浙江省政府公报》1932 年第 1633 期。

② 夏卫东:《民国时期浙江户政与人口调查》,中国社会科学出版社 2011 年,第 95 页。

③ 夏卫东:《民国时期浙江户政与人口调查》,中国社会科学出版社 2011 年,第 104—105 页。

表 8-7　1932 年 2—5 月杭州户口变动统计

| 事别 | | 月份 | 2 月 | 3 月 | 4 月 | 5 月 |
|---|---|---|---|---|---|---|
| 迁入 | 户数 | | 882 | 3122 | 1953 | 1784 |
| | 人数 | 男 | 3210 | 18578 | 6491 | 4849 |
| | | 女 | 2070 | 11489 | 3974 | 3214 |
| 徙出 | 户数 | | 969 | 6735 | 1780 | 1245 |
| | 人数 | 男 | 2900 | 26762 | 4036 | 3179 |
| | | 女 | 1596 | 9476 | 2594 | 2295 |
| 出生数 | | 男 | 329 | 344 | 247 | 237 |
| | | 女 | 244 | 260 | 171 | 194 |
| 死亡数 | | 男 | 359 | 454 | 405 | 353 |
| | | 女 | 290 | 352 | 335 | 276 |
| 男婚人数 | | | 50 | 106 | 76 | 75 |
| 女嫁人数 | | | 47 | 77 | 48 | 70 |
| 继承人数 | | | 5 | 12 | 13 | 10 |
| 分居 | 户数 | | 7 | 19 | 11 | 7 |
| | 人数 | 男 | 14 | 36 | 29 | 19 |
| | | 女 | 14 | 25 | 23 | 14 |
| 失踪 | | 男 | | | | 1 |
| | | 女 | | | | 1 |

资料来源:建设委员会调查浙江经济所统计课编《杭州市经济调查》,1932 年。

月度报告涉及多个方面,这有赖于日常的登记报送,主要是通过警察系统。以 1932 年 3 月人口的较大变动观察,进出户数近万户,涉及人口达 6 万多人,管理这样规模的人口变动,应需要相当数量的警力投入。

但是通过警察系统日常管理的户籍制度不久就为保甲制度所取代。1929 年国民政府颁布《县保卫团法》,此后陆续颁布的《清乡条例》《邻右连坐暂行办法》《清查户口暂行办法》等要求主管人员逐户清查户口及"盗匪",并要求邻内各户对不相互举报的违法行为负连坐责任。以村里(乡镇)邻间自治制度系统为主体,以自卫及治安保甲系统为附属的两大制度系统并存的格局初步形成。① 可见地方保卫团的建制,正是仿照保甲制度。1934 年浙江省颁布《浙江省保甲章程》和《浙江省保甲实施程序》。② 南京国民政府所推行的保甲制度从创意起便刻上了"反共"的印记,保甲制度从"反共"前沿向全国推广,"反共防共"始终是各地编办保甲的原则之一。③

从《浙江省保甲章程》观察,保甲组织成了户籍登记、人口变动的主要组织。保甲规约应办十二事项内包括"关于编订门牌调查户口填发户帖及人事登记事项""关于境内出入人口之检查取缔事项"等。在保甲内部,户长、甲长、保长均负有户口登记责任。户长应办六项内"本户人口有出生、死亡、认领、收养、结婚、离婚、继承或迁徙分户时,填具人事登记声请书送报甲长。本户有留客寄宿,或家人出外作经宿之旅行,及寄宿者之别去,或旅行者归来时报告于甲长。发觉有形迹可疑之人潜入本甲时密告于甲长。纠察同甲各户,如发觉有为匪、通匪、窝匪或寄顿赃物或私造藏匿违禁物品者,依照本条第一款所定密告于甲长"。甲长"清查甲内户口,并掌管本甲户口册,查察户口异动,转报人事登记声请书于保长,以及编钉门牌,填发户帖,取具联保连坐保证等事项。稽查出境、入境人民,并报告外来寄居

---

① 武乾:《南京国民政府的保甲制度与地方自治》,《法商研究》2001 年第 6 期。

② 夏卫东:《民国时期浙江户政与人口调查》,中国社会科学出版社 2011 年,第 112 页。

③ 王云骏:《民国保甲制度兴起的历史考察》,《江海学刊》1997 年第 2 期。

或外出旅行人民情形,于保长如认为形迹可疑时,并得先为搜索逮捕之紧急处分"。保长需要"复查本保户口,掌管本保户口册,及查察户口变动,转报人事登记声请书于乡镇公所。监察出境、入境人民,及本保住民行为,并处办甲长关于本项之报告。遇本保或邻保内有灾变匪盗时,指挥本保住民援助救御并报警于乡镇长"。

从保甲的规定可以看出,原属警察系统的人口调查、人口登记等事项,转为由保甲组织完成,只是在本保汇总时交给乡镇公所。依托于保甲的人口登记,通过相关的保甲连坐、奖惩制度等,其对人口的管控力度显然是超过原有的警务的日常管理。然而,保甲组织贯彻的是"反共防共"原则,保甲章程中不断重复出现的"匪"正是这一原则的鲜明体现。

抗战胜利后,1946 年 1 月,国民政府颁发《户籍法》规定"已办户籍登记的地方得制发国民身份证或经内政部核准的户籍誊本代之"。是年 11 月,杭州市政府贯彻《户籍法》,凡年满 18 岁以上本市住民经设籍登记或迁入登记后,于一个月内缴一寸半身照片三张,国民身份证工本费 1 元,向所在地区公所申请发国民身份证,但一人只限一份,不得冒领。是年 1 月 1 日始发,至 1947 年底结束,共发出 367840 份。① 战后杭州地区保甲自治除保长民选成为自治的招牌外,其他则毫无自治内容。杭州保甲自治只是停留在制度层面上,而无实际具体意义。②

---

① 《杭州市志》户政,第 420 页。

② 杨焕鹏:《控制阴影下的自治:战后杭州地区的保甲制度》,《中国农史》2008 年第 3 期。

## 第二节　人口规模与职业

　　杭州的户籍管理制度几经变更,不同时期经过多次人口调查和统计,除 1918 年、1919 年等年份人口超过百万,显然是数据出现问题,其他年份城区人口在 50 多万,杭县 30 多万,总计人口规模 90 万人左右,应是较为稳定的人口规模。

　　农业是杭州城区以外人口的主要职业。"有农民居住、有田地可耕种者,不过西湖、湖墅、皋塘、会堡四区而已。"据浙江省财务人员养成所 1932 年统计,全市有农户 16818 户,农民 64832 人,计男 34635,女 30196,湖墅、皋塘两区,离城较远,其农民生活与内地乡村无差。会堡区有农户 4089 户,农民 19717 人,其中自耕农 537 户,耕地最多者 16 亩,最少仅 3 亩,半自耕农 490 户,佃农 1033 户。[1] 而据建设委员会调查浙江经济所的统计,1931 年杭州市农业户为 32000 余户,160000 余人,其中自耕农占 20%,半自耕农占 22%,佃农占 34%,兼业农占 15%,雇农占 9%。[2] 认定农户以实际从事农业生产还是在农业地区居住为标准,是造成统计差异的原因。以最低数量计算,杭州市从事农业生产者有 64832 人,主要从事水稻、茶叶、棉花、蔬菜等的种植。

　　作为丝绸产业重镇,杭州市桑地面积 65064 亩,种植桑树 520 万棵,1931 年养蚕户 13000 多户,全年产蚕茧 25000 多担。[3] 养蚕户人口,以四口一家计算,约有 5 万人,这部分人口属于农业人口。

　　在农业人口中,"除自耕农尚能自给外,其余佃农、雇农终岁勤劳,所获除完租以外,不足温饱,故男子于农隙余闲必兼营工商"[4],

---

①　《杭州市经济之一瞥》,浙江省财务人员养成所经济调查处,1932 年。

②　《杭州市经济调查》上册,建设委员会调查浙江经济所,1932 年,第 268 页。

③　《杭州市经济调查》下册,建设委员会调查浙江经济所,1932 年,第 1 页。

④　《杭州市经济调查》上册,建设委员会调查浙江经济所,1932 年,第 266 页。

男子兼副业有"养蚕、出短、撑船、撑木排、做行贩、捕鱼等事",如临安县,农户都从事各种手工、贩卖或劳动工作以为副业,农民每100人有95人以上为兼业农,种类有19种之多。山区从事采薪、烧炭的,论户数有5091户,占农户总数的2.5‰,论人数7946人;养蚕户4500多户,14000余人;缫丝户1400户,3600人。①

　　杭州农业人口中,不少是自晚清以来迁居而来的。"杭嘉湖之属,太平军之后,田地荒芜,两湖、豫、皖及本省宁、绍、台客民,多来此搭棚垦荒。杭州市则十之七八均为客民。盖因交通便利,风景优美,且为东南文化、政治、经济中心,故客籍之迁入日益繁多也。省内迁徙,杭市大多诸暨、萧山之客民。"②杭县的皋城乡,皆是逐渐迁居而来的温州人。③ 以会堡区为例,分析其籍贯,则原籍为杭属者1812户,其余各旧府属之居民均有,以绍属为最多,计2099户,来自苏、皖、赣、鲁、闽、豫等省的有68户。④

　　以原杭州府属观察,杭州地区尽管工商业较为发达,农户在总人口中的占比仍然很高(表8-8)。

表8-8　杭州各县农户数统计(1930年)

| 县名 | 农户数 | 每户平均人口 | 农民数目 |
|------|--------|--------------|----------|
| 杭县 | 47350 | 4.8 | 227280 |
| 海宁 | 62810 | 4.5 | 282645 |
| 富阳 | 29564 | 4.9 | 144864 |
| 余杭 | 27000 | 4.3 | 116100 |
| 临安 | 14110 | 5.0 | 70550 |

---

　　① 《浙江临安农村调查》,1931年。

　　② 余韶宋:《重修浙江通志稿》,方志出版社2010年,第732页。

　　③ 刘端生:《杭县皋城乡沿山居民的生活》,《中国农村》1935年第1卷第6期。

　　④ 《杭州市经济之一瞥》,浙江省财务人员养成所经济调查处,1932年,第90页。

续　表

| 县名 | 农户数 | 每户平均人口 | 农民数目 |
|---|---|---|---|
| 於潜 | 10324 | 4.7 | 48523 |
| 新登 | 8000 | 4.8 | 38400 |
| 昌化 | 16900 | 4.3 | 62760 |

资料来源:《浙江移民问题》第二编《浙江人口问题及其出路》,1930年。

民国的杭州为浙、皖、赣、闽等地农副产品的集散地、东南沿海城市工业品的交易市场,城区一带商贸繁荣,形成了服饰类、饮食类、住用类、燃料类、医药卫生类、教育文艺类、日用杂物类、居间类等八大类商业门类。湖市米行营业,全年经手食米约100万石,其中70万担供给杭州米店。1932年统计全市总计有商业企业一万多家,[1]从业人口估计约7万多人。[2]

从杭州村里职员的职业分类,亦能看出农、商在人口中的占比是相当高的(表8-9)。

表8-9　杭州市村里职员职业一览(1930年)

| 职业＼职别 | 里长 | 村长 | 间长 | 邻长 | 合计 |
|---|---|---|---|---|---|
| 农 | 1 | 9 | 218 | 1315 | 1543 |
| 工 | 1 | | 65 | 985 | 1051 |
| 商 | 18 | 4 | 765 | 3478 | 4265 |
| 学 | 6 | 3 | 106 | 172 | 287 |
| 医 | | | 37 | 51 | 88 |

----

① 周峰:《民国时期杭州》,《杭州历史丛编》之六,浙江人民出版社1992年,第355页。

② 《杭州市经济之一瞥》,浙江省财务人员养成所经济调查处,1932年,第69页。

续　表

| 职业＼职别 | 里长 | 村长 | 闾长 | 邻长 | 合计 |
|---|---|---|---|---|---|
| 其他 | 2 | | 77 | 147 | 226 |
| 未详 | | | 5 | 203 | 208 |
| 合计 | 28 | 16 | 1273 | 6351 | 7668 |

资料来源:《市政月刊》1930年第3期。

从事工业、手工业的人口中,丝织业是大宗。民国初年,杭州丝织业迅速发展,纬成(1912年)、天章(1914年)、虎林(1914年)、云成(1914年)、庆成(1916年)、文记(1917年)、文新恒(1918年)、天丰(1919年)等较大的丝织厂相继创办。这些丝织厂规模较大,应用当时较为先进的生产技术,产品可以与进口丝织品竞争。1926年,全市已有绸厂近百家,织机上万台,年产各色绸缎达150万匹。据1932年统计,杭州有丝织业机户3900余家,1931年总计各类丝绸生产、加工、销售企业3903家,职工25400余人。此外尚有摔节、络经等工不在统计内,总计近3万人。但是受到人造丝等冲击,至1932年6月,丝织业职工仅有15900余人,熟货机工失业者5409人。[①] 除了丝织业,棉纺织业、针织业是较大的产业,有职工近5000人。纺织行业是工业、手工业中从业人数最大的门类。

各类机器工业职工1600余人,化学工业1500人。[②] 1931年建筑行业各类企业487家,总计职工14064人。[③]

又如锡箔业是杭州传统行业,"近两年有用机刀裁剪者,本年以工人失业者多,要求废止机刀,已由锡箔庄应允。统计杭垣打箔工人三千余人至五千余人,每人每月工资,平均除食宿外,可得6—7

---

① 《杭州市经济调查》下册,建设委员会调查浙江经济所,1932年,第78页。

② 《杭州市经济调查》下册,建设委员会调查浙江经济所,1932年,第138页、157页。

③ 《杭州市经济调查》下册,建设委员会调查浙江经济所,1932年,第78页。

元,而扑粉、糊锡、揭锭等项,多由童工、女工任之,工资减半。此外,制扇工人约1000人"[1]。调查者将锡箔、冥洋等行业称为"迷信工业",总计工人数35750人。[2]

依据1932年的统计,以农业、商业等门类分别统计,杭州人口的职业分类可见表8-10:

表 8-10　杭州人口的职业分类

| 业别 | 人数 | 百分比 | 备注 |
|---|---|---|---|
| 农业 | 64220 | 12.35 | 以实际从事耕稼者为限 |
| 工业 | 85567 | 16.45 | 女工并计在内 |
| 商业 | 58670 | 11.28 | 小贩并计在内 |
| 教育人员 | 2813 | 0.54 | 以教职为限 |
| 公务人员 | 8047 | 1.54 | |
| 自由职业 | 1082 | | |
| 其他 | 25400 | 5.00 | 男女佣工、杂工,以及巫卜星相、游艺杂耍、婚丧员役在内 |
| 失业与无业 | 277761 | 52.46 | |
| 总计 | 523569 | 100 | |

① 《杭州市经济之一瞥》,浙江省财务人员养成所经济调查处,1932年。
② 《杭州市经济调查》下册,建设委员会调查浙江经济所,1932年,第162页。

# 第三节　城市公共卫生的初步建设

我国近代的疾病预防开始于 1911 年的鼠疫防治。[①] 1927 年，黄子方发表《中国卫生刍议》，指出中国的高死亡率当归咎于卫生事业之不振，"以上所举六百万人中其百分之二十五至四十（即一百五十万至二百四十万人）为死于胃肠病者，此种病症可因取缔不洁净饮用水及食物并灭除苍蝇与提倡个人卫生而减少至半数"[②]。因此公共卫生的建立，对减少疫病发生、减少人口死亡有重要意义。

杭州开埠较早，但是在公共卫生建设方面只是处于起步阶段。李廷安在 1935 年撰文指出，以当时国家财力，每年每个居民一元伍角的卫生费用为最低限度，而在调查的各个城市中，仅有上海租界区达到并超过这一标准，杭州虽也在调查城市之列，但调查表并未寄回，所以具体数据不详。[③] 但其卫生投入显然不及上海租界。

饮用水不洁是霍乱等传染病在杭州蔓延的主要原因。据杭州公安局 1932 年统计："一月至六月本市人民死亡原因统计，除老年之多因为老衰中风，及幼年之惊风、麻疹、痘症死亡外，壮年之死亡原因，以与饮料有系之肠泻、肠炎、伤寒及其他急性传染病为最多，计在次年死亡总数三千九百零九人中，占六百四十九人。其最易流行此等急性肠胃病之暑季，尚不在此统计时间内焉。"据当年杭州市立病院一月份至六月份诊治患者人数分类统计，"其中内科疾病诊治人数，共七千四百三十人，而有关饮料之急性传染病、消化器病寄生虫病患者，计三千七百三十三人，竟居半数"。杭州市民饮用水，"中产以上皆自置备多缸，以储雨水，或开凿浅井以供汲用"，贫民主

---

① 张大庆：《中国近代疾病社会史》，山东教育出版社 2006 年，第 82 页。
② 黄子方：《中国卫生刍议》，《社会学界》第一卷，1927 年。
③ 李廷安：《我国重要都市卫生经费之研究》，《中华医学杂志》1935 年。

要取自西湖、城河及公井。1928 年,杭州共计有食用水井 4842 口,其中公井仅有 436 口。对于 50 多万城市人口来说,人均可用井数量已经很低,而实际属于公井的仅有十分之一。由于公井数量太少,很多平民只能自河道取水,"讵不知城河之水,最为混浊,舟楫通于斯,洗涤就于斯,水中所含病菌至多。迩年霍乱、伤寒、赤痢等危险肠胃症之流行,无不由此传染"①。

即使现有的公私井,卫生条件仍不佳。1929 年调查的 225 口公井中,218 口没有盖,172 口有市民在井边或井口洗涤。② 1933 年,在对杭州公井进行调查后,调查者得出了"纵观杭地公井,内部构造不良,外部毫无适当之设备,井口地面,任其自然。居民任意无损,不知保护,一旦疫疠发生,此等公井隐然做传染病之媒介者,势所必然"③的论断。

另一可能的疫病传染源是厕所。由于没有确定规划,杭州城区内厕所林立,一些厕所临近交通要道。厕所没有统一的卫生标准,缺乏有效的清洁消毒措施,在雨季、夏季造成市区街道、空气的污染。1929 年,杭州城区调查厕所,总计 740 个中,"尚洁"的有 39 个,"清洁"的仅有 12 个,余下皆需要改良或拆除。④

杭州卫生局等卫生管理机构设置后,依照国民政府的要求,杭州开展了一系列公共卫生的整治措施,以逐步改善城市卫生,减少疫病传染。一方面宣传公共卫生知识,如在夏季、冬季举办卫生运动大会,其间通过标语、文告等形式传播卫生知识,如 1928 年的冬季卫生运动大会,标语有"打倒一切污秽习惯""随处便溺任意吐痰是染病的起因""饮料清洁可去百病"等等。另一方面,以行政措施对公共卫生进行管理。1928 年即发布《杭州市取缔私有厕所暂行规则》,对私有厕所进行登记,规定厕所早晚打扫两次,使用石灰、药水

---

① 《杭州自来水创始纪念刊》。

② 《杭州市饮用公井调查统计表》,《浙江民政年刊》1929 年第 2 期。

③ 黄鸣驹:《杭州之井水》,《医药学》1933 年第 10 卷第 1 期。

④ 《杭州市厕所调查统计表》,《浙江民政年刊》1929 年第 2 期。

等进行消毒。① 1934 年杭州市政府规定了厕所建筑样式,重申日常的消毒规定,规定建筑样式、卫生标准、清洁不到位的厕所要依法拆除。② 此外针对饮食、浴室、水井等涉及公共卫生场所,颁布《取缔饮食物店规则》《取缔浴堂营业清洁规则》《取缔杭州沟渠条例》《取缔贩售清凉饮料规则》《取缔杭州市河道食井规则》等法规。

为提供清洁饮用水,杭州建立杭州自来水厂,以达到预防传染病的目的。1931 年经过三年的建设,自来水厂开始供水。截至 1935 年,"共有用户二千二百八十户,内有零售龙头七十五户,洒水龙头二十户,每月出水量约一百五十万加仑"③。但是由于各种原因,杭州自来水厂的装户数量始终有限,自来水多年来一直未能在杭城普及。④

为防止疫病传播,杭州于 1936 年设置传染病院,成立后 14 个月门诊就诊病人数达 631 人,住院病人达 437 人。这对仅有医师 2 人、护士 7 人的医院而言,压力可以想见。1933 年为预防霍乱流行,杭州市向浙江卫生实验所购买霍乱疫苗 300 多瓶,委托公私医院进行免费防疫注射,还派员到丝织厂等处给工人注射。⑤ 1934 年累计注射 146528 次,1935 年 144160 次,1936 年 151047 次。此外还进行白喉、猩红热及其他疫症的预防。⑥

1934 年,褚应章在《杭州卫生调查报告》中认为:"以中国卫生落后之国,杭州卫生工作与其他各省较,尚能差强人意,近来市政府对

---

① 《市政月刊》1928 年第 3 期。

② 《布告为限期改良全市私有厕所,以整市容而重卫生由》,《杭州市政季刊》1934 年第 3 期。

③ 周象贤:《杭州市自来水厂十年来之工作概况》,《杭州市政府十周年纪念特刊》。

④ 潘标:《民国杭州自来水业的官商角色及其成败》,《党史研究与教学》2013 年第 4 期。

⑤ 《派员分赴各机关注射防疫针》,《杭州市政季刊》1933 年第 4 期。

⑥ 张信培:《十年来之卫生》,《杭州市政府十周年纪念特刊》。

自来水厂之创办,防疫之进行,学校卫生之提倡,均能尽力,然于粪便之处置,厕所之废除,小街僻巷之清洁,甚望能积极遂行。"①

为控制传染病流行,1928 年国民政府内政部颁布《传染病预防条例》,列有 9 种传染病,规定在传染地区设立传染病院或隔离病区,进行消毒,施行健康诊断及尸体检查等。② 在此基础上,杭州市制定了法定传染病周报表,分送市内公私医院填报汇总。1930 年 8 月通过周报,全市汇总急性传染病报告为:患伤寒类伤寒 33 人,死亡 1 人;患赤痢 301 人,死亡 1 人;患霍乱 1076 人,死亡 98 人。③

尽管杭州的公共卫生事业在逐步建设,但是杭州城市的人口规模,却超过了卫生事业所能服务的能力范围。至 1936 年,杭州市获得政府认定的医院有 34 所,医师 84 人,药师 24 人,助产士 31 人,中医 607 人。与城区 50 多万的人口相比,医护规模极不相称,在各类疫病的预防治疗方面捉襟见肘。助产士的数量,一定程度决定了新法接生的数量,以萧山县为例,据统计,1940—1947 年的 8 年中,萧山全县共接受新法接生者仅 162 人次。新中国成立接管时,全县公私医院仅一有助产士 4 名。④,杭州 1931 年统计每月出生人数均在 400 人以上,30 人的助产士数量,说明接受新法出生者极为有限。1929 年杭州传染病主要为流行性感冒和脑脊髓膜炎,由于治疗脑脊髓膜炎需要血清,在治愈一名患者后,杭州各医院即告"已无新鲜血清可用",只能提醒市民防范。⑤

## 第四节 抗战时期的人口损失

1937 年 8 月,日寇即曾侵入浙江领空。8 月 14 日,国民政府空军

---

① 褚应章:《杭州卫生调查报告》,1934 年。

② 《传染病预防条例》,《市政月刊》1928 年第 12 期。

③ 《八月份杭州市法定传染病统计》,《市政月刊》1930 年第 6 期。

④ 《萧山卫生志》,浙江大学出版社 1989 年,第 135 页。

⑤ 《本市时疫流行现状及检疫办法》,《广济医刊》1929 年第 4 期。

与日寇军机在杭州上空发生空战。日军自 1937 年 8 月起开始袭击杭州城区及各县部分城镇（含萧山），至 1945 年 8 月，日军共出动飞机 700 多架次，投弹 4600 多枚，炸死 1500 余人，炸伤 3400 多人。[①]

日寇占领南京后，为扩大战果，目标直指杭州。日军第 10 军（此时第 101 师团一部也归其指挥）分三路进逼杭州。中路第 101 师团从吴兴出发，沿京杭国道南下，陷武康、德清；右翼第 18 师团从广德（属安徽省）、泗安出发，陷安吉，与中路日军会合后，陷余杭、富阳、孝丰；左翼为后备兵团，从嘉兴出发，沿沪杭铁路向杭州推进，陷崇德。12 月 24 日，日寇进入杭州市区，杭州沦陷。[②]

在进攻杭州期间，1937 年 12 月 23 日，日寇攻占杭县留下镇，杀害居民 100 余人。12 月 24 日，军攻占富阳县城，杀害 134 人。

1937 年 12 月 24 日至 26 日，日寇入城后，奸淫烧杀三天，在杭州城乡杀害平民 4000 多人。1938 年 2 月 17 日，国民政府军第 62 师一部突袭杭县乔司镇，歼灭日寇 40 多人。次日，日寇即从周边余杭笕桥、临平和海宁长安等驻地调集 200 多名人包围乔司镇，实施报复，屠杀平民 1360 余人，烧毁房屋 7000 余间。同年 3 月 4 日，日军田中有朋大队包围余杭县午潮山午潮庙，将避难于此的妇女儿童集中起来，用刺刀相逼，然后将男性难民押到院子里排队跪在地上，用重机枪扫射，杀死 400 多人。[③]

杭州沦陷后，仅市区被日寇强征的劳工就有约 40000 人，被押往国外做工的约 3000 人，其中流落失踪者约 1000 人。[④]

---

①　中共杭州市委党史研究室：《血证——杭州市抗战时期人口伤亡和财产损失调研成果汇编》，中共党史出版社 2010 年，第 12—14 页。

②　浙江省委党史研究室编：《浙江省抗日战争时期人口伤亡和财产损失》，中共党史出版社 2014 年，第 8 页。

③　浙江省委党史研究室编：《浙江省抗日战争时期人口伤亡和财产损失》，中共党史出版社 2014 年，第 15 页。

④　浙江省委党史研究室编：《浙江省抗日战争时期人口伤亡和财产损失》，中共党史出版社 2014 年，第 18 页。

全面抗战爆发前,杭州全市人口为 1802306 口(不含建德、淳安),1941—1946 年全市人口仅仅增加 5 万余,与全面抗战前相比减员 336500 口。[①]

此外,1941 年至 1945 年上半年,日军在玉泉马岭山刑场先后杀害近万名中国人。

全面抗战期间杭州全市因日军空袭、军事进攻、屠杀及虐待、生化战致死致伤人口共计 54997 名,其中死亡 31859 名,伤 16217 名,另有失踪人口 6921 名。[②]

---

[①] 中共杭州市委党史研究室:《血证——杭州市抗战时期人口伤亡和财产损失调研成果汇编》,中共党史出版社 2010 年,第 4 页。

[②] 中共杭州市委党史研究室:《血证——杭州市抗战时期人口伤亡和财产损失调研成果汇编》,中共党史出版社 2010 年,第 20 页。